上海鲁迅研究

纪念鲁迅先生诞辰140周年

总第92辑

上海鲁迅纪念馆 编

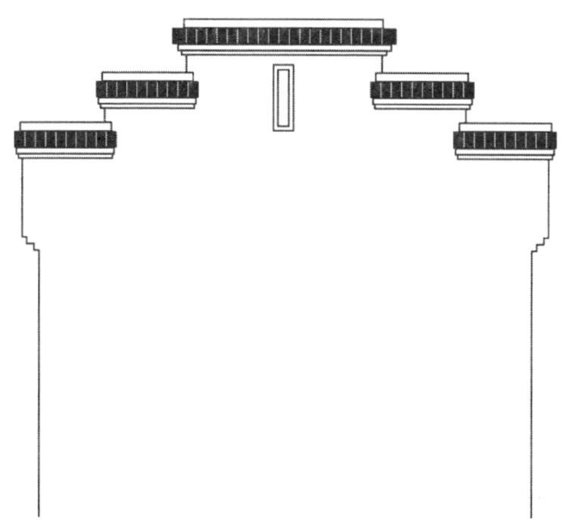

上海社会科学院出版社
SHANGHAI ACADEMY OF SOCIAL SCIENCES PRESS

目　　录

纪念鲁迅先生诞辰 140 周年

鲁迅同时代人研究

史料·辨证

读书杂谈

鲁海漫谈

上海鲁迅纪念馆纪事和研究

简讯

编后

《上海鲁迅研究》投稿须知

CONTENTS

The Study of Lu Xun's Contemporaries

History · Texual Research

Book-Reviews

Random Talk on Lu Xun

Research and Chronicle in Shanghai Lu Xun Museum

Brief News

上海鲁迅故居里的四张书桌

郑　亚

位于山阴路 132 弄 9 号(原大陆新村)的上海鲁迅故居,作为鲁迅生命中最后三年半——从 1933 年 4 月至 1936 年 10 月——生活、工作、社交、战斗的地方,是值得保存并不断深入探究之处。故居中诸多用品所包含的历史信息是丰富而繁杂的,而这些实物见证往往更真实具体地说明了鲁迅的人生经历与价值取向。

故居中陈列有文物藏品 400 余件,绝大部分为许广平捐赠的原件,并根据其指导按当年实际使用状态高度还原摆放。其中桌、椅、床、橱、柜等家具类文物 33 件。这 33 件家具类文物,从文物等级看包括二级文物 1 件、三级文物 32 件;从材质看有柳桉木、松木、柏木等实木家具 31 件,藤质者 2 件;从数量、质量看,在面积 222 平方米的 3 层里弄住宅中,这些家具件数不多,材质一般,其中虽有一套 6 件套的西式家具,相对考究,却还被分放在 2 楼、3 楼卧室及客房 3 处不同的房间。这些历史信息,应该也从一个侧面客观地说明鲁迅在上海的生活状况,收入虽然不低,但真正用于自己个人和家庭生活的其实有限。

而就在这 33 件总体简朴随意的日常家具中,书桌却有四张之多。或许,这正是鲁迅这位“伟大的文学家、思想家、革命家”的另一种写照。

一、拉盖式七斗书桌及鲁迅与瞿秋白

（一）拉盖式实木七斗书桌

此桌长122厘米，宽70.9厘米，高112厘米。西式，台面后侧设有小抽斗和隔层，可用于放置文件及小件物品；左右两侧有半圆形挡板。书桌上方有可供启闭之软木板，关闭时，可拉下软木板，将台面上的小抽斗、隔层连同整个台面如盒子般锁住。台面下方，左右各有3个抽斗；中间1个长抽斗。

图1　上海鲁迅故居：瞿秋白拉盖式实木七斗书桌

瞿秋白寓居上海，租住紫霞路原68号3楼时，曾使用该书桌。1933年3月初，瞿秋白迁往山阴路东照里居住后继续使用。他曾说："这样一走开，写不完的文件只要一拉下木板就不会被别人乱翻了。做革命工作的人，这种桌子是比较方便的。"①瞿秋白在这张书桌上写下大量檄文，并翻译马克思、恩格斯、列宁等的文学理论及苏联文学作品。

1934年1月，瞿秋白离开上海去江西中央革命根据地工作时，将此书桌寄存在鲁迅寓所。他牺牲后，鲁迅将书桌作为对亡友的纪念一直保留。1950年由许广平捐赠，陈列于鲁迅故居1楼客厅。二级文物。

这张书桌样式特别,保存相当完好,且在底楼客厅西南角显眼处,此外在多张历史照片中,其上方悬挂了鲁迅的遗容照,可以说这也是一张见证了鲁迅与瞿秋白深厚情谊共同信仰的书桌。

(二) 鲁迅与瞿秋白

瞿秋白(1899—1935),江苏常州人。中国共产党早期领导人、作家、文艺理论家。1916 年入武昌外国语学校学习英语。次年赴北京,在北京大学旁听,后入俄文专修馆攻读。1919 年投身"五四运动"。次年加入李大钊等组织的"马克思主义学说研究会"。此后前往苏联并于 1922 年在苏联加入中国共产党。1923 年 1 月回国,一度参加中共中央的领导工作。1931 年初来到上海,在临时中央局宣传部工作。同年 5 月经冯雪峰联系与鲁迅开始交往。同年 12 月他与鲁迅就翻译问题探讨通信,后被鲁迅以《关于翻译的通信》为题编入《二心集》。1932 年 5 月瞿秋白夫妇往访鲁迅,9 月 1 日,鲁迅与许广平回访。以后经常秘密往来,时有信札往还,共同探讨翻译问题,对"第三种人"展开批评,并一起领导"左联"的工作。1932 年底上海临时中央局遭破坏,瞿秋白为躲避国民党的追捕,曾 4 次到鲁迅家避难。也就在这四次避难中,鲁迅与瞿秋白的相知越发深厚,成为莫逆之交。

第一次是 1932 年 11 月下旬至 12 月 24 日,其间瞿秋白曾于 12 月 7 日手书七绝两首并题赠鲁迅,12 月 9 日赠周海婴"积铁成象"玩具一盒,12 月 10 日与鲁迅、冯雪峰一起讨论《文学月报》所载署名芸生的《汉奸的供状》一诗所存问题,后由鲁迅写成《辱骂与恐吓决不是战斗》一文提出批评。鲁迅此文引发丘东平等人的撰文反向批评,瞿秋白写《慈善家的妈妈》和《鬼脸的辩护》两文,进一步阐明鲁迅的观点,批驳丘东平等人的错误。从时间和季节上判断,陈云同志按党组织部署,前往鲁迅当时所住拉摩斯公寓秘密接应转移瞿秋白夫妇应该是这次避难的结束。

第二次在鲁迅家中避难的时间为1933年2月上旬至3月上旬，其间瞿秋白接受鲁迅建议，从俄文翻译苏联卢那察尔斯基的《解放了的堂·吉诃德》，并于2月17日与鲁迅、许广平、杨之华合编《萧伯纳在上海》，最后由瞿秋白以鲁迅笔名"乐雯"署名编定，由鲁迅作序，交由野草书屋出版。还和鲁迅合作撰写《王道诗话》《出卖灵魂的秘诀》等杂文。而鲁迅则为瞿秋白书写清人何瓦琴诗句"人生得一知己足矣，斯世当以同怀视之"。3月4日，瞿秋白搬往离鲁迅寓所不远的东照里12号新居，即以此联挂于寓内。同时，瞿秋白开始编《鲁迅杂感选集》并作长序，序文中分析评价了鲁迅的生活道路、思想发展和其杂文的战斗作用，认为："鲁迅从进化论进到阶级论，从绅士阶级的逆子贰臣到无产阶级和劳动群众的真正的友人，以至于战士，他是经历了辛亥革命以前直到现在的四分之一世纪的战斗，从痛苦的经验和深刻的观察之中，带着宝贵的革命传统到新的阵营里来的。"[②]"我们应当向他学习，我们应当同着他前进。"[③]在东照里12号居住期间，瞿秋白还写有《伸冤》《迎头经》等杂文12篇，写作中都曾和鲁迅商议，并由鲁迅改定，请许广平重抄后以鲁迅笔名发表，后多数收入《伪自由书》和《准风月谈》

1933年7月10日至8月初，瞿秋白和杨之华第三次到鲁迅家避难。(此时，鲁迅已从拉摩斯公寓迁出，入住大陆新村)第四次避难则在同年8月底至9月初。两次避难的间隔很短，既说明了当时上海白色恐怖的严重、瞿秋白的危险处境，也反映出瞿秋白对鲁迅的彻底信任、鲁迅对共产党人的竭尽全力。

1933年底，瞿秋白接到去江西瑞金中央苏区工作的通知，次年1月4日，瞿秋白到鲁迅寓所辞行。瞿秋白去苏区之后，鲁迅一直牵挂怀念，在和萧三、曹靖华等人的通信中对"它兄""它嫂"念念不忘。瞿秋白到瑞金后，曾任中华苏维埃工农民主政府教育部长、苏维埃大学校长等职。红军长征后，瞿秋白于1935年初转移至福建长汀时不幸被捕,同年6月18日英勇就义。瞿秋白被捕后,鲁迅曾多方设法营救。瞿秋白就义后,鲁迅极为哀痛和愤怒,在多封给友人的信中反复提及瞿秋白的才华与能力,对其牺牲深表惋惜。鲁迅还不顾自己已在重病之中,募集资金,编成瞿秋白的译文集《海上述林》(上下卷),并以"诸夏怀霜社"名义出版,并撰写序言《且介亭杂文末编》和广告。鲁迅在多篇文章中提及与维护瞿秋白。④

许广平在对瞿秋白与鲁迅的回忆中,对这张书桌印象尤深,她回忆在1932年9月他们带着孩子去拜访瞿秋白杨之华夫妇时,"地点就是紫霞路原六十八号三楼的一个房间。这是第二次的见面了,秋白同志坐在他的书桌旁边,看到我们来时,就无限喜悦地站起来表示欢迎。他的书桌,是一张特制的西式木桌,里面有书架可以放文件,下面抽斗也一样,只要把书桌上面的软木板拖下来,就可以像盒子一样,连抽斗也给锁起。据他说,这样一走开,写不完的文件只要一拉下木板就不会被别人乱翻了。做革命工作的人,这种桌子是比较方便的,后来他去苏区时,就把这张桌子搬到我们的住处大陆新村来,至今还保存在那里。"⑤

二、两张九斗实木书桌

第一张是鲁迅在上海居住时所用。长134.5厘米,宽71.7厘米,高79.1厘米。可拆分为三部分,方便搬运:上部为桌面连三个抽斗,中间为一个带有两个木把手的长抽斗,两边是各带有一个木把手的小抽斗;都分别配有圆形小锁。下部分为左右两部分,箱型,各有4个桌脚,并带3个小抽斗。桌面铺印花油漆桌布。

鲁迅自广州到上海定居直至病逝,一直使用该书桌写作。自1927年10月至1936年10月,写出并发表的文章,计有后收入《三闲集》《伪自由书》《且介亭杂文》等的12部杂文集;译有《毁灭》《死魂灵》《俄罗斯的童话》等10余部外国文艺作品;辑校了瞿秋白文集《海上述林》;逝世前三天,仍伏案为曹靖华译《苏联作家七人集》作序;逝世前两天,写最后一文《因太炎先生而想起的二三事》。

图2　上海鲁迅故居:鲁迅用书桌

1950年许广平将此书桌连同其他家具一起捐赠,摆放于鲁迅故居2楼卧室原位置。三级文物。

另一张故居3楼卧角室的九斗单人写字台,面上铺黑麻胶板,桌面干裂,拉手磨损,胶板裂痕多,边缺损。长134.8厘米,宽72厘米,高80.1厘米。许广平捐赠。三级文物。

这两张书桌,平实耐用,无论材质、样式还是尺寸,都极为接近。在许广平所写《景云深处是吾家》一文中提及"鲁迅在广东遭遇一九二七年的'清党'之后,惊魂甫定,来到了上海,心里是走着瞧,原没有定居下来的念头的,因自厦门到广州,他如处于惊涛骇浪中,原不敢设想久居的。所以购置家具,每人仅止一床、一桌、二椅等便算足备了。”⑥

根据这些情况，存放于3楼周海婴卧室的九斗书桌，最大可能就是鲁迅与许广平初到上海时购买的“每人一桌”。至于后来迁入大陆新村，一桌放在2楼鲁迅卧室兼书房，一桌放在3楼周海婴卧室，包含了以下几种合理的推想：(一)无论鲁迅和许广平，都是惜物之人，初来上海购置的普通书桌，能用就不舍得丢弃；(二)2楼的房间，除了这张书桌，还有五斗橱、三门衣橱、茶几、梳妆台、玻璃门书橱、床头柜以及铁架床等，家具密集度是整个故居中最高的，因此另一张书桌放在3楼周海婴房间，以确保鲁迅先生工作便利；(三)许广平也是一位有思想有才华有胆识的进步女性，在与鲁迅共同生活的10年里，她默默地辅助鲁迅开展了许多工作，并悉心照料打理日常家庭生活，那张放置在周海婴房间的书桌，她几乎没有再使用的机会，但对独立工作投身社会为国家发展做出贡献的渴望，多少也寄托在这张书桌上。(四)相比2楼鲁迅卧室书房的家具紧密，周海婴房间家具主要为一床、一藤桌、一藤橱，有足够的空间放置尺寸颇大的九斗书桌，也再次从一个很小的角度证明了鲁迅虽然收入不少，也疼爱周海婴，但该节省之处也相当节省。他把许多的收入用到了培养年轻人、救助革命者、出版进步刊物、推动中国新兴木刻版画之中，他为中国民族复兴人民幸福奉献了自己的光和热。

三、五斗实木书桌及鲁迅与冯雪峰等

五斗小办公桌。桌面干裂，油漆褪色，部分剥落。长91.5厘米，宽52.1厘米，高78.2厘米。许广平捐赠。三级文物。

从样式来看，这也是一张以实用为主的书桌，构造与上面两张九斗书桌大体相仿，长和宽分别缩小了近1/3。这张书桌安放在故居3楼的客房。客房位于3楼楼梯口，房间面积不大，陈设简单的一桌一椅一床两橱，尺寸都相对较小，却足够使用。客房向北有一扇大窗，因为紧邻通风天井，光线不错，同时借助于整栋楼的建筑特点，既相对隐蔽，又比较便利观察掌握周边情况，客房还是距离3楼北侧露台最近的一个房间，如遇紧急情况，通过露台屋顶隐蔽或撤离也最为便捷。

图3　上海鲁迅故居：五斗小办公桌

这间客房，鲁迅冒着巨大的风险，掩护安顿过多位共产党人，除了上文提及的瞿秋白避难，还有1936年党中央派回上海工作的冯雪峰，以及胡风、曹靖华等都曾经住过。⑦

冯雪峰是沟通中国共产党和鲁迅关系最为致力的人，他不仅认识鲁迅较早，而且理解鲁迅也较深，也是继瞿秋白、柔石之后，和鲁迅交往时间最长，关系最亲密，最尊重鲁迅，也最得鲁迅信任的一位。他和鲁迅交往，代表了我党对鲁迅的高度认可。

鲁迅和冯雪峰的正式交往，应当是1928年冬，虽然此前冯雪峰已认识鲁迅。1928年11月，冯雪峰因受国民党浙江省政府通缉，逃往上海，会见了浙江第一师范学校高年班同学柔石，当时柔石正与鲁迅创办朝花社，其带冯雪峰到鲁迅景云里住所拜会。1929年初，冯雪峰在柔石的帮助下，也在景云里找到了一个住所，成为鲁迅的近邻。他们很快建立起革命的友谊。

在鲁迅的支持和帮助下，冯雪峰开始编译和出版《科学的艺术论丛书》，同时创办旨在培养文学新人的文学月刊《萌芽》。1929年末发起、1930年春成立的我党领导的中国自由运动大同盟和中国左翼作家联盟，都是由党委派冯雪峰与鲁迅联系的。此外，鲁迅刚到上海不久，就参加了我党领导的中国互济会。这个组织由恽代英、张闻天等发起，是我党为了保护解放运动斗士，救济遇难同志而成立的党的外围组织，后来这个组织与鲁迅联系工作，也由冯雪峰出面。

鲁迅和冯雪峰共同推进"左联"的工作开展，鲁迅应冯雪峰邀请，为1930年8月举办的夏期文艺讲习会以及之后的现代学艺讲习所认真授课，或捐赠或出借自己稿费。

在这一时期，在鲁迅的支持下，冯雪峰负责编辑《萌芽》、"左联"机关刊物《前哨》和《十字街头》，鲁迅不仅都投了稿，还对刊物编辑给予指导。在柔石等"左联"五烈士被国民党反动派杀害后，冯雪峰和鲁迅一起克服各种困难，冒着巨大风险编辑出版了《前哨》"纪念战死者专号"，"前哨"两字由鲁迅亲笔题写，还为刊物撰写了《中国无产阶级革命文学和前驱的血》。

同时，冯雪峰为我党及党的领导人与鲁迅的联系和沟通，做了许多工作。如1930年5月在爵禄饭店会见李立三，1932年春夏安排瞿秋白的会见，1932年秋冬安排与陈赓的会见，都是冯雪峰联系安排的。

1933年11月，冯雪峰因在一次拘捕中跑脱而暴露身份，不宜继续留在上海工作，前往苏区瑞金。不久，冯雪峰参加了二万五千里长征，很难与鲁迅联系。此后，长征到达陕北，由中央委派冯雪峰于1936年4月回到上海工作。

1936年4月25日，冯雪峰回到上海，第二天就找到了鲁迅，连续两天向鲁迅汇报红军胜利到达陕北后的情况，向鲁迅传达了党中央抗日民族统一战线的政策。鲁迅也向冯雪峰介绍了上海左翼文艺运动的情况。正是在这个阶段,冯雪峰一连在鲁迅家中住了两个多星期。冯雪峰的到来,带来了党中央的声音,使鲁迅对党中央的政策和方针有更进一步的认识。鲁迅在大病的最后五六个月中,冯雪峰成为他最可信赖的朋友。鲁迅与冯雪峰、茅盾、胡风等再三研究,推出了"民族革命战争的大众文学"这一正确的革命口号。在冯雪峰的配合支持下,鲁迅还发表了《答托洛斯基派的信》《论现在我们的文学运动》和《答徐懋庸并关于抗日统一战线问题》等重要文章。这三篇文章阐明了鲁迅维护中国共产党关于抗日民族统一战线的严正立场,公开表明自己站在共产党的旗帜下,把毛泽东为代表的共产党人"引为同志"。这三篇重要作品,既是鲁迅思想发展到达高峰的标志,也是他和冯雪峰革命情谊的见证。或许,其中的最初构想,正是起步于上海鲁迅故居3楼客房的这张小小书桌。

纪念馆是凝固的历史,目前全国共有革命博物馆、纪念馆1 600家,而收藏展示在纪念馆中的重要文物藏品,是我们党艰苦奋斗披荆斩棘一路奋进的最好见证。上海鲁迅故居里这四张书桌所蕴含的丰富的历史信息,真实地告诉我们,我们的党曾经面临怎样的困境,而因为"为民族谋复兴、为人民谋幸福"的共同信仰,我们党吸引凝聚鲁迅这样的伟大的文学家、思想家、革命家,为党发挥自己的光和热,为人民奉献自己的"奶和血",智慧与生命。

注释

①《许广平文集》第二卷,江苏文艺出版社1998年版,第310页。

② 瞿秋白:《〈鲁迅杂感选集〉序言》,《1913—1983鲁迅研究学术论著资料汇编1(1913—1936)》,中国文联出版公司1985年版,第828页。

③ 瞿秋白:《〈鲁迅杂感选集〉序言》,《1913—1983鲁迅研究学术论著资料汇

编 1(1913—1936)》,中国文联出版公司 1985 年版,第 830 页。

④ 参见《鲁迅大辞典》,人民文学出版社 2009 年版,第 1177 页"瞿秋白"条。

⑤ 许广平:《鲁迅回忆录》,《许广平文集》第二卷,江苏文艺出版社 1998 年版,第 310 页。

⑥ 许广平:《景云深处是吾家》,《许广平文集》第二卷,第 428 页。

⑦ 参见虞积华:《上海鲁迅故居沿革》,《上海鲁迅研究》第 8 辑;吴长华:《许广平与上海鲁迅纪念馆》,《上海鲁迅研究》第 3 辑。

鲁迅购书、译书中的马克思主义文艺

乐　融

鲁迅是中国新文化运动的先驱。1918 年 5 月鲁迅在《新青年》上发表《狂人日记》,开了中国现代文学史上白话文小说之先河,同时,深刻揭露了中国几千年来封建制度的吃人本质。《狂人日记》的写作手法新颖、角度独特,人物表现深刻,使人读后感受其振聋发聩的冲击力。鲁迅是在日本"弃医从文"后,通过翻译活动走上文艺之路的,回国后很长一段时间里埋头抄古碑、辑校古籍,因此,这是鲁迅生平创作的第一篇小说。怎么会一下子写出如此有影响力的文学作品呢? 鲁迅曾在《我怎么做起小说来》一文中说:"我的来做小说,也并非自以为有做小说的才能,只因为那时是住在北京的会馆里的,要做论文罢,没有参考书,要翻译罢,没有底本,就只好做一点小说模样的东西塞责,这就是《狂人日记》。大约所仰仗的全在先前看过的百来篇外国作品和一点医学上的知识,此外的准备,一点也没有。"[①]"先前看过的百来篇外国作品和一点医学上的知识",是指从南京求学开始,就在不断地、广泛地关注(购买)、学习和翻译外国优秀的文艺作品,当然"一点医学上的知识"是指在日本仙台医学专门学校学习期间所获得的知识。其实,在日本留学时鲁迅不仅关注文艺、医学等,而且凡是当时新出现的事物都关心,都如饥似渴地学习和吸收。比如,1898 年,居里夫人发现新的放射性元素钋和镭,1902 年提取出氯化镭结晶,测定了镭的原子量,由此获得 1903 年诺贝尔物理学奖。1903 年

10月鲁迅就以“自树”为笔名在《浙江潮》发表《说鈤》，介绍这一最新科学成果。因此，鲁迅在原有中国传统文化基础上，更具广阔的国际视野，思想不断成熟和提高，形成“首在立人”的思想，并为此终身实践。在这过程中他也接触到了马克思主义，在其后的文学活动中，翻译并接受了马克思主义文艺理论。本文摘取部分鲁迅购书、译书及相关活动，来说明鲁迅是如何接触到马克思主义和介绍马克思主义文艺理论到中国，并从中受到影响的。

一、初次接触马克思主义

鲁迅早在南京求学期间，由于校长俞明震是位维新人士，学校学习风气开放，提供并允许看许多西方的翻译书籍。鲁迅那时非常佩服严复，有一次，得知严复翻译赫胥黎的《天演论》出版，跑了十几里路，把这本书买来，回到宿舍通宵把它读完，然后反复诵读，后来《天演论》的部分章节，鲁迅甚至熟悉到能背诵的程度，由此鲁迅开始相信“进化论”。留学日本后，由于日本向西方学习，引进许多西方的文学、哲学等著作，鲁迅如饥似渴地学习，知道了日本之所以进步如此之大，是由于实行了明治维新，而明治维新受德国很大影响，德国医学自然就受到日本人的重视和赞扬。于是，为了救治像他父亲那样被庸医耽误了的病人，或者在战场上能救死扶伤，鲁迅毅然来到日本偏僻寒冷的仙台医学专门学校学医。但过了一年多，鲁迅被一张幻灯片所改变，在片中，看到一群麻木的中国人围着一个被日本人抓来的所谓中国间谍被杀头的场景，鲁迅认为“凡是愚弱的国民，即使体格如何健全，如何茁壮，也只能做毫无意义的示众的材料和看客，病死多少是不必以为不幸的”[②]。于是鲁迅“弃医从文”，回到了东京，开始走上文艺之路。尽管鲁迅那时笃信“进化论”，翻译了法国雨果的作品，但是，鲁迅还是有涉猎其他方方面面，比如说，英国诗人的雪莱、拜伦的诗和德国的尼采思想和马克思主义等。

马克思主义著作在日本传播早于中国。1868年明治天皇建立新政府，日本政府进行近代化政治改革，建立君主立宪政体，就开始对外开放西化，脱亚入欧，逐步发展成军国主义，对外扩张侵略，对内疯狂镇压，激起日本人民的觉醒和斗争。与之相对的是日本国内无产阶级文艺运动开始风起云涌，以致马克思主义学说在日本得以传播，受到被压迫民众的关注，很有市场，出现了许多马克思主义学说的日译本。例如，1904年日本社会党成员堺利彦创办《平民新闻》，介绍马克思主义著作，1906年又编辑发行日本最早的专门研究社会主义理论的杂志《社会主义研究》，以传播马克思主义学说。鲁迅在日本留学期间(1902—1909年)购买阅读了大量西方文艺、哲学著作(日译本)，其中就有马克思主义的学说理论著作。《社会主义研究》在当时日本影响广泛，据一起与鲁迅留学日本的弟弟"周遐寿回忆，一次鲁迅从南京带东西请日本社会主义革命家宫崎寅藏转时，曾和宫崎寅藏及《社会主义研究》主编堺利彦相见。……谈得很投机……他们还出版有《社会主义研究》一种杂志似的刊物，红色纸面，很是鲜艳，鲁迅当时买有一套……"③。在这套日文的《社会主义研究》中就有《共产党宣言》的日文全文翻译(由幸德秋水、堺利彦两人从英译本转译，以下其他译文类似)，恩格斯的《社会主义空想到科学的发展》，此外还刊登有李卜克内西的《马克思传》、考茨基的《恩格斯传》等，这也是鲁迅接触马克思著作的最早记载，这些著作对鲁迅起了启蒙的影响。

二、讴歌俄国革命，持续关注马克思主义

1917年一声炮响，俄国十月社会主义革命胜利，消息传到中国时，出现各种不同舆论，议论纷纷，褒贬不一。鲁迅当时还不是马克思主义者，但他已经能透过那时复杂的形势，看到了这场革命给人类带来新的希望，并且公开批评那些诽谤性的言论。《新青

年》迁到北京后，由于陈独秀、李大钊等的主导，积极传播马克思主义，在1919年5月的《新青年》六卷五号曾编辑出版“马克思专号”，鲁迅就在这一期署名“唐俟”发表《随感录五十六“来了”》和《随感录五十九“圣武”》，热情讴歌这场伟大的革命，他写道：“他们因为所信的主义，牺牲了别的一切，用骨肉碰钝了锋刃，血流浇灭了烟焰。在刀光火色衰微中，看出一种薄明的天色，便是新世纪的曙光。”④鲁迅的这种如此深刻的议论，在同时代人中是不多见的，也是先进的，然而这种认识的形成却不是偶然，是要有一定的认识基础，这就与鲁迅最初接触马克思主义著作后所受到的启蒙分不开，是与鲁迅具有广阔的国际视野分不开。

随着马克思主义传播到中国，马克思著作也被译成中文，《共产党宣言》最早的中文全译本是陈望道翻译的，陈望道回忆：“1920年，我翻译了《共产党宣言》，就曾寄赠给鲁迅。”⑤据说鲁迅接到书后当天就翻阅一遍，并称赞：“这个工作做得很好，现在大家都在议论什么‘过激主义’来了，但就没有人切切实实地把这‘主义’真正介绍到国内来，其实这倒是当前最要紧的工作。”⑥

鲁迅不仅这样讲，自己也是这样做的。1924年2月，鲁迅写了小说《幸福的家庭》。在这篇小说中，鲁迅写道：“马克思在儿女的啼哭声中还会做《资本论》，所以他是伟人。”这是鲁迅在自己的著作中第一次提到马克思和马克思的工作情景。众所周知，“鲁迅是一位忠诚的严肃的现实主义作家。细节的真实，生活的具体性，这是现实主义文学的起码要求”⑦。鲁迅既然这样写进自己的小说中，“他在小说《幸福的家庭》中所描绘的马克思的工作情景，毫无疑问，一定是研究了马克思的传记等书以后才有可能写得出来的。事实上，马克思在孩子们的啼哭和吵闹声中还能写文章的事，马克思的爱人燕妮·马克思在《动荡的生活简记》一文中就有过这样的记载。她在谈到马克思写《路易·波拿巴的雾月十八日》这本书的情景时就曾这样写道：‘他是在第恩街一间小房里，在孩子们的吵闹声和家庭琐事搅扰下写完这本书的。'可见,鲁迅在《幸福的家庭》中所写到的'马克思在儿女的啼哭声中还会做《资本论》'的事,的确是有根据的而不是主观臆想,任意为之的虚构。"[8]透过这个细节,说明鲁迅对于马克思和马克思主义已经有了一定的关注。

"1925年4月,鲁迅为自己的学生、共产党员任国祯编译的《苏俄的文艺论战》写了《前记》。他在谈到收入该书的《蒲力汗诺夫与艺术问题》一篇时指出:这是'用Marxism(即马克思主义)于文艺研究的,因为可供读者连类的参考,也就一并附上了'。"[9]显示鲁迅已经对于马克思文艺理论有一定的判断力。

1926年7月7日,鲁迅在谈论勃洛克等苏联诗人时说:"他们自然是苏联的诗人,但若用了纯马克斯流的眼光来批评,当然也还是很有可议的处所。"[10]这虽是个简短的评论,但它却是又一次说明了鲁迅这时对马克思主义的批评标准有进一步的认识。

三、被"挤"着研究马克思文艺理论

尽管鲁迅对于马克思主义的认识比一般人更早,更深刻,更全面,但真正促使鲁迅大量阅读、翻译、研究马克思主义的是那场1928年发生的"革命文学"论争。

1927年10月,鲁迅来到上海,尽管当时并不打算久留,但看到上海的勃勃生机,上海文化市场的发达,尤其是遇到像林语堂、郁达夫、孙伏园、孙伏熙等在新文化运动中的老朋友,也就"姑且"暂时留下来看看。住进景云里后,与茅盾、叶圣陶等为邻,更使鲁迅感到无比亲切,创造社郭沫若派人上门拜访,主动要求与鲁迅联合,共同办一个刊物(鲁迅提议恢复《创造周刊》),抵制旧文化的反扑,以文学的振兴来"迎接将来的革命高潮"。其实鲁迅先生早在去广州执教前夕,就曾打算到那里以后,跟创造社作家联合,以"造一条新的战线,更向旧社会进攻"[11],可惜到了广州后不久蒋介石叛变革命，第一次国共合作破裂，郭沫若等创造社人员已经撤离广州，失之交臂。既然现在有了与创造社等联合的机缘，鲁迅便“慨然允诺了”。不料刚从日本回国的成仿吾及后期加入的创造社成员认为恢复《创造周刊》不足以表现时代精神，要求另创办一个战斗性更强的文艺月刊——《文化批判》，竭力反对与鲁迅联合，认为鲁迅落伍了，这一激进的态度占据了当时创造社成员的主流，联合一事就此泡汤了。此事结果当时不仅没有告知鲁迅先生，而且一些原来愿意联合的人也随后一改初衷，把斗争的矛头对准鲁迅。“一天，鲁迅校对《唐宋传奇集》样张校累了，随手拿起一本1928年1月15日创刊的《文化批判》随便翻翻，一翻翻到一篇矛头直指他的文章：‘鲁迅这位老先生……是常从幽暗的酒家的楼头，醉眼陶然地眺望窗外的人生。……他不时追怀过去的昔日，追怀没落的封建情绪，结局他反映的只是社会变革期中落伍者的悲哀……’这是从日本回国不久的创造社新进分子冯乃超在《艺术与社会生活》一文中的话。”⑫太阳社发起人蒋光慈在《太阳月刊》1928年第2期上发表《关于革命文学》，旁敲侧击地指责鲁迅先生是“非革命文学的势力”，钱杏邨在《太阳月刊》1928年第3期上发表《死去了的阿Q时代》，多侧面多角度地论证鲁迅先生“不是这个时代的代表者”，郭沫若也在1928年1月出刊的《创造月刊》上发表诗文，号召创造社同仁对与他们意见不一致的作家进行“理论斗争”，他们极力要将鲁迅先生推向对立面。毫无戒备的鲁迅先生面对太阳社、创造社一群作家来势汹汹的围攻，感到不可理解。鲁迅不得不自卫反击起来，在1928年3月12日出版的《语丝》上发表了《“醉眼”中的朦胧》开始予以反驳。他尖锐地批判了创造社文人的“无聊”、理论的“朦胧”不彻底性、给别人乱定阶级身份的错误和“不革命便是反革命”提法的荒谬性。鲁迅的一篇回击文章《我的态度气量和年纪》，立即遭到“二重的反革命”“不得志的法西斯蒂”的构陷。论争“从劈头盖脸的攻击到肆意谩骂，甚至人身攻击,基本上没有什么理论"[13]以上仅是这场"革命文学论争"的几个片段,其过程近2年。

这个新出现的问题逼着鲁迅钻研革命理论。为了弄清有关文艺的许多问题,为了与创造社论战,鲁迅不得不看许多关于马克思主义文艺理论的书,去寻找答案。鲁迅认为论战固然重要,但介绍一些真正的革命文艺理论和作品,以提高大家的理论水平,更是当务之急。

鲁迅事后坦率地说:"我有一件事要感谢创造社的,是他们'挤'我看了几种科学底文艺观,明白了先前的文学史家们说了一大堆,还是纠缠不清的疑问。"[14]这个时期,鲁迅积极地购买了大量的关于马克思主义、无产阶级革命与无产阶级文化的书籍,据统计,仅1928年一年中的200多笔书账中,这方面的书就有60多种,此外,关于介绍马克思著作及马克思生平的书,则数量更多。

有意思的是,其中有一本日文版的《马克思读本》。这本书是日本神永文三编辑,1928年由日本东京资文堂书店出版,鲁迅不仅自己阅读,还用作鲁迅教许广平学习日语的教科书,这样既能学日语,又能了解马克思主义的基本理论。书页的上端有用红色铅笔注明阅读日期。这本书共259页,全书除序文外,分为十讲。鲁迅从1928年10月30日开始向许广平讲解此书,每天教一、二页,于1928年12月27日讲完第五讲,1929年1月2日继续学习,至1929年4月7日全部讲完,历时5个多月。许广平在《鲁迅回忆录》中"我又一次当学生"一章中写道:"自从他学习马克思主义理论,相信了这个真理以后,就不但用它来'煮自己的肉',而且也执着地以教育周围的人,使真理之火从自己的身边燃起。"[15]"马克思的著作,本来是比较艰深的,再经过日文的转译,其术语和整个句子对我说就更加难懂,自是不难料想的了,但是鲁迅能够深入浅出地说明这些道理,有时把整个句子拆除开来向我讲解,并且随时改正课本上所有的错字,使我听来就明白易懂得多了"[16]。这说明鲁迅不仅通读了马克思著作,而且能融会贯通,深刻诠释。

四、翻译传播,指导实践

鲁迅在实践中认真钻研马克思主义著作卓有成效,他在1928年7月22日致学生韦素园信中,以愉快的心情谈到自己这一时期学习马克思主义的心得,他说:"以史底唯物论批评文艺的事,我也曾看了一点,以为那是极直捷爽快的,有许多昧暧难解的问题都可说明。"[17]这说明鲁迅在此阶段不仅学习阅读马克思主义著作,而且在实践中不断地在运用,尝到了甜头,对鲁迅在文学创作和文学批评上有极大帮助。

正因为鲁迅感到马克思主义学说的有用,所以,他一方面大量阅读日译本马克思主义著作;另外一方面,为不懂日文的人,开始着手翻译和传播马克思主义文艺理论,利用他精通的日语,从内山书店或其他渠道购买的马克思主义著作日文版本的书籍,开始翻译。如发表在1928年其主编的《奔流》月刊创刊号上的《文艺政策》,这是鲁迅有计划地介绍马克思主义文艺理论的开始,1929年又先后翻译了卢那察尔斯基的《艺术论》《文艺与批评》和普列汉诺夫的《艺术论》,1930年2月还在其主编的《文学研究》上译载了普列汉诺夫的《车尔尼雪夫斯基的文艺观》,鲁迅还对有的译著进行科学评述,他极希望"有切实的人,肯译几部世界上已有定评的关于唯物史观的书——至少一部简单浅显的,两部精密的——还要一两本反对的著作。那么,论争起来,可以省说许多话"[18]。他把自己比作"盗火者"(普罗米修斯)和为起义者偷运军火的人。以上这些都对鲁迅的思想与创作产生了重要影响,是他最终接受马克思主义文艺观的中介之一。

马克思主义思想给鲁迅以巨大力量,使得他把无产阶级革命立场、阶级斗争的理论、唯物辩证法的方法融会贯通,运用自如,深深地贯注在自己的左翼文艺实践活动中,写出了中国里程碑式的以古讽今小说《故事新编》和大量匕首投枪式的杂文,这些作品无论战斗性、文学性、科学性,还是在反映现实的深度、广度上,都达到新的境界;鲁迅还不遗余力地汇集出版了10余部优秀的外国版画作品集和中国优秀的木刻笺谱,提倡中国新兴木刻运动,指导扶持大批木刻青年,清醒地认识到木刻在当时社会的重要作用。以上都充分显示了马克思主义文艺理论的巨大威力。

1957年3月8日毛泽东在《同文艺界代表的谈话》中指出:"鲁迅不是共产党员,他是了解马克思主义世界观的。他用了一番工夫研究,又经过自己的实践,相信马克思主义是真理。特别是他后期的杂文,很有力量。他的杂文有力量,就在于有了马克思主义世界观。"

因此说,鲁迅从开始接触马克思主义著作到他真正接受马克思主义思想,是经历了长期的探索和追求的,但他最终从斗争的实践中真正认识到:"惟新兴的无产者才有将来",并"确切的相信无产阶级社会一定要出现"的马克思主义真理,并为此奋斗到底,从一个进化论者成长为成为一名真正的马克思主义者。

注释

①《鲁迅全集》第四卷,人民文学出版社2005年版,第526页。

②《鲁迅全集》第一卷,人民文学出版社2005年版,第439页。

③ 叶淑穗:《鲁迅与马克思著作》,《图书馆学通讯》(双月刊)1983年第3期。

④《鲁迅全集》第一卷,人民文学出版社2005年版,第373页。

⑤《回忆鲁迅在上海》,上海书店出版社2017年版,第399页。

⑥ 邓明以:《陈望道传》,复旦大学出版社2005年版,第43页。

⑦⑧⑨ 彭树鑫:《鲁迅前期思想与马克思主义》,《暨南大学学报》(哲学社会科学版)1981年第3期。

⑩《鲁迅全集》第三卷,人民文学出版社2005年版,第362页。

⑪《鲁迅全集》第十一卷,人民文学出版社2005年版,第195页。

⑫ 张小红:《文坛之光》,百家出版社 2011 年版,第 3 页。

⑬ 王锡荣:《“左联”与左翼文学运动》,上海人民出版社 2016 年版,第 32 页。

⑭《鲁迅全集》第四卷,第 6 页。

⑮⑯ 许广平:《鲁迅回忆录》长江文艺出版社 2010 年版,第 96、97 页。

⑰《鲁迅全集》第十二卷,人民文学出版社 2005 年版,第 125 页。

⑱《鲁迅全集》第四卷,第 128 页。

“大团圆”之细读

——纪念《阿 Q 正传》发表 100 周年

管冠生

一

> 赵家遭抢之后，未庄人大抵很快意而且恐慌，阿 Q 也很快意而且恐慌。但四天之后，阿 Q 在半夜里忽被抓进县城里去了。那时恰是黑夜，一队兵，一队团丁，一队警察，五个侦探，悄悄的到了未庄，乘昏暗围住土谷祠，正对门架好机关枪；然而阿 Q 不冲出。许多时没有动静，把总焦急起来了，悬了二十千的赏，才有两个团丁冒了险，逾垣进去，里应外合，一拥而入，将阿 Q 抓出来；直待擒出祠外面的机关枪左近，他才有些清醒了。

这是《阿 Q 正传》第九章“大团圆”的开始，一段很重要的文字，却几乎未得到学界的足够重视。我们至少需要考虑两个问题：谁抢了赵家以及何以阿 Q 被抓成了犯人？

第二个问题相对简单些。自家被抢后，秀才上城报官，应该道出了对阿 Q 的怀疑，他和赵太爷在第六章就已经怀疑阿 Q，甚至要把后者驱逐出未庄。但这一次显然冤枉了阿 Q，因为阿 Q 和他的朋友只是“偷”，而赵家这次却是被“抢”——第八章写某天深夜阿 Q 碰上了惊慌逃跑的小 D，后者气喘吁吁地说：“赵……赵家遭抢了!”此后,关于这个事件的用词一直是“抢”(审案老头子用的是“打劫”,意义相同),绝非平常小偷小摸之行为。

当夜,阿 Q 远远看到:“似乎许多白盔白甲的人,络绎的将箱子抬出了,器具抬出了,秀才娘子的宁式床也抬出了”,并且“站着看到自己发烦”,可见时间颇长,都超过了小偷的心理承受能力。虽在深夜,其实迹近公然抢劫。此外,赵家及本村地保当时皆乖乖听话、无力(不敢)反抗,亦表明面对的不是一般的偷儿——对比第六章所述阿 Q 最后一次偷窃经历:“他刚才接到一个包,正手再进去,不一会,只听得里面大嚷起来,他便赶紧跑,连夜爬出城,逃回未庄来了。”

总而言之,阿 Q 没有抢赵家,他的“老朋友”也没有。

有人认为,赵家遭抢“系与把总关系密切的军队所为,阿 Q 必须充当抢劫犯的替罪羊,因为事实上审判者是真凶或帮凶”。主要有以下 4 个理由:(1)阿 Q 无能,是替罪羊的合适人选;(2)急于杀死阿 Q 是“为了包庇真正的抢劫者以便伙吞赃物,继续安然作恶”;(3)按赵家遭抢情形来看,应是大规模的团伙作案,“只有当时的军队才能做到”,且“白盔白甲”也是一个关键的暗示;(4)史料表明,民初军队抢劫很严重①。本文认为,作为历史事实的军队抢劫与文本并无有效关联,而就文本描写来看,只能说把总有最大嫌疑,并且是与假洋鬼子、赵白眼“里应外合”作的案。——我们要先挖一挖未庄的“内奸”。

先说赵白眼。《阿 Q 正传》两次这样提及:一次在第四章,“真正本家的赵白眼,赵司晨”;一次在第七章,“赵府上的两位男人和两个真本家”。司晨者,鸡也,性格懦弱胆怯;白眼者,狼也,性情凶残反噬。赵家“真正的本家”是赵司晨和赵白眼,也就是说赵家人就是鸡与狼的结合。可用公式表示:赵家人的本质=鸡+狼。第八章一个细节需要注意:阿 Q 到钱府时,院里“挺直的站着赵白眼和三个闲人,正在必恭必敬的听说话”。此前,赵白眼总是随着赵太爷出现,但如今假洋鬼子得势了(秀才的银桃子要向假洋鬼子买),赵白眼就弃了赵太爷,跟上了假洋鬼子——第三章写假洋鬼子跑到东洋去,"半年之后他回到家里来,腿也直了,辫子也不见了",此处写赵白眼"挺直的站着",可见此时的赵白眼从里到外都是假洋鬼子的人了。这个白眼狼对赵府底细了解最详细,宜乎由他起意并作内应,否则对不起他的名字——"赵白眼"。

再说假洋鬼子。根据第六章的这一句话——"未庄老例,只有赵太爷钱太爷和秀才大爷上城才算一件事。假洋鬼子尚且不足数,何况是阿Q"——来看,假洋鬼子在革命之前屈居于秀才之下,钱家也一直被赵家压着,故此第七章才说他和赵秀才"历来也不相能"。只是在"咸与维新"之际,忽而"谈得很投机,立刻成了情投意合的同志",相约到尼姑庵革了一回命。但,他们的关系真的如此亲密了吗?

革命党进城后,有"几个不好的革命党"动手剪辫子,因这件"可怕的事",未庄人便不进城了,只有一个假洋鬼子是例外。他上城回来后将银桃子(自由党的徽章)卖给秀才,要了四块洋钱,够狠的!所谓"情投意合"其实是一刹那的组合,他和秀才不过是貌合神离而已,有了便宜该赚就赚。

因此,本文实在无法抵制下述猜测的诱惑:在改朝换代动荡不安之际,在举人老爷与秀才失势的情况下,何不联络城里的"柿油党"朋友来打劫一下呢?不但将得到一笔诱人的财富(除了赵家的钱财,还有举人老爷寄存的很多箱子),并且可以出出心中积压已久的恶气。最重要的是,事后不用担什么风险。

且看阿Q被捉后,举人老爷要追赃,把总却要示众:

> 把总近来很不将举人老爷放在眼里了,拍案打凳的说道,"惩一儆百!你看,我做革命党还不上二十天,抢案就是十几起,全不破案,我的面子在那里?破了案,你又来迂。不成!

这是我管的！”举人老爷人窘急了，然而还坚持，说是倘不追赃，他便立刻辞了帮办民政的职务。而把总却道，“请便罢！”于是举人老爷在这一夜竟没有睡，但幸而第二天倒也没有辞。

把总还是先前带兵的老把总，然而“近来”（革命党进城后）却瞧不起举人老爷了，因为他也加入了革命党。看他说的话——“破了案，你又来迂。不成！这是我管的！”——带着教训的口吻与唯我独尊的架势，举人老爷对他可谓“胳膊拧不过大腿”了。

有意思的是，按把总所说，他做革命党不到二十天，抢案十几起（包括赵家遭抢），平均能达到一天一起吧？不是偷偷摸摸，是“抢”！为什么他做了革命党治安形势反而糟糕到这个地步呢？并且“全不破案”，岂不怪哉？

按第九章开始所写，抓阿Q时来了兵、团丁和警察，这三股人皆可以成为潜在的打劫力量。但，警察在城里维持治安，团丁又是地方武装，皆可以排除他们来未庄抢劫当地大户的可能性。唯一可疑的就是把总带的兵。有几处细节需要注意：

（一）赵家遭抢的案件由警察出面办理即可，把总又何必带兵介入、长臂管辖呢？——或许当时是“联合作战”，那么，这个疑问取消也可以。

（二）都说重赏之下，必有勇夫，但面对“二十千的赏”，把总带的兵毫无动静，尚不如团丁有勇气；并且，“二十千的赏”最终非由把总出，而是转嫁给了秀才，可见把总贪婪成性、一毛不拔。如此把总带的也应是如此的兵，但这一次却不为赏钱所动，除了早就弄鼓了腰包不差钱，还能如何解释这违反人性和兵性的现象呢？

（三）“破了案，你又来迂”——抓住一个阿Q就是破了案了？可见把总根本无心破案，只要逮住一个替罪羊游街示众赶快砍头，断绝举人老爷追赃的念头——举人老爷坚持追赃是合理要求，但若穷追不舍,就等于要真正破案。然而,这是把总无法接受的,因为赃就在他手里,事就是他干的。举人老爷一夜未睡,应该是觉察到了此事的玄妙,反复掂量自身的处境,无兵少势,只得(暂时)隐忍顺从。

(四)第一章写道:为了知道阿Q的名字是怎么写的,"我的最后的手段,只有托一个同乡去查阿Q犯事的案卷,八个月之后才有回信,说案卷里并无与阿Quei的声音相近的人。我虽不知道是真没有,还是没有查,然而也再没有别的方法了"。很可能,"我的最后的手段"犯了忌讳,此事查不得吧?

至此,本文的看法是:如果我们要从文本字里行间寻觅蛛丝马迹以破获赵家遭抢的迷案,那么,最大嫌疑人就是里应外合的假洋鬼子与把总。

二

有研究者认为,阿Q"投靠不成,即生悖心",并作了如下解释:"阿Q到尼姑庵革命迟了,想投靠假洋鬼子,得到的却是'不准革命'的拒斥。阿Q'毒毒的点一点头:不准我造反,只准你造反?妈妈的假洋鬼子,——好,你造反!造反是杀头的罪名呵,我总要告一状,看你抓进县里去杀头,——满门抄斩,——嚓!嚓!'欲望、要求不能得逞,随即萌生悖心,要告发原来想要投靠的人,让他满门抄斩。这说明阿Q对造反、革命的精神与意义,茫然无知,毫无定见;在行动上,朝秦暮楚,呆里撒奸,难怪鲁迅连用了两个'毒'字"[②]。本文认为,这又是只知其一、不知其二的冤案。首先,阿Q"毒毒的"想法并非源于假洋鬼子的排斥,而是抢赵家没有自己的份才产生的;其次,要到县城去告状,这是阿Q一时的气话,因为第八章说城里有"不好的革命党"抓人剪辫子,"阿Q本也想进城去寻他的老朋友,一得这消息,也只得作罢了",为了怕剪去辫子,阿Q不会进城;再次,如果阿Q真要告状,那么,他被抓起来审问岂不就是个机会？然而，我们的阿Q并未出卖假洋鬼子。——接下来，我们就要重点解释阿Q被提审的场景：

> 到得大堂，上面坐着一个满头剃得精光的老头子。阿Q疑心他是和尚，但看见下面站着一排兵，两旁又站着十几个长衫人物，也有满头剃得精光像这老头子的，也有将一尺来长的头发披在背后像那假洋鬼子的，都是一脸横肉，怒目而视的看他；他便知道这人一定有些来历，膝关节立刻自然而然的宽松，便跪了下去了。
>
> "站着说！不要跪！"长衫人物都吆喝说。
>
> 阿Q虽然似乎懂得，但总觉得站不住，身不由己的蹲了下去，而且终于趁势改为跪下了。
>
> "奴隶性！……"长衫人物又鄙夷似的说，但也没有叫他起来。
>
> "你从实招来罢，免得吃苦。我早都知道了。招了可以放你。"那光头的老头子看定了阿Q的脸，沉静的清楚的说。
>
> "招罢！"长衫人物也大声说。
>
> "我本来要……来投……"阿Q胡里胡涂的想了一通，这才断断续续的说。
>
> "那么，为什么不来的呢？"老头子和气的问。
>
> "假洋鬼子不准我！"
>
> "胡说！此刻说，也迟了。现在你的同党在那里？"
>
> "什么？……"
>
> "那一晚打劫赵家的一伙人。"
>
> "他们没有来叫我。他们自己搬走了。"阿Q提起来便愤愤。
>
> "走到那里去了呢？说出来便放你了。"老头子更和气了。

“我不知道,……他们没有来叫我……”

然而老头子使了一个眼色,阿Q便又被抓进栅栏门里了。

有研究者认为,“从表面上看,所谓的审判是审判人和阿Q之间的一问一答,可是,只要我们仔细地阅读一下,我们马上就发现了,所谓的一问一答完全是驴头不对马嘴,阿Q的每一句回答都只是阿Q的一厢情愿,他和审判人之间从来就没有构成真正的有效逻辑,这次对话完全是错位的。但是,最大的不幸终于出现了,这种错位,或者说驴头不对马嘴,最终对应的却是法律。可以这样说,是阿Q自己把自己给‘说’死的”③——这里面虽不乏一些真知灼见,但并未完全理解这场审判的内蕴。还是让“我们仔细地阅读一下”吧。

审问阿Q的是些什么人呢?“光头的老头子”就是原先的知县大老爷,那些跟他一样满头剃得精光的长衫人物都是顺应时代潮流、识时务者为俊杰的由旧入新的俊杰(包括把总),发型像假洋鬼子的应该都是像假洋鬼子一样进过洋学堂、东洋留过学的新派人物。无论是何种出身,“都是一脸横肉”,都是革命后的既得利益者。尤其不可忽略那“一排兵”,革命动荡之际,谁带兵谁最有势力。

“膝关节立刻自然而然的宽松”似乎是阿Q奴隶性的证明,但“站着说”和“跪着说”有何本质区别?如果说后者体现了“奴隶性”,那么前者能体现“主体性”吗?即便跪是一种“奴隶性”,长衫人物对此既鄙夷又默认(享受别人给自己下跪),实质不过是借此卖弄一点贬斥他人的新话语以显示自身见识优越、身份高人一等罢了。况且,不但说的时候是站着还是跪着无所谓,连阿Q“说”还是“不说”都已然没了区别,因为审判者“我早都知道了”;并且,即便阿Q说的是事实也改变不了最终的结果(自己的命运),因为

“此刻说,也迟了”,说得不合意便是“胡说”——这样的“审判”本身毫无意义,又哪来的“法律”意识?我们又何必一味嘲笑阿Q的“膝关节”呢?

主审老头子连嫌犯的基本情况(如姓字名谁之类)都不问,直接便说“你从实招来罢”,这便意味着不用审问阿Q已然被“内定”为抢案的犯人了。“我早都知道了”,你知道什么了?既已知道,何必再问?“招了可以放你”(下文还有“说出来便放你了”),显系骗人的鬼话。老头子不愧是久经官场的世故老手,既虚张声势又连哄带骗,且始终一团“和气”,似乎再也找不到像他这样好的好官了;相比之下,阿Q“胡里胡涂”且喜怒形于色(如“愤愤”),只是一个江湖小雏(正如在小偷的队伍里也只是个“小脚色”)。虽然曾被视为冠于全球的“中国精神文明”的代表人物(第四章),但,我们的阿Q其实比这些审判他的国民们的灵魂还要天真烂漫,还要单纯可爱呢!

“阿Q胡里胡涂的想了一通”的心理内容应该是这样的:“前几天,我去投假洋鬼子,他不准我革命;眼前又是假洋鬼子一般的人物,他们是不是也不准我革命呢?可我真想造反呢!他们和假洋鬼子是不是一样呢?”于是断断续续地说出“我本来要……投……”,接下来的汉字本应是“革命党”——这是心里话,是实话,我们的阿Q从来不打诳语,这又比审问他的所谓“革命党”们好多了。

但,中国汉字文化博大精深,“投”可以接“革命党”,也可以接“案”,老头子不等阿Q说完,便顺着自己的思路问道“那么,为什么不来的呢?”——“假洋鬼子不准我!”,这是“胡里胡涂”的阿Q说得非常巧妙的一句话。对阿Q要投革命党的事,它陈述了客观事实;对老头子要问的赵家遭抢的事,它误打误撞、直接戳中了事实——“假洋鬼子不准我”来投案,因为这事就是假洋鬼子领头干的。本来,目睹了赵家遭抢而自己两手空空,阿Q“毒毒的”想法就把假洋鬼子与抢案联系了起来(是假洋鬼子造反抢东西),这真是一个伟大的直觉判断。

老头子立刻加以“胡说”二字,斥阿Q乱咬人;“此刻说,也迟了”颇有意思:既然“此刻说,也迟了”,那又何必说或说下去呢?既然“此刻说,也迟了”,那么,“此刻问”又有何必要呢?整个审问又有何必要呢?——因为说的是“假洋鬼子”,而“假洋鬼子”不能说,这又是为什么呢?因为假洋鬼子成了革命党,而成了革命党就不再会是案犯!可见,在此“咸与维新”之际,假洋鬼子和老头子(知县大老爷)已经成了“情投意合的同志”了。

至此,阿Q关心的是“革命党”,老头子询问的是“同党”。虽然名号不同,但(阿Q的)“同党”其实就是(把总这样的)“革命党”,(把总这样的)“革命党”其实就是(阿Q的)“同党”。“他们没有来叫我。他们自己搬走了”,这话完全是事实,阿Q在心理上已经投降了革命党,但革命的同党们造反时却没有来叫他参与,至今仍然感到自己吃了大亏——如果我们嘲笑他只知道盯着一点个人私利,那么,把总或老头子或假洋鬼子这样的革命党又能好到哪里去呢?换言之,我们的阿Q只在乎得没得东西(关心切身的现实利益),这可视为他愚昧麻木不懂得辛亥革命的重大意义,但审判他的这些所谓“革命党”们又能开明高尚到哪里去呢?

有意思的是,老头子接着问“走到那里去了呢?”——阿Q怎么会知道?因为阿Q说得明白“他们没有来叫我”,且说了两次。如果说阿Q“胡里胡涂”,那么,审判者的心智更不正常。——阿Q死后,城里的舆论说他是一个“可笑的死囚”;真正可笑的不是阿Q,是审判他的所谓革命党及围观的看客与看客的舆论。

无论如何,阿Q罪不至死——即便他参与了打劫,也不至于判死刑。更不是“自己把自己给‘说’死的”。他是为了维护把总的“面子”才死的;更准确地说,他是替把总死的,替白盔白甲的“革命党”死的。他是当时权力游戏的一个牺牲品。

三

第二天,阿Q又被审问了一次:

> 老头子和气的问道,"你还有什么话说么?"
>
> 阿Q一想,没有话,便回答说,"没有。"

有研究者认为,"如果他保持沉默,官员一时不能给他定罪,但是他回答'没有(话说)',在此情境下,相当于承认罪名,接受判决,故此官员让他马上画押"[④]。这又冤枉阿Q了。我们的阿Q从不虚伪做作,从不打诳语,从未有什么城府心机。他要说的话在第一次审问时已经说完。无论第一次的对话有多少"错位与含糊"[⑤],但"他们没有来叫我。他们自己搬走了"这句话却清晰明白,只要审判者及其审判是正常的,那就不会逮住阿Q不放。但这件事从一开始就不正常:阿Q一个小嫌犯,值得把总兴师动众带"一队兵,一队团丁,一队警察,五个侦探"和机关枪去抓吗?——况且,昨天审问时老头子明明说"此刻说,也迟了",为什么第二天还叫说呢?就算是对阿Q的"临终关怀"吧。无论他说还是保持沉默,罪已然就是他的、也都是他的——供词都替他写好了。

那么,"阿Q一想"想了什么呢?本文这样猜测:赵家遭抢是活该("赵家遭抢之后,未庄人大抵很快意而且恐慌,阿Q也很快意而且恐慌"),"革这伙妈妈的的命",只可惜我未能参加,但这不是我的错,是革命的同党没来叫我,没人来叫"阿Q!同去同去!"。——只是阿Q没想到所谓的"革命党"比赵家爷俩还凶还狠:此前在赵家"造反"("调戏"吴妈),不过挨了大竹杠,订了5项条约;这次未能参加"造反",却被革命的同党要了命。

接下来阿Q的画圆圈似乎显得滑稽可笑:对司法审判无甚观

念，对画圆圈则诚惶诚恐，“立志要画得圆”，“使尽了平生的力画”，最终画成瓜子模样，又自我“羞愧”。但这是阿Q的一贯表现：第一次“造反”不成，他也很快忘了吴妈，忘了“恋爱”，单对秀才的官骂“忘八蛋”“格外怕，而印象也格外深”。——鲁迅《故事新编》里的“油滑”气息早就在阿Q身上体现出来了。如此“革命”不“认真”也罢（“革命党虽然进了城，倒还没有什么大异样”），如此所谓重大历史事件的精神或意义不在意也罢，不如画圆圈的个人体验来得充实而深刻。阿Q若是名士或名人，那么，如此只顾郑重其事地画圆圈而完全忽略审判及其供词，将成为他的名士风度或名人逸事。

阿Q再次运用“精神上的胜利法”——“孙子才画得很圆的圆圈呢”——而变得释然。需要考虑的是，谁是这样的“孙子”呢？肯定不包括未庄那些“和阿Q玩笑的人们”，因为他们和阿Q一样，手和笔从未相关过，焉能画得很圆的圆圈？只有秀才、假洋鬼子和审判阿Q的长衫人物才是这样的“孙子”！这就是说，阿Q的“孙子”就是所谓的“革命党”，他们自私自利的欲望比阿Q更强烈，他们的伎俩与手段比阿Q还要“毒毒毒”——比阿Q多一个真正的“毒”！

第三天，阿Q又被审问了一次：

> 老头子很和气的问道，“你还有什么话么？”
> 阿Q一想，没有话，便回答说，“没有。”

明知道阿Q就要示众枪毙，老头子更加“和气”了，但他把“说”去掉了，这才让我们明白他并不是真心让阿Q“说”什么，因为他的问话更像是平日待人应酬的套话、废话。阿Q同样重复“没有”，这是否显现为某种不屑以及对审判的对抗与否认呢，虽然阿Q应该没有想到表达这个意思或有此种意识？关系切身利益的审判连续两次让人“没有”话说，这种状况岂不有些意味深长？假如我们设想阿Q尽力为自己争辩，那么，这争辩本身不就意味着对革命统治的依赖与承认吗？而小说表现得非常清楚，城里的所谓“革命党”不是真正的革命党！

接下来便是游街示众：“‘过了二十年又是一个……’阿Q在百忙中，‘无师自通’的说出半句从来不说的话”。阿Q何以能“无师自通”？这全是因为“在路旁的人丛中发见了一个吴妈”：“很久违，伊原来在城里做工了。阿Q忽然很羞愧自己没志气：竟没有唱几句戏”。阿Q何以“忽然”对自己没唱戏感到“很羞愧”了呢？为什么“《小孤孀上坟》欠堂皇，《龙虎斗》里的‘悔不该’也太乏，还是‘手执钢鞭将你打’”呢？因为这句唱词才能展现男子汉气概，原来阿Q想在吴妈面前通过唱戏来表现自己男子汉的高大形象！换言之，阿Q在意自己在吴妈心中的形象，吴妈是他心中特别在意的一个女人。他临死前的“无师自通”，正如他求爱时的无师自通：“‘我和你困觉，我和你困觉！’阿Q忽然抢上去，对伊跪下了”。这种求爱仪式《伤逝》里的涓生也用过：“在慌张中，身不由己地竟用了在电影上见过的方法了……我含泪握着她的手，一条腿跪了下去”，作为一个新式知识分子，跪求的仪式还是从电影上学的，阿Q从未看过电影，也下了跪，可不是“无师自通”的天才吗？只是他没有眼泪，没有握吴妈的手，他其实比涓生想的单纯！

> “好!!!”从人丛里，便发出豺狼的嗥叫一般的声音来。
>
> 车子不住的前行，阿Q在喝采声中，轮转眼睛去看吴妈，似乎伊一向并没有见他，却只是出神的看着兵们背上的洋炮。

这混杂在看客群中的独特的“一个吴妈”，和其他看客不一样、没有喊“好”、不忍直视、同情阿Q的吴妈，让阿Q突然在“喝采的人们”与“永是不近不远的跟定他”的饿狼之间建立了形象联系。这些“喝采的人们”“似乎连成一气，已经在那里咬他的灵魂”，“精神上的胜利法”（“咬我灵魂的是我孙子”，或者说“孙子终于咬了我的灵魂”）在此最终时刻失去了任何意义——第四章曾这样写道：“有些胜利者……没有了敌人，没有了对手，没有了朋友，只有自己在上，一个，孤另另，凄凉，寂寞，便反而感到了胜利的悲哀。然而吴妈的阿Q却没有这样乏，他是永远得意的”，然而，小尼姑使他的胜利变得“有些异样”；而在生命的最后时刻，阿Q以“只有自己在上”的游街示众的另类形式看到了“胜利”，然而，“一个吴妈”却使他觉悟到了“胜利的悲哀”，喊出了“救命”。阿Q在生命的最后一刻终于大“乏”特“乏”了一次：“永是不远不近的跟他走”的看客难道会永远存在着吗？而只要这样的看客存在，就难以出现真正的革命与革命党，他就无法避免沦为革命牺牲品的命运！

（泰山学院文学与传媒学院）

注释

① 曾锋：《究竟是谁谋杀了阿Q》，《名作欣赏》2007年第20期。

② 俞正平：《越界的庸众与阿Q的悲剧》，《文艺研究》2009年第8期。

③ 毕飞宇：《沿着圆圈的内侧，从胜利走向胜利——读〈阿Q正传〉》，《文学评论》2017年第4期。

④ 黎保荣：《从现实反抗到文学书写——论鲁迅与法律》，《鲁迅研究月刊》2015年第6期。对第一次审问时的对话，该文亦有详细的分析，可与本文对读。

⑤ 江卫社：《〈阿Q正传〉的模糊叙述》，《贵州师范大学学报》2001年第4期。

童心来复梦中身

——重读鲁迅《故乡》

程振兴

1933 年 3 月，在《我怎么做起小说来》一文中，鲁迅写道：

> 说到“为什么”做小说罢，我仍抱着十多年前的“启蒙主义”，以为必须是“为人生”，而且要改良这人生。我深恶先前的称小说为“闲书”，而且将“为艺术的艺术”，看作不过是“消闲”的新式的别号。所以我的取材，多采自病态社会的不幸的人们中，意思是在揭出病苦，引起疗救的注意。[①]

上文中鲁迅对其小说的自我定位是“启蒙主义”——这也是全部鲁迅文本中唯一直接提及“启蒙主义”之处，由于这是一段鲁迅的自述，它天然地具有了一种权威性，仿佛不证自明，从此在对鲁迅小说的解读中，“启蒙主义”论述比比皆是：以“启蒙之眼”去审视鲁迅小说，成了一个毋庸置疑的立论前提；带着先入为主的“启蒙主义”的成见，千方百计地将鲁迅小说纳入“启蒙主义”的阐释框架中的研究者也不乏其人。

在“启蒙主义”的视野中理解鲁迅小说的思路由来已久，这种情况直接导致鲁迅小说解读中刻板印象的形成，鲁迅小说《故乡》的阐释史即为显例：以“启蒙之眼”去审视《故乡》，甚至成了一种思维定式。

一、"启蒙之眼"审视下的《故乡》

毕飞宇在《什么是故乡？——读鲁迅先生的〈故乡〉》一文中有如下断言："在鲁迅的小说里头，其实只有一样东西，那就是启蒙。启谁的蒙？当然是启'国人'的蒙。"[②]

然而，当研究者奉鲁迅1933年在《我怎么做起小说来》一文中的自我定位为圭臬，以"启蒙主义"的理念来阐释鲁迅小说时，他们往往忽略了鲁迅撰写《我怎么做起小说来》一文时的具体语境。

事实上，在《我怎么做起小说来》的开头，鲁迅开宗明义，清楚说明关于"我怎么做起小说来"这个话题，他早在1922年《呐喊》的序文上已经约略说过，现在这篇名为"我怎么做起小说来"的文章，其实只是一点"补叙"。

考虑到《故乡》作于1921年，收录了《故乡》的短篇小说集《呐喊》初版于1923年，而《我怎么做起小说来》一文作于1933年——其时距离《呐喊》的初版已是10年，距离《故乡》的发表更是已达12年之久，可以说鲁迅在《我怎么做起小说来》一文中关于"我怎么做起小说来"的"补叙"，包括其中的"启蒙主义"云云，显然是对《呐喊》《彷徨》"来由"的一种事后说明，其中有当事人的后见之明，甚至不乏当事人重构历史的成分，因此这个"补叙"需要置于历史语境中重新考量。

研究者仅仅根据鲁迅在《我怎么做起小说来》一文中的自我定位，便以"启蒙之眼"来审视鲁迅小说，并由此得出鲁迅全部小说——包括《故乡》——都是"启蒙叙事"，都体现了鲁迅"启蒙主义"的文学理念，显然是不确切的。

在谈到文学团体时，鲁迅有云："文学团体不是豆荚，包含在里面的，始终都是豆。大约集成时本已各个不同，后来更各有种种的变化。"[③]对于鲁迅小说与"启蒙主义"之关系，其实也可作如是观:“鲁迅小说不是豆荚,包含在里面的,始终都是启蒙主义。”

事实上,当研究者以“启蒙之眼”去审视《故乡》时,将会发现文本内部存在着诸多“裂痕”或曰“缝隙”,无法在“启蒙主义”的阐释框架中予以缝合,已有论者指出《故乡》中存在着“启蒙的缺席空场”[4]的现象:

> 《故乡》这部小说最值得注意的一个现象——启蒙的缺席空场。通过前面几章的分析乃至鲁迅的“启蒙主义”自我定位来看,《故乡》无疑是一个启蒙文本,但奇怪的是,“我”这个城市知识分子回故乡只是为了卖老屋和接家人进城,他不但没有任何启蒙行为,甚至面对着被启蒙的乡民时陷入了失语。问题的根源,就在于双方主体诉求的错位,即乡民用自身的主体性(经济诉求)严重挑战了知识分子的主体性(文化诉求),也揭穿了后者的经济乏力和政治无能。[5]

显然,上述这番话是矛盾而空虚的。既然《故乡》中“启蒙者”的实际表现是:他既“没有任何启蒙行为”,又“面对着被启蒙的乡民时陷入了失语”,也就是论者所谓的“启蒙的缺席空场”,又怎能“通过前面几章的分析乃至鲁迅的‘启蒙主义’自我定位”,得出“《故乡》无疑是一个启蒙文本”的结论呢?

恰恰相反,《故乡》中存在“启蒙的缺席空场”的现象,说明它其实并非一个启蒙文本。在《故乡》中,既没有任何启蒙之“行”,也没有任何启蒙之“言”的“我”,也绝非任何意义上的“启蒙者”。

二、城乡对照视野中的《故乡》

在中国现代小说史上,以现代都市与乡土中国的对峙与互渗作为小说结构模式,在城乡对照的视野中展开故事情节,已成“启蒙叙事”的叙事成规。

是故,当研究者以“启蒙之眼”审视鲁迅小说《故乡》,将之视为一个典型的“启蒙叙事”时,《故乡》中城市与乡村的关系——所谓“城乡的分离”[⑥]——便自然而然地进入其阐释视野中,然而也正是在这里,视《故乡》为“启蒙叙事”的悖谬性得以全面凸显。

在外在形态上,《故乡》有一个“离去—归来—再离去”的小说情节、结构模式。在“启蒙主义”的视野中,《故乡》被阐释为一个典型的启蒙叙事。以“启蒙之眼”去审视,“我”和闰土以及杨二嫂的关系,常被理解为“启蒙者”与“被启蒙者”的关系:小说中的第一人称叙事者“我”,一个“辛苦展转而生活”的“启蒙者”,因为搬家而返乡,在故乡遇见“辛苦麻木而生活”的闰土以及“辛苦恣睢而生活”的杨二嫂——也就是“被启蒙者”,深感彼此之间的“隔绝”,最后“我”黯然踏上归途。

邱焕星的《再造故乡:鲁迅小说启蒙叙事研究》一文,即以《故乡》为典型案例,讨论鲁迅小说的“启蒙叙事”问题。在谈到《故乡》中“启蒙叙事的修辞策略”时,邱焕星写道:

> 其次是启蒙叙事的时空展开。在《故乡》中,乡村作为城市的他者,实际被设置成了传统文明的空间隐喻,因而乡村/城市的空间并置关系,就被转化成了传统/现代的时间赶超关系。不过,这种关系的形成却不是以“乡村/城市”对比的显明方式,而是以“过去乡村/现在乡村”对比的隐晦方式完成的,具体来说,叙事者“我”将城市的理念转化为一个关于故乡过去的“好的故事”,着力渲染一种原始乡村和淳朴乡民的自在之美,形成了一种明朗轻快的牧歌情调,进而以乡村从家园到荒原、从乌托邦到恶托邦的转变,为“我”逃离故乡、返回城市做合法性的辩护。显然,“乡土意识”其实是“知识分子的意识特征”,“文学中的怀乡病,多半是一种知识分子病。‘乡土’的象征使用也是道地知识分子的创造”。[⑦]

上文中关于《故乡》“城市”与“乡村”关系的论述颇为缠绕：所谓“叙事者‘我’将城市的理念转化为一个关于故乡过去的‘好的故事’，着力渲染一种原始乡村和淳朴乡民的自在之美，形成了一种明朗轻快的牧歌情调”云云，简而言之，是说《故乡》中“记忆中的故乡”体现了“我”关于“城市”的理念。

显然，上述论断并不符合《故乡》的文本实际。《故乡》中的确存在一个城乡对照的视野，但其中的“乡村”却并非“传统文明的空间隐喻”，而其中“乡村/城市的空间并置关系”，也并未转化为“传统/现代的时间赶超关系”。

《故乡》中涉及城乡对照的视野的，是在“我”的“记忆中的故乡”部分；而叙事者“我”在怀念“记忆中的故乡”的时候，其价值判断是一目了然的，将彼时的“城市”与“乡村”两相对照，“我”的情感明显倾向于“乡村”。

《故乡》中在少年时代的“我”与闰土之间，的确存在一个城乡对照的背景：闰土来自乡村，而“我”身居城市，但“城乡的分离”显然并非《故乡》的主旨所在。是故，小说在涉及城乡之别时点到为止：“我们那时候不知道谈些什么，只记得闰土很高兴，说是上城之后，见了许多没有见过的东西”⑧，小说对闰土的“上城”体验轻描淡写，简直惜墨如金。闰土上城后“见了许多没有见过的东西”，但小说对此语焉不详；闰土上城后“很高兴”，但小说对此只是一笔带过。“上城”之于少年闰土的体验，可视为《故乡》中“城市”带给“乡村”的震惊体验的一种隐喻。显然，在“乡村/城市”对照的视野中，本可经由少年闰土的体验来进行浓墨重彩的描绘的“城市”，却在《故乡》中被淡化处理了。

但与此同时，小说中对少年闰土告诉“我”的“新鲜事”，却不厌其详，一一道来，最后还通过“我”发出如下感慨：“阿！闰土的心里有无穷无尽的希奇的事，都是我往常的朋友所不知道的。他们不知道一些事，闰土在海边时，他们都和我一样只看见院子里高墙上的四角的天空。”[⑨]显然，在“乡村/城市”对照的视野中，《故乡》中经由少年的“我”的体验所呈现的“城市”形象其实是负面的：它意味着封闭狭隘的视野——“只看见院子里高墙上的四角的天空”，以及孤陋寡闻的心灵——“闰土的心里有无穷无尽的希奇的事，都是我往常的朋友所不知道的”。

概而言之，在《故乡》中“记忆中的故乡”部分，的确存在一个城乡对照的视野，然而“城乡对照记”显然并非小说着墨的重点所在，因此在小说的情节结构中，对“城市”轻描淡写，对“乡村”却浓墨重彩；小说描写“乡村”世界的多彩与辽阔，暗含着对“城市”空间的狭隘与封闭的批评。在“乡村—城市”的二元对立中，《故乡》的实际情况显然是：“城市”是“乡村”的他者，而非相反。

《故乡》中的“乡村”，是由“深蓝的天空”“金黄的圆月”“碧绿的西瓜”和刺猹的少年所组成的一幅“神异的图画”，其中有多彩而静谧的大自然，有融入这大自然美丽背景中的生气勃勃的少年英雄，还有“我”与少年闰土之间纯真美好的友情，这样的“乡村”，显然不是任何意义上的“传统文明的空间隐喻”。

是故，《故乡》中在“记忆中的故乡”部分虽然有一个城乡对照的视野，但小说并未刻意凸显其中“乡村—城市”的二元对峙；少年闰土所来自的“乡村”，与“我”所居住的“城市”之间的空间并置关系，也绝非“传统/现代的时间赶超关系”。

事实上，如果说《故乡》中存在“启蒙叙事的时空展开”的话，那同样是在小说中“记忆中的故乡”部分，这“启蒙叙事”存在于少年时代的“我”与闰土之间，是来自“乡村”的闰土而不是身处“城市”的“我”充当了“启蒙者”的角色。少年闰土向“我”描述了海边的乡土世界，引领“我”走向以“角鸡，跳鱼儿，贝壳，猹，……”为代表的广阔的大自然。在少年时代“我”与闰土的关系中，“我”才是“被启蒙者”：是少年闰土一直在滔滔不绝地讲述，而“我”只是一个要求捕鸟、“盼望下雪”且不时向闰土提问的虔诚的求教者与认真的倾听者而已。

在中年时代的“我”与闰土之间,同样不存在“启蒙”与“被启蒙”的关系。如果说在少年时代,闰土是讲述者,“我”是倾听者,是多闻且健谈的闰土在对“我”进行启蒙,那么在中年时代,闰土和“我”都陷入了沉默,甚至失语的状态,不再有滔滔不绝的讲述者,也不再有洗耳恭听的倾听者,那种你“启”我“蒙”,你“说”我“听”的氛围与情境已经不复存在。且看小说中对闰土与“我”相见情景的如下描写:

> 我这时很兴奋,但不知道怎么说才好,只是说:
>
> “阿!闰土哥,——你来了?……”
>
> 我接着便有许多话,想要连珠一般涌出:角鸡,跳鱼儿,贝壳,猹,……但又总觉得被什么挡着似的,单在脑里面回旋,吐不出口外去。
>
> 他站住了,脸上现出欢喜和凄凉的神情;动着嘴唇,却没有作声。他的态度终于恭敬起来了,分明的叫道:
>
> “老爷!……”
>
> 我似乎打了一个寒噤;我就知道,我们之间已经隔了一层可悲的厚障壁了。我也说不出话。[10]

上文表现了“我”的失语状态:从“不知道怎么说才好”到“我接着便有许多话……吐不出口外去”,再到“我也说不出话”,一再说明了“我”说话的艰难;同时也写了闰土的失语状态:“动着嘴唇,却没有作声”,只呼唤了一声“老爷”。此时此刻,闰土由曾经开朗健谈的少年,变成了木讷寡言的中年人;“我”也由当年天真热情的提问者,变成了沉默不语的中年人。在中年闰土和“我”之间,并不存在“启蒙叙事”。

同样,在“我”与杨二嫂之间,也不存在“启蒙”与“被启蒙”的关系。小说中描写“我”与杨二嫂的对话有云：

> “忘了？这真是贵人眼高……”
>
> “那有这事……我……”我惶恐着，站起来说。
>
> “那么，我对你说。迅哥儿，你阔了，搬动又笨重，你还要什么这些破烂木器，让我拿去罢。我们小户人家，用得着。”
>
> “我并没有阔哩。我须卖了这些，再去……”
>
> “阿呀呀，你放了道台了，还说不阔？你现在有三房姨太太；出门便是八抬的大轿，还说不阔？吓，什么都瞒不过我。”
>
> 我知道无话可说了，便闭了口，默默的站着。⑪

在与杨二嫂的交锋中，“我”可谓节节败退，只能甘拜下风：首先在心理上为杨二嫂的气势所压，从“愕然”到“愈加愕然”，再到“惶恐”；其次在言语上被杨二嫂抢白甚至揶揄，杨二嫂在谈话中取得了“我对你说”的话语优先权，“我”却只能“无话可说”，终至沉默不语。在“我”与杨二嫂之间，同样不存在“启蒙叙事”。

综上所述，当研究者探究《故乡》中的“时空展开”时，将会发现《故乡》其实并非一个典型的“启蒙叙事”文本。首先，《故乡》并未在城乡二元对峙的视野中展开其题旨，小说中“乡村/城市”的空间并置关系被淡化处理。其次，《故乡》中来自乡村的少年闰土与身处城市的少年的“我”之间的“启蒙”与“被启蒙”关系，说明小说已经解构了“启蒙叙事”的叙事成规：乡村落后、愚昧，代表着“传统”；城市先进、文明，代表着“现代”，这一套“启蒙叙事”预设的价值判断标准，在《故乡》中其实被颠倒了，小说中“着力渲染一种原始乡村和淳朴乡民的自在之美，形成了一种明朗轻快的牧歌情调”，并非为了体现叙事者“城市的理念”，而只是单纯地为了彰显乡村与乡民的“自在之美”，后者才是《故乡》的重点所在。最后，小说中设置的两组人物关系，无论是“我”与中年闰土的关系，还是“我”与杨二嫂的关系,都不是“启蒙”与“被启蒙”的关系,也都不是所谓的“启蒙叙事”。

三、什么是故乡?

在一篇名为“故乡”的作品中,一个隐含的问题往往是:故乡的属性是什么,何谓“故乡”? 通过精湛的艺术描写,鲁迅在《故乡》中同样回答了“什么是故乡”:“故乡”是故家与故人,更是一段无法追回的少年时光。

一般而言,“故乡”是个地域概念,它与“地方”有关。在《现代汉语词典》中,“故乡”词条下的解释是:“出生或长期居住过的地方;家乡;老家。”⑫显然,鲁迅的小说《故乡》同样关乎地域,与“地方”有关。

在叙述少年闰土与“我”相识的缘起时,小说中介绍“长年”“短工”与“忙月”之别道:“我家只有一个忙月(我们这里给人做工的分三种:整年给一定人家做工的叫长年;按日给人做工的叫短工;自己也种地,只在过年过节以及收租时候来给一定的人家做工的称忙月),忙不过来,他便对父亲说,可以叫他的儿子闰土来管祭器的。”⑬

小说在介绍闰土要的“草灰”时写道:“他又要所有的草灰(我们这里煮饭是烧稻草的,那灰,可以做沙地的肥料),待我们启程的时候,他用船来载去。”⑭

在叙述杨二嫂发现闰土将碗碟埋在灰堆后的情形时,小说中介绍了“狗气杀”:“杨二嫂发见了这件事,自己很以为功,便拿了那狗气杀(这是我们这里养鸡的器具,木盘上面有着栅栏,内盛食料,鸡可以伸进颈子去啄,狗却不能,只能看着气死),飞也似的跑了,亏伊装着这么高底的小脚,竟跑得这样快。”⑮

如上所述,通过将介绍文字放入括弧内,以一种注释的形式,且以“我们这里”的亲切的讲述口吻,在小说中自然而然地引入

“忙月”“草灰”“狗气杀”等具有地方色彩的事与物,《故乡》中“故乡”的地域性得以彰显,《故乡》再现了地方风情与民俗。

然而,地域性在《故乡》中是一个相对次要的元素,《故乡》中的“故乡”主要是一段无法追回的少年时光。相对于“故乡”的空间性而言,《故乡》凸显的是“故乡”的时间性。

周作人较早注意到《故乡》的时间性。在论及《故乡》时,周作人如是说:“这里前后有两个故乡,其一是过去的,其二是现在的。过去的故乡以闰土为中心,借了这个年青的农民,写出小时候所神往的境地:深蓝的天空中挂着一轮金黄的圆月,下面是海边的沙地,都种着一望无际的碧绿的西瓜。”⑯而现在的故乡,也就是“鲁迅的第二个故乡”,乃是民国八年(1919年)的绍兴:“在这背景出现的仍是闰土,他的样子便是民初的那模样,那海边的幻景早已消灭,放在眼前的只是‘瓦楞上许多枯草的断茎当风抖着’的老屋。”⑰

从以少年闰土为中心的“小时候所神往的境地”,到与中年闰土重逢后“那海边的幻景早已消灭”,周作人简洁地勾勒了《故乡》中“我”的心路历程。《故乡》中的“故乡”,是年少时一段纯真无邪的时光,是“我”心像世界里一个美丽的幻影。

正因为《故乡》着眼于“故乡”的时间性,小说中虽然隐现着“故乡”与“异地”在空间上的并置与对峙,重点却在“过去的故乡”与“现在的故乡”在时间上的沧桑巨变。在《故乡》中有两条明晰的抒情线索:故家的败落,人生中年成熟后的悲哀。

故家的败落,集中体现在“瓦楞上许多枯草的断茎当风抖着”这一意象中。《故乡》中千里归乡的“我”自述其心境的黯淡道:

> 我这次是专为了别他而来的。我们多年聚族而居的老屋,已经公同卖给别姓了,交屋的期限,只在本年,所以必须赶在正月初一以前,永别了熟识的老屋,而且远离了熟识的故

乡，搬家到我在谋食的异地去。

第二日清早晨我到了我家的门口了。瓦楞上许多枯草的断茎当风抖着，正在说明这老屋难免易主的原因。几房的本家大约已经搬走了，所以很寂静。[18]

故家败落，老屋易主，聚族而居的本家风流云散，一直在异地“辛苦展转而生活”的“我”，此番回乡并非荣归故里，而是作为一个潦倒落魄的失意者，面对的是“故园虽在已无家”的悲凉情境。是故，与对少年闰土的回忆同时想起的，是故家当年的繁盛景象：

我认识他时，也不过十多岁，离现在将有三十年了；那时我的父亲还在世，家景也好，我正是一个少爷。那一年，我家是一件大祭祀的值年。这祭祀，说是三十多年才能轮到一回，所以很郑重；正月里供祖像，供品很多，祭器很讲究，拜的人也很多，祭器也很要防偷去。[19]

通过故家今昔的对照，《故乡》的字里行间充满了一种从繁华到沦落的沧桑感，其情形类似《呐喊·自序》中鲁迅对人世沧桑的感慨：“有谁从小康人家而坠入困顿的么，我以为在这途路中，大概可以看见世人的真面目；我要到N进K学堂去了，仿佛是想走异路，逃异地，去寻求别样的人们。”[20]

事实上，《故乡》可视为一个曾经“走异路，逃异地，去寻求别样的人们”的离家出走者，在离别故乡多年之后——“相隔二千余里，别了二十余年”——回望故园时心像世界里的幻影。

是故，在《故乡》中，比故家的败落引发的沧桑感更令人伤感的，是周作人所谓“小时候所神往的境地”的消失。“我”脑里的那幅“神异的图画”，是“童心来复梦中身”的生命幻景，这幅“海边的幻景”的最终消失，是生命自来的残忍，是人生中年成熟后不可避免的悲哀。

小说《故乡》开篇的第一段:“我冒了严寒,回到相隔二千余里,别了二十余年的故乡去。”[21]已经奠定了整篇小说的情感基调:有距离的审美静观。“我”与故乡之间距离遥远:“相隔二千余里”,是“我”与故乡的空间距离;“别了二十余年”,是“我”与故乡的时间距离。所谓“距离产生美”,故乡之于“我”,原是审美静观的对象。小说开头“我冒了严寒”回乡的天气情况,又仿佛暗示了“我”面对故乡时的心理氛围:冷。

正是由于“我”对故乡抱着“有距离的审美静观”的态度,故乡之于“我”,不再是能够融入的“现实一种”,而是一段现实与回忆相交织并最终怀旧梦碎的心路历程。

显然,《故乡》中“神异的图画”——“那西瓜地上的银项圈的小英雄的影像”——并非“我”目睹的现实,而只是“我”心造的幻影。

小说中“我”与闰土初见是在“年末”,“正月过去了”即分别,且“从此没有再见面”,“我”显然无从亲眼目睹夏夜里闰土在西瓜地上刺猹的情景。是故,小说中那幅“神异的图画”不是“我”目睹的少年闰土的生活实景,而是“我”对闰土生活的一种想象。

在这幅想象中的“神异的图画”里,在美丽的大自然的背景中出现的少年闰土,被塑造成一个活泼勇敢的小英雄的形象,是“自然之子”。作为“自然之子”,少年闰土给“我”带来的是神奇的大自然。

闰土是一个羞涩的乡村少年,他带给“我”一个新鲜的乡土世界,对于一向“只看见院子里高墙上的四角的天空”的“我”而言,这是一个闻所未闻的世界。少年闰土与“我”在一起时很健谈,而其话题始终不离海边农家生活的种种,充满了土气息泥滋味:雪地上捕鸟,海边捡贝壳,夏夜管西瓜……在少年闰土的精神世界里,有“无穷无尽的希奇的事”,其中什么都有:既有稻鸡、角鸡、鹁鸪,蓝背,也有鬼见怕、观音手,还有獾猪、刺猬、猹、跳鱼儿……它们全都属于神奇的大自然。

少年闰土是"自然之子",他向"我"讲述的是神奇的大自然,这只是问题的一个方面;另一方面,少年闰土与"我"的关系,也是"自然性"的:相聚时他与"我"以哥弟相称,分别后他以"一包贝壳和几支很好看的鸟毛"相赠……这是年少时纯真无邪的友谊,是诚挚美好的少年情怀。少年时代"我"与闰土的关系,体现了人的"自然性",其情形诚如毕飞宇所言:

> 在辅助层面,鲁迅着力描绘了一个东西,那就是少年的"我"和少年的"闰土"之间的关系。我把这种关系叫做自然性,人与人的自然性。它太美好了。在这里,鲁迅的笔调是抒情的、诗意的,这些文字就像泰坦尼克号,在海洋里任意驰骋。我必须补充一句,在"我"和"闰土"自然性的关系里头,"我"是弱势的,而"闰土"则要强势得多,这一点大家千万不要忽略。[22]

在人与人关系的自然性中,人们分享彼此的生活经验,这生活经验只要是不同的,对于对方是"陌生化"的,富有新鲜感的即可;对于少年闰土而言,由于他天性的纯真,与自然界的天然的亲近,他与"我"分享的更多的是关于"人与自然"而非"人与人"之间关系的经验。

人际关系的"自然性"与"社会性"是迥然不同的:少年看人生,凝眸于审美;中年看人生,聚焦于功利。《故乡》呈现了由孩子世界的"自然性"到中年时代的"社会性"的蜕变。从少年闰土与"我"之间关系的"自然性",发展到中年闰土与"我"之间关系的"社会性",乃是一个不可逆的生命过程。小说中最令"我"感到悲哀的,与中年闰土久别重逢后的如下情形其实是不可避免的:

> 他(引者注:中年闰土)站住了,脸上现出欢喜和凄凉的神情;动着嘴唇,却没有作声。他的态度终于恭敬起来了,分明的叫道:
>
> "老爷!……"
>
> 我似乎打了一个寒噤;我就知道,我们之间已经隔了一层可悲的厚障壁了。我也说不出话。[23]

凡属不可避免的就是理所当然的,那个当年的"自然之子",让"我"体验到人际关系"自然性"的美好的少年闰土,已是人到中年,如今是他首先遵循了人际关系的"社会性",小说中有这样一段中年闰土与母亲的对话:

> "老太太。信是早收到了。我实在喜欢的了不得,知道老爷回来……"闰土说。
>
> "阿,你怎的这样客气起来。你们先前不是哥弟称呼么?还是照旧:迅哥儿。"母亲高兴的说。
>
> "阿呀,老太太真是……这成什么规矩。那时是孩子,不懂事……"闰土说着,又叫水生上来打拱,那孩子却害羞,紧紧的只贴在他背后。[24]

知道了"规矩"的中年闰土,变得"客气"了,同时也疏远了;对于少年时代"哥弟称呼"的往事,中年闰土颇有悔意,一句轻描淡写的"那时是孩子,不懂事",将当年他与"我"之间关系的"自然性"一笔勾销。

是故,《故乡》中"神异的图画"里"那西瓜地上的银项圈的小英雄的影像"由"十分清楚"到"忽地模糊",再到最终消失的过程,既是"我"的心路历程,也对应于闰土由少年时代的"自然人"变成中年时代的"社会人"的生命历程。在这个意义上,《故乡》是对“大自然”与“自然人”的赞美，同时是对“社会”与“社会人”的批判。

四、心像世界里的幻影

然而，《故乡》中固然有现实批判的要素，但其主旨更关乎青春幻梦的消失，以及人生中年成熟后的悲哀，其中既有“故园虽在已无家”的沧桑，也有对人与人之间难免“隔绝”的痛惜，还有少年情怀终归泯灭的怅惘。《故乡》是温存美好的青春幻梦的破碎过程，是中年人心像世界的投影。

《故乡》呈现了“我”的心路历程：从“小时候所神往的境地”，到“那海边的幻景早已消灭”，“故乡”是“我”心像世界的一个投影。

钱理群较早注意到《故乡》写的是“我”的一个“心理过程”，所谓“故乡”其实是一个“心像世界里的幻影”。在《中国现代文学三十年》中，钱理群如是说：

> “我”不得不离本乡……二十年过去，依然在为生活而辛苦辗转，却失去了精神的家园。此番归来，正是为了寻梦：那“时时记得的故乡”不过是心像世界里的幻影。因此，整篇小说所写的其实是“我”的一个心理过程：“苍黄的天底下，远近横着几个萧索的荒村，没有一些活气”的现实图画逐渐取代那想象中理想化了的“神奇的图画”，“西瓜地上的银项圈的小英雄的影像”由十分清楚而变得模糊。而现实闰土的故事（还包括现实杨二嫂的故事）无疑起了惊醒的作用，帮助“我”完成了幻景与现实的剥离。“我”由希望而绝望，再度远走，从而完成了“离去—归来—再离去”的人生循环（在小说的外在形式上则表现为“始于篷船，终于篷船”的圆圈）。[25]

显然,钱理群的上述看法,其实依然在周作人观点的延长线上。1952年,周作人即已指出《故乡》中蕴含着"过去的梦幻为现实的阳光所冲破"的"悲哀",周作人写道:"鲁迅在《故乡》这篇小说里纪念他的故乡,但其实那故乡没有什么可纪念,结果是过去的梦幻为现实的阳光所冲破,只剩下了悲哀。"㉖

无论是周作人所说的"过去的梦幻"与"海边的幻景",还是钱理群所谓的"寻梦"与"心像世界里的幻影",其实都已道出《故乡》的重要特点:《故乡》是"心像小说",小说中"我"的重返"故乡",既是寻梦之旅,也是梦境幻灭之旅。

事实上,周作人说《故乡》中存在"两个故乡",对于这"两个故乡"之别,也就是"幻景"与"现实"之别,《故乡》中的"我"显然颇有自觉:

> 我所记得的故乡全不如此。我的故乡好得多了。但要我记起他的美丽,说出他的佳处来,却又没有影像,没有言辞了。仿佛也就如此。于是我自己解释说:故乡本也如此,——虽然没有进步,也未必有如我所感的悲凉,这只是我自己心情的改变罢了,因为我这次回乡,本没有什么好心绪。㉗

小说中"我"将"两个故乡"之别归因于"心情的改变",也就是所谓"境由心造",其实道出了《故乡》作为"心像小说"的突出特点:小说着墨于"我"的"心绪"的起伏跌宕,全篇中抒写的其实是发生在"我"内心世界的悲喜剧。

在《故乡》中,鲁迅对"我"这个人物的表现,主要是通过心理活动来完成的,并未过多诉诸外在的具有戏剧性的"言"与"行"。与其说《故乡》是一个"启蒙文本",不如说它是一篇"心像小说"——它书写的是"我"内心世界的幻影。

事实上,"我"与闰土的久别重逢,乃是人生中"朝花夕拾"的

情境,此番情境往往让人难免"相见不如怀念"之叹,诚如鲁迅在《朝花夕拾》小引中所言:

> 我有一时,曾经屡次忆起儿时在故乡所吃的蔬果:菱角,罗汉豆,茭白,香瓜。凡这些,都是极其鲜美可口的;都曾是使我思乡的蛊惑。后来,我在久别之后尝到了,也不过如此;惟独在记忆上,还有旧来的意味留存。他们也许要哄骗我一生,使我时时反顾。[28]

《故乡》中"我"记忆里那幅"神异的图画",那西瓜地上的银项圈的小英雄的影像,曾经是使"我"思乡的蛊惑;但在久别之后与闰土重逢时,那"海边的幻景"却已消失。在隐喻的意义上,《故乡》是鲁迅以小说形式写作的"朝花夕拾"。

龚自珍《己亥杂诗》中有云:"少年哀乐过于人,歌泣无端字字真。既壮周旋杂痴黠,童心来复梦中身"。《故乡》中"我"所追寻的,其实是天真无邪的少年时光,那是龚自珍所谓"少年哀乐过于人,歌泣无端字字真"的纯真时代,是一种寄寓在少年闰土身上的人的"自然性";但"我"与闰土重逢后,切身体验到的却是龚自珍诗中所谓"既壮周旋杂痴黠,童心来复梦中身"的中年情境,是中年人生成熟后的"社会性","我"为此怅惘,却无可奈何。

童年与故乡,是文学中永恒的主题。当"故乡"与时间有关时,它往往为我们召唤出那段青春年少的时光。在这个意义上,鲁迅的《故乡》,正是经由对少年闰土的回忆,揭示了"我"与"故乡"最深切的精神联系;与闰土的久别重逢,却意味着"我"与"故乡"在精神上的最终诀别,《故乡》因此是对永逝的时光的一个悲哀的吊唁。

(海南师范大学文学院)

注释

① 鲁迅:《我怎么做起小说来》,《鲁迅全集》第四卷,人民文学出版社2005年版,第526页。

② 毕飞宇:《什么是故乡?》,《小说课》,人民文学出版社2017年版,第95页。

③ 鲁迅:《〈中国新文学大系〉小说二集序》,《鲁迅全集》第六卷,人民文学出版社2005年版,第264页。

④⑤⑥⑦ 邱焕星:《再造故乡:鲁迅小说启蒙叙事研究》,《中国现代文学研究丛刊》2018年第2期。

⑧ 鲁迅:《故乡》,《鲁迅全集》第一卷,人民文学出版社2005年版,第503页。

⑨ 鲁迅:《故乡》,《鲁迅全集》第一卷,第504页。

⑩ 鲁迅:《故乡》,《鲁迅全集》第一卷,第507页。

⑪ 鲁迅:《故乡》,《鲁迅全集》第一卷,第506页。

⑫ 中国社会科学院语言研究所词典编辑室编:《现代汉语词典》(2002年增补本),商务印书馆2004年版,第455页。

⑬ 鲁迅:《故乡》,《鲁迅全集》第一卷,第502—503页。

⑭ 鲁迅:《故乡》,《鲁迅全集》第一卷,第508—509页。

⑮ 鲁迅:《故乡》,《鲁迅全集》第一卷,第509页。

⑯ 周作人:《呐喊衍义》,钟叔河编订:《周作人散文全集》第12卷,广西师范大学出版社2009年版,第235页。

⑰ 周作人:《呐喊衍义》,钟叔河编订:《周作人散文全集》第12卷,广西师范大学出版社2009年版,第241页。

⑱ 鲁迅:《故乡》,《鲁迅全集》第一卷,第501页。

⑲ 鲁迅:《故乡》,《鲁迅全集》第一卷,第502页。

⑳ 鲁迅:《呐喊·自序》,《鲁迅全集》第一卷,第437页。

㉑ 鲁迅:《故乡》,《鲁迅全集》第一卷,第501页。

㉒ 毕飞宇:《什么是故乡?》,《小说课》,第103页。

㉓ 鲁迅:《故乡》,《鲁迅全集》第一卷,第507页。

㉔ 鲁迅:《故乡》,《鲁迅全集》第一卷,第507—508页。

㉕ 钱理群等:《中国现代文学三十年》修订本,北京大学出版社1998年版,第38页。

㉖ 周作人:《呐喊衍义》,钟叔河编订:《周作人散文全集》第12卷,第235页。

㉗ 鲁迅:《故乡》,《鲁迅全集》第一卷,第501页。

㉘ 鲁迅:《朝花夕拾·小引》,《鲁迅全集》第二卷,人民文学出版社2005年版,第236页。

《野草》的"入夜"时刻

——《秋夜》的语词分析与精神境况

王正宇

引　言

《秋夜》作为《野草》实际写作时间上的第一篇，是进入《野草》"夜"的世界的开始。作为《野草》"入夜"的时刻，《秋夜》从语词、精神境况、氛围等因素上奠定了《野草》整体浓郁的"夜"的气质。《秋夜》从开篇首句起，在语词上就充溢着危险而游移不定的陷阱。对《秋夜》的解读，一般很容易找到的切入点是以对意象的解读和考察入手，去辨别它们的指涉或象征的对象；并且，同时期鲁迅也在翻译厨川白村的《苦闷的象征》，他极有可能将译入理论书中的手法，用在创作实践上。

然而，这样势必会陷入与陷阱的纠缠和无穷无尽的困惑中去。因为，任何对意象的辨析，都是无法得到真正意义上的印证的，尤其是在鲁迅的文本中，多重含义被浓缩在极短的篇幅内，更加造成了拆解上的困难。且从任何预设的观点或立场出发，比如社会历史的、阶级论的，乃至鲁迅本人情感经历，都能很轻易地在一个暧昧的文本中得到"印证"。这种进入方式，会使阅读沦为一种解谜游戏。所以，只有从语词分析这一方式进入文本，才能更贴近文本的内核。

一、语词的分析

通读《野草》诸篇，与其余篇目中常出现的死亡、坟、旷野这些意象相比，《秋夜》中出现的场景或意象都是较为生活化的，是日常经验中所能接触到的。《秋夜》的“反常”之处在于语言，其中的每一句话，每一个词语，都似乎是意味深长的、与阅读习惯和常识不符的，乃至怪诞的，诡异的，甚至是令人悚然的。书写对象的日常和使用语言的反常，造成了这个文本首先在阅读体验上，给人造成的陌生、含混、不那么舒服的感受。

（一）重复

在进入《秋夜》这一文本时，在开头便遇到了一处障碍般的阻隔：“在我的后园，可以看见墙外有两株树，一株是枣树，还有一株也是枣树”[①]。有许多学者会对这句话进行偏向写实风格的解读：认为鲁迅确乎是按照视觉的先后顺序，在自家的院落里看见了两棵树。但要考虑到，《秋夜》写作于1924年9月15日。据《鲁迅日记》中对天气的记载，在1924年9月15日以前，至少有一星期的晴天，月光明朗，是不可能在夜里看不见两棵枣树——更何况这两棵枣树是在他的后院之中，在他日常起居、生活的熟悉的环境中。所以，这一说法是有待商榷的。

因而，如果不是“无意”，那便是鲁迅“有心”写出这样奇异的句子，造成了不符合惯常用语的重复。这是一种令人不安的、扭曲的重复。从诗学角度进入，这一怪异的语句形式，造成了一种“重复的经验”与使读者“心理期待失落”[②]的体验。这样的“强迫性重复”能给人以诡异、怪诞的印象，这也不符合读者的阅读习惯，造成一种预期或者说希望落空后的隐隐的失落；并且稀释了文本的信息浓度，拖延了文本的节奏，使文本处于一种迟缓、游移的流动中。这也奠定了整个《野草》的风格：由不断缠绕在一起、语义含混变形的句子所组成。

“奇怪而高”一词,也在极短的篇幅距离里接连出现了2次,用于形容天空。“奇怪而高”本身是一处“奇怪”的表述:“而”做连接词,但前后连接的成分在字数上呈现不成对称结构。而“高”又似乎一下子高耸入云,使得这一短语显得格外“头重脚轻”。这也是在用令人不适的语言、使人不安的重复,来打破阅读期待。

在书写枣树时候,也反复用尖锐短促的动词“直刺”,这使人想到《这样的战士》中反复出现的“但他举起了投枪”[③]。这里也并非无意识的重复,而是弃绝了一切后果、希望或绝望,使其意义只聚焦在“投枪”这一具有对峙、抵抗姿态的行动本身。

(二)对古典诗境的打破

“奇怪而高”的天空“仿佛要离开人间而去”,这一说法是对古典诗句“我欲乘风归去”中的主客体关系的颠倒。在古典诗境中,意象是情感投射的对象,但在《秋夜》里,意象已经成为不安的、焦虑的黑暗世界的一部分了。夏济安认为鲁迅打破了传统诗境,将古典意象赋予“现代经验的恐怖和渴望”[④]。其中,“月亮”是个在传统诗词中极为常见的意象,这一符号背后已经形成一套象征体系:如“举杯邀明月”中,月是对孤独者、对游子的安慰;“江月年年只相似”是永恒的、超越时空的寄托;而“圆月”则象征一种圆满、团圆。但《秋夜》却完全弃置了这一成熟的古典象征体系。天空中圆满苍白的月亮居于“奇怪而高”的天空和“鬼眼”似的星旁,是叵测而诡谲的,因要被枣树的直刺戳穿、泄露,显得“窘得发白”;而与它共同存在的星也是一种鬼眼一般的存在,是一种既蛊惑人心的、但又无鲜活生命存在的冰冷假象。

“秋”之夜,在传统诗境中也往往总会与“登高望远”“愁绪万千”等行为或情绪缠绵勾连在一起。从符号角度来看,“秋”与“愁”本身字形相近,一个人在“秋”里的所想,总不免滑入“愁”的怨悱牢骚中去,继而古人会“伤春悲秋”,这是古典语境中文人抒情的基本形式。但《秋夜》则非愁绪的遣怀,而是一种新的现代性的体验:通过滞涩的、强迫症般重复的语句来增加紧张感,以及书写内容上的不和谐感——在遥远的天和凛冽的地间,试图刺破这一虚幻而有敌意世界的枣树。这样强烈而尖刻的对抗性,显然不是“愁绪”这一古典诗境所能容括的。

(三)反讽

花园的地面上伏着小花草,如瑟缩着的、等待蝴蝶和蜜蜂归来的小粉红花。当然,小粉红花感到诗人落泪,也是对“泪眼问花花不语”这一古典诗句反讽式的呼应。此外,还有对当时所流行的感伤派的讽喻。花这样脆弱而娇美的自然物,常出现在“五四”一代青年们感伤的自况中,如冰心的《繁星》中所写:“风雨后——花儿的芬芳过去了,花儿的颜色过去了。”[⑤]他们沉浸在顾影自怜中,通过花与泪这种细小的哀矜表达青年人的哀愁。鲁迅在《希望》中说到“身外的青春”和“世上的青年”,是“星,月光,僵坠的胡蝶,暗中的花,猫头鹰的不祥之言,杜鹃的啼血,笑的渺茫,爱的翔舞”[⑥]。对于这样精致美艳,但又脆弱而易幻灭的青春,鲁迅在轻微的嘲讽之余,又有些许怜悯与哀持。

鲁迅的审美总体倾向是反精致的,是粗糙的、充满原始生命力与强烈力量感的。如他在《一觉》中所写,“魂灵被封杀打击得粗暴,因为这是人的魂灵,我爱这样的魂灵;我愿意在无形无色的鲜血淋漓的粗暴上接吻”[⑦]。在《为了忘却的记念》中,鲁迅提到和朝华社建议引入东欧、北欧的文学和外国版画,因为“我们都以为应该来扶植一点刚健质朴的文艺”[⑧]。而给予鲁迅深重影响的尼采,也曾说过:“你们要保持清新的、冷静的和粗粝的灵魂!你们要远离激情旺盛的人的温暖空气,远离多愁善感的人的沉闷空气。”[⑨]

落入灯芯中的小青虫常被解读为“英雄”,并被认为是鲁迅认可并颂扬的对象。但“苍翠精致”一词又暴露了这个极易滑落的语词的“陷阱”。甚至同对小粉红花的态度一样,鲁迅对小青虫也有一点轻微的反讽。“精致”似乎有柔弱、易折损之义,而小青虫正是脆弱无力、遇火便死亡的。而且这段场景也是极富有深意的："我打一个呵欠，点起一支纸烟，喷出烟来，对着烟默默地敬奠这些苍翠精致的英雄们。"[⑩]祭奠行为本应是严肃的、沉恸的、有纪念性的，但打呵欠与点烟，却是一般的日常场景，甚至带有几分散逸与漫不经心，这是与神圣性的祭奠行为不相符的。甚至"点烟"也是对正常祭奠行为中"烧香"的反讽式的消解。故而此处同上文的小粉红花一样，也有淡淡的嘲讽，当然是不否认这一"英雄"般的自毁举动的，只是没有什么用处。并且，鲁迅对于"牺牲"，向来持谨慎的态度，如在1925年4月14日与许广平的通信中，他写到对于"牺牲"无可奈何的态度，认为只是逞一时之快，于大局无益："但生在麻木如中国的地方，却容易吃亏，纵使如何牺牲，也无非毁灭自己，于国度没有影响"[⑪]。在1926年的"三一八"惨案以后，面对青年人牺牲的惨状，鲁迅显得更为无奈且悲恸："改革自然常不免于流血，但流血非即等于改革……我对于这回的牺牲者，非常觉得哀伤。但愿这样的请愿，从此停止就好。"[⑫]

二、夜晚的声音

（一）"恶声"与"笑声"

如果自结构上看，"哇的一声，夜游的恶鸟飞过了"[⑬]，这个短促而迅捷的句子掠过，将文本划开，分割成上下两截。在上半部分的花园里，是凝滞的景，而声音打破了这个静态的、纯粹视觉的环境。夜游的恶鸟，可能是猫头鹰、乌鸦，或是其他什么夜间出动的、常与不祥之兆联系在一起的生物。恶鸟发出的声音，自然是"恶声"。鲁迅对于"恶声"的使用是多样的，且多与鸟类叫声有关：如在1908年的《破恶声论》中，"恶声"是一种无自主意识的、群起的吵嚷，这样的声音愈大，反而愈显荒芜空虚："林籁也，鸟声也，恶浊扰攘，不若此也，此起增悲，盖视寂漠而愈甚矣"[⑭]。而在1924年的《"音乐"？》中，则是"只要一叫而人们大抵震悚的怪鸱的真的恶声在那里!?”[15],则是对徐志摩所称赞的和谐、柔美的假象破坏的声音。《秋夜》中的“恶声”,是打破了静态的观看与无止境漫溢的遐想,使弥散的意识的触角回归身体内部的惊扰。

意识回归自身后,我忽然听到“夜半的笑声”。这笑声似乎是被“恶声”召唤出来的声音,似乎也是对“恶鸟”声音的回应,是“幻影,幽灵和梦幻是对这种空无的夜的暗示”[16],总之是属于黑夜的。这一笑声似乎是不愿惊动别人的,低声的、迟迟的笑。不同于“我将大笑,我将歌唱”[17]——那是意识主体面对沉默和空虚时,坦然发出的属于生命本身的声音。《秋夜》中这样低低、迟迟的笑,反而是一种需要被隐蔽、被压抑的声音。

“笑声”第二次被召唤,或者说被泄露出来,是在枣树的梦里:“猩红的栀子开花时,枣树又要做小粉红花的梦,青葱地弯成弧形了……”[18]。文本中的枣树处于一种凋敝、枯涩的状态:被孩子们打落了枣子,落尽了叶子。然而即使在这种情形下,它也依然能够做着梦,做着他人的梦,这也是一种生命力的表征。枣树弯成弧形,也说明它曾拥有硕果繁枝,也曾想有过丰盛的生活,而不是一个纯然孤独的个体,因而尽管在这样孤寂的环境下,它也依然能入梦,且仍有几枝低垂着,守护着创伤的部位。后文的省略号可看作枣树彻底堕入梦中,也可看作是一种自然生命周而复始循环的体现,如尼采所说:“一切走开了,一切又回来:存在之轮永远转动。一切死去,一切又开花,存在之年岁永远在跑。”[19]这样曾经繁荣过、有过他物陪伴与生命力之物,如今却变成了近乎无生命之物。这样无生命的抵抗,是空茫而没有意义的。

当思绪再度飘忽到花园中众物上时,也是意识松懈时刻,而这些笑声又泄露出来。于是“我赶紧砍断我的心绪”,但是当精神状态松散时,会释放出很多无意识的、令人不安的东西,且是排遣不去的。就在写完《秋夜》不久以后,在写《影的告别》和《求乞者》当天的9月24日,鲁迅在给李秉中的信中说:“我自己总觉得我的灵魂里有毒气和鬼气,我极憎恶他,想除去他,而不能。”[20]

(二)“unheimlich”:自我陌异化的声音*

这一“笑声”的发出者是谁呢?因为夜半,周遭没有别人,因而这一声音只可能是从“我”的体内发出的,是从“我”的嘴巴里传出来的,可“我”却并没有意识到,这一属于“我”的声音。而“我”两次都先是听到这一声音,继而才意识到这一声音来自“我”的内部。这也说明,这是具有自我意识的声音,而“我”本身反而成为一个无意识的、被动的发声器官;在“笑声”的产生过程中,自我反而被他者化,成为一种陌异的东西,而那些蛰伏在意识深处被压抑的、被漠视的部分就突现出来。

弗洛伊德曾解释过这种熟悉之物,忽然异变为一种害怕的东西的情况,他用“unheimlich”来形容。“unheimlich”一词在汉语中尚无对应的翻译,在不同译本中有各异的译文:如孙恺祥的译本中将其译为“令人害怕的东西”[21],李俏梅的译本中则是将其译为“神秘和令人恐怖的东西”[22]。

“unheimlich”是 Das Heimliche(熟悉的、友好的、亲切的、像家一样的、没有恐怖氛围的)的用法延展到其反义词 das Unheimliche上:“这种神秘和恐惧的东西实际上并不是什么新奇或陌生的东西,而是某种我们所熟悉的、早就存在于脑子里的东西,只不过由于受到抑制而从我们的大脑中离间开来……指某种本应隐蔽起来但却显露出来的东西”[23]。总而言之,是原本属于自我生命的部分发生变异,而变得陌生且令人恐惧;这种令人害怕的因素,又常受到压抑,并在无意识的时候泄露出来。故而,这一“笑声”可以看作是自我的“陌异化”“他者化”的体现。

---

* 注:用弗洛伊德的“unheimlich”解释《秋夜》中令人不安的氛围,是张闳老师在课堂上提过的观点。笔者此处受到张闳老师的启发,继而阐发出下文内容。笔者在文中对该观点的使用,已经过张闳老师的同意。

而自我的声音,本应属于自我言说的一部分,是一种理性的表达。而这里无意识的、从“我”的体内跑出来的陌生的声音,使“我”感到恐怖——“我”内部的“笑声”和黑夜勾连起来,这将“我”驱逐回到屋内。屋内即家宅、居所,是“是居住空间的价值,它是保护着自我的非我”[24]。当黑夜被屋宅挡在外部,“我”立刻拧亮灯火。灯光是一种人为制造出的光源,能延长人所感知到的夜,使非理性的、原本属于梦魇的夜的空间中,有一处能被理性之光照亮的所在。但在灯下,人又会不自觉地落入幻想之中:“火苗单独地是一种伟大的在场,但是,面对火苗,人们会浮想联翩,‘堕入遐想’”[25]。在灯下,“我”在思绪飘忽不定的疲倦中,再度陷入枣树的梦中,继而被内部流露出来的、令“我”不安的笑声惊扰。

回到屋内,“我”听到现实中的小飞虫撞击窗户的声音,这是令人迷醉的。“飞虫扑向火,牺牲的过程是喧闹的,翅膀发出噼啪声,火苗突然跳跃起来。生命似乎在遐想者心上爆裂了”[26]。这是生命的响动和炸裂,然而又是极度脆弱易逝的。在倦意与思绪游离中,“我”点起一根烟,调侃而又带着点点敬意地默默观看灯下的小青虫。

三、作为“入夜”的《秋夜》

(一)夜间写作与梦境

《题辞》作于1927年,虽说在作品的编排居于《野草》之卷首,但其实是总结与“辞”别。《秋夜》是《野草》实际上的开篇,从《秋夜》到《一觉》,是一整个噩梦连绵的漫长夜晚。那些解剖自我,转向内部的、理性所不可触及之处的书写行为,往往在夜间进行。“作品吸引着献身于它的人走向它接受不可能性考验的地方。这种体验确是夜晚的,是夜的体验的本身”[27]。鲁迅也是习惯于在夜间写作,在意识的自我辩难之夜,“黑暗使整个世界都离他远去,只剩下一颗赤裸裸的灵魂,在黑暗之中不安地搏动”[28]。

在不安的夜晚,人会不自觉地落入梦境之中。“他全身战栗,因为足下的大地远离开他,梦幻开始”[29],梦境使人离开熟识的环境,进入异质的、不符合理性或常识的意识空间里。自《秋夜》开始,“我”在一个不安的、焦躁又凛冽的夜晚,从花园回到屋内,在灯下开始一连串游走的思绪。继而有了后面一连串的“我梦见”,“我”在一连串的噩梦的惊扰中不得安宁,在梦境中进行“向着深渊的坠落与沉沦”[30]:

在《好的故事》中,“我”误入“桃花源”式的乡间,但正要凝视时被惊醒;《死火》中,“我”梦见我在高耸凛寒的冰山间奔驰,复又堕入冰谷;在《狗的驳诘》中,“我”又穿行在狭窄逼仄的巷子里;在《失掉的好地狱》中,“我”则直接进入了荒诞的地狱;在《墓碣文》里,我直面死亡,和对死亡的纪念与朽烂;而到了《颓败线的颤动》中,“我”干脆陷入了连环嵌套式的梦境:在梦中梦见梦。直至《一觉》中那个飞机遥遥投下炸弹后的早晨,“我”在死之余仍能切肤感到生的存在。同时,“也许有人死伤了罢,然而天下却似乎更显得太平”[31],“平安”与“太平”同属于反讽,并非真的平安了,而是人心的颓然。这样看来,似乎又有一些精神从高度紧张的异梦中松弛下来后的颓废与无所谓。《一觉》的结尾处,“我”在夕阳下的灯前,继续走进无名的思想与长梦,惊醒时又点起一根烟,这与《秋夜》的结尾遥遥呼应,似乎又是一场噩梦的“循环”,但《野草》就此结束,只留下一点点“难以指名”的幻象的痕迹。

而人在梦中,其意识深处幽暗隐蔽的东西一旦在理性陷入沉睡后,就无法得到抑制,从而泄露出来,继而成为梦呓,或是其他无意识流露出来的东西。“梦使我身上常见且固有的一切事物开口言说”[32]。《秋夜》中从“我”身体内部发出的可怖的“笑声”,正是这一无意识表露的一部分;在《墓碣文》中,“我”看见开膛破肚丧失心肝的死尸,但脸上是没有哀乐情绪的,这一场景也是“unheimlich”式的:作为曾经是人类的生物,丧失了人类曾有过的情绪、爱和生命的部分，只剩下一具类似人类的外形的尸骸。

（二）自我分裂的预兆

弗洛伊德的观点中，“unheimlich”在一些文学作品中，常表现为“双重角色”的现象：“某个人同另一个人具有了同样的知识、感情和精神。或者说，一个人将自己同别人等同起来了，因此他迷惑了，不知自己是谁，或用外来的自我置换自身的自我。换句话说，作品中出现了双重角色、人格分裂和自我置换……能监视自我的奇遇部分，具有自我观察、自我批评和在脑子里形成一种行使自我检查的功能”[33]。不完全等同于被压抑的无意识部分的泄露，“双重角色”是主体分裂为有意识的、两个可以对话的、地位同等的部分。但这种自我的分离，并不是复调式的丰富，而是更加体现了主体生命的复杂性。在现代小说中，这一手法被巧妙地运用，如爱伦·坡的小说就常用“双重人格”，来作为恐怖的要素和凶杀的动因。

在半梦半醒边缘的《秋夜》里，这一分裂的还尚未生成，但已有了种种迹象：“我”的意识在松散时四处流溢、蔓延，附着到花园里的诸物之上，看见了它们的可怜的梦。这是“我”即将“入梦”的时刻，旋即被“我”意识深处的“笑声”所惊醒。而在《秋夜》之后，“我”才真正地沉入这场长梦。

弗洛伊德此处引用奥托·兰克的研究。奥托·兰克认为，“双重角色”表现为与“镜子中的影像、影子、保护神之间的联系”[34]。在《秋夜》的下一篇《影的告别》中，正是“我”的影子拥有了自我的意识与语言的能力，来对影子的拥有者进行一长段剖白，与之告别。影子徘徊于明与暗之间，即黎明与黑暗之间的黄昏。在现代性的主题中，黄昏成为一种边缘的，即将“入夜”的临界时刻。而鲁迅身上，也有这种处于光明与黑暗交界的混沌地带的气质：“在黄昏的微明中，有鬼的形状，影的私语，还有奇迹和幻象。如果只是急切地等待黎明，这一切就会消失不见了。鲁迅正是这样一个时刻的记录者”[35]。在《影的告别》,或者说整本《野草》中,也时常处于这种临界的时刻:外部环境的“很平安”,和内部灵魂紧张不安的异动的对立达到了极致,展现出来的就是自我的分离与撕裂。如在《死火》中,“我”与分裂出来的死火在死寂寒冷的冰谷里对话,“我”与死火同是有意识的,同是想要离开这片空谷的,死火甚至会先“我”一步跃起,这种自我分裂的意识最终被突降的大石车摧毁,或者说又复归一体,一同消失。

四、结　语

《秋夜》在语词上体现了诡异的、令人不适的强迫性重复,在“秋”“月”等传统意象中赋予其现代性,以打破古典诗境,及对小粉红花和小青虫使用的描述性语词上的“陷阱”。而花园中静态景象的叨扰来自夜游恶鸟的“恶声”,“恶声”也常出现在鲁迅的文本中,在《秋夜》中可体现为对凝定环境的破坏。恶鸟的“恶声”也引出了来自“我”的意识内部、被压抑的“笑声”,这一“笑声”可被视为自我的“陌异化”:是一种原本属于自我一部分,却发生了异变,因而产生一种“unheimlich”式的、令人恐惧的效果。《秋夜》作为《野草》实际写作上的第一篇,这些症候也都体现在了《野草》后续的文本中:如浓郁的“夜”的氛围,连环的梦境和无意识泄露出的诡异“笑声”,以及自我分裂的预兆。

(同济大学人文学院中文系鲁迅研究中心硕士研究生)

注释

①⑩⑬⑱ 鲁迅:《秋夜》,《鲁迅全集》第二卷,人民文学出版社 2005 年版,第 166、167、167、167 页。

② 张闳:《黑暗中的声音》,上海文艺出版社 2007 年版,第 88 页。

③ 鲁迅:《这样的战士》,《鲁迅全集》第二卷,第 219 页。

④㉟ 夏济安:《黑暗的闸门》,《国外鲁迅研究论集》,乐黛云编,北京大学出版社1981年版:第370页。

⑤ 冰心:《冰心经典作品》,当代世界出版社2004年版,第316页。

⑥ 鲁迅:《希望》,《鲁迅全集》第二卷,第181页。

⑦㉛ 鲁迅:《一觉》,《鲁迅全集》第二卷,第228页。

⑧ 鲁迅:《为了忘却的记念》,《鲁迅全集》第四卷,人民文学出版社2005年版,第496页。

⑨ [德]尼采著,虞龙发译:《权力意志与永恒轮回》,上海译文出版社2016年版:第104页。

⑪⑳ 鲁迅:《书信》,《鲁迅全集》第十一卷,人民文学出版社2005年版,第479页,第453页。

⑫ 鲁迅:《空谈》,《鲁迅全集》第三卷,人民文学出版社2005年版,第298页。

⑭ 鲁迅:《破恶声论》,《鲁迅全集》第八卷,人民文学出版社2005年版,第26页。

⑮ 鲁迅:《"音乐"?》,《鲁迅全集》第七卷,人民文学出版社2005年版,第56页。

⑯㉗ [法]莫里斯·布朗肖著,顾嘉琛译:《文学空间》,商务印书馆2003年版,第162页。

⑰ 鲁迅:《题辞》,《鲁迅全集》第二卷,第163页。

⑲ [德]尼采著,钱春绮译:《查拉图斯特拉如是说》,三联书店2014年版,第259页。

㉑ [奥]弗洛伊德著,孙恺祥译:《弗洛伊德论创造力与无意识》,中国展望出版社1986年版,第123页。

㉒㉓ [奥]西格蒙德·弗洛伊德著,常宏等译:《论文学与艺术》,国际文化出版公司2001年版,第264页,第289页。

㉔ [法]加斯东·巴什拉:《空间的诗学》,上海译文出版社2009年版,第3页。

㉕㉖ [法]加斯东·巴什拉著,杜小真译:《烛之火》,商务印书馆2019年版,第3、34页。

㉘ 张闳:《鲁迅的"夜间经验"与写作》,《中国现代文学研究丛刊》,1998年第

1 期。

㉙ [德]尼采著,钱春绮译:《查拉图斯特拉如是说》,第 167 页。

㉚ 张闳:《"于天上看见深渊"——鲁迅〈野草〉中的深渊意识及沉沦焦虑》,《文艺争鸣》2018 年第 5 期。

㉜ [法]罗兰·巴特著,屠友祥译:《文之悦》,上海人民出版社 2016 年版,第 74 页。

㉝㉞ [奥]西格蒙德·弗洛伊德著,常宏等译:《论文学与艺术》,第 282 页。

㉟ 夏济安:《黑暗的闸门》,乐黛云编《国外鲁迅研究论集》,北京大学出版社 1981 年版,第 380 页。

鲁迅《野草》心路与佛陀行迹之比较

任传印　张立群

作家刘烨园说，鲁迅在《野草》中走了，有些不情愿，却又不由自主，人间烟火被渐渐忘却，在宇宙大时空那里，他悟出了自己的真谛，而且不是从原路返回。[①]如何诠解此心路？窃以为，佛教是重要的背景与方法。从传记批评角度说，《野草》是鲁迅的独语日记、生命哲思。佛陀行迹是佛教精神的表现[②]。将影响研究[③]与平行研究相结合，比较分析《野草》心路与佛陀行迹[④]，两者颇有相通，差异亦棱角清晰。出离之心、超越之境、菩提之行是佛陀的核心精神。出离之心是意欲离开苦难与轮回，超越之境是证悟缘起性空的方法与解脱状态，菩提之行是为大众服务，共同趋于自由之境。[⑤]笔者借鉴这三个视角，开掘两者之异同。

一、出离："在深夜中尽走"与出家修道

1925 年 5 月，即写作《野草》期间，鲁迅说："华夏大概并非地狱，然而'境由心造'，我眼前总充塞着重迭的黑云，其中有故鬼，新鬼，游魂，牛首阿旁，畜生，化生，大叫唤，无叫唤，使我不堪闻见。我装作无所闻见模样，以图欺骗自己，总算已从地狱中出离。"[⑥]这里的"地狱""黑云"，可能既有兄弟失和、与章士钊的官司、肺疾之苦、段祺瑞政府镇压学生等"近因"，亦可能融渗着早年的失怙流离之痛、深切的救国救民之情、对理想人性的期待、对启蒙困境的反思、压抑的无爱的婚姻等"远因"，遂促发对如此深重苦痛之主

动出离与心灵鏖战。

《野草》的出离心主要体现为对社会人生诸恶端的否定,亦触及人的自然性,蕴含对美好人性的期求。《秋夜》中的枣树默默地铁似地直刺天空,天空是恶的象征,抗争中隐含出离;《影的告别》表达对诸种价值的"不乐意","将在不知道时候的时候独自远行",亦显出离之意;《求乞者》写"我"厌恶求乞者,我用无所为与沉默求乞,得到虚无和灰土,"灰土"意象的复沓亦有较强的出离心;《风筝》回忆童年风筝事件,体现了鲁迅一贯的"向内看"的精深,这里的忏悔暗含对过错的挣脱与出离;《过客》中的过客最能显示鲁迅的自况,他不知终极的来去之秘,但总不歇地"走",无论是特别敏感于别人微薄的好意,还是强烈憎恶且不回转到那充斥着名目、地主、驱逐、牢笼、皮面之笑、眶外之泪的来处,抑或真切地聆听着前面的声音,得到谁的布施就诅咒这布施者之外的全部灭亡,都显示出与社会现实决然的对立与距离,足见否定与出离,其意愿在整部《野草》中最为显豁;《死火》以火焰意象表达自由意志,"出冰谷"亦有出离;《狗的驳诘》通过人狗对话表达内心觉悟,自以为不势利的"我",面对狗的质问,恍然看见真实的自己而惊逃,暗含对世俗人性的厌离;《失掉的好地狱》以魔鬼意象架设反思视角,通过对比表现人类政治文明的丑恶,是对人性的控诉和摈弃,最后担心被人类猜疑,只能去寻野兽和恶鬼,表达对黑暗社会的失望与出离;《颓败线的颤动》中,鲁迅以老妇人自比,通过女性卖身养活后代的寓言故事,隐喻启蒙者的牺牲与苦难,但却遭受后代的怨恨鄙夷与冷骂毒笑,否定了牺牲的价值,于是老妇人深夜尽走,到荒野高天且无虫鸟之处,流露非人间的无词言语,可见苦痛之深、慰藉之切、出离之剧,鲁迅以家庭为喻,颇含不舍,但最终决然出走,达到"过客"后的第二个出离高峰。总之,《野草》隐含了苦闷与出离的主题。

比较而言,佛陀的出离主要体现为不乐世俗,决然出家。此前他贵为太子,得享人间各种财富与欲乐,但很快超越了这些身外粗重之物,直面精神上的空虚,深切苦恼于人的生老病死、愚昧众生的执着攻伐之轮转。[7]生活在欲望过剩的环境,他看到宫女睡态之丑陋,加之其睿智觉悟、沉默多思的心性,最终洞察饮食男女的蒙昧、虚伪、贪婪与空虚。虽然学界与教界对"四门出游"的真实性有不同理解,但佛陀出家前的思想苦闷真实可信。另外,笔者认为,迦毗罗卫国所面临的大国倾轧与残酷斗争可能是太子出家的外因,但根本原因是众生无明之丛林生存与惨苦轮回,国运非决定性因素。在洞察人类整体生存状态之不可取的背景下,即便国家无惧于劫夺,也只是局部改变苦难的程度或承担者,不可能从根本上消解苦感与出离之志,故太子出家源于对人类根深蒂固之生死轮回的彻底否定[8]。

综上可知,《野草》的出离心主要体现为对人之社会劣根性的摈弃,集中在社会层面,抗争、远行与净化中亦含人性理想。佛陀则既厌离人的社会性,更厌离人的自然性。在他看来,人之有迷执有情欲有轮回有斗争是不自由的,但鲁迅的逻辑起点是现代科学与人文,不否定基于自然进化的人性状态,而是批判当时的社会民众没有以更文明和美善的方式转换这些原始性力量。当然,深入分析,鲁迅的社会性出离也触及人的自然性之苦与恶,这也是社会心理溯源的必然,如《狗的驳诘》,将人性与动物的贪婪比较;《过客》《墓碣文》《死后》对死亡的究诘,涉及人必然遭遇的自然性死亡,有解决生死问题的意味,但仍是基于人间世立场的凝视,且未予深究,没有像佛陀那样彻底否定人道而转换到佛道,而是仍然追求作为人的属性定位与价值创造。这种针对道德人格的出离未免减弱了《野草》反思人性的强度与境界,但也解释了鲁迅为何最终没有皈依佛门,亦体现着作者基于现代文明而来的价值选择。需要补充,《野草》对社会与人性的苦恶之体认,与佛陀出家前体受之苦有所相通,关于《野草》与佛家苦谛、集谛的渊源与契合,学界颇有考论,兹不赘述。总之,佛陀对人道表示彻底否定,鲁迅对时代社会表示悲愤与出离,但非彻底否定人道与人性,可见两者之异同与特质。究其原因,除了气质与经历之不同,还有时代背景与文化心理影响,较之远古佛陀时代的婆罗门信仰、种姓制度、六道观念、山林修道传统[⑨],鲁迅处于现代转型时期,中西思想碰撞,社会矛盾复杂,他洞察礼教之弊,提出个人主体性意义上的"立人",虽曾研佛,但寄希望于现代科学与道德,主张思想启蒙,且中国思想文化自古重视人本立场与现世生活。

二、超越:"无词的言语"与智慧解脱

出离心重在对社会与人生丑恶的否定,但出离者能否建构新的认识与价值,是更重要的问题。《金刚经》云:"一切贤圣,皆以无为法而有差别。"[⑩]佛陀证悟佛法,创建佛教,丰富了人类文明。从出家到证悟,佛陀参访外道仙人,为了破除对身体和欲望的贪恋[⑪],他六年苦行,又反思调整,获得不取极端、破除执着的中道智慧。[⑫]窃以为,反思苦行之时,佛陀已具备一定的空性慧与破执力。在菩提树下,他发起甚深禅定,苦行训练与反思使他能够运用中道思维破除执着,提升境次。禅定的3个层次依次是小我、大我、无我,在最高的无我之境,佛陀证悟缘起性空,认识宇宙与人生的实相,掌握了方法,实现了解脱的目标。[⑬]可以说,由戒生定,由定发慧,以及空性慧与后得智,是佛陀的超越路径与解脱。

不同于佛传的历史叙事,《野草》的超越过程以象征或隐喻的方式表现,篇章移动中可见心理嬗变。窃以为,《过客》在超越方面很有代表性。一是终极关切不足,过客疲乏困顿,不知自己是谁,不知真正的来源和归宿,心智尚未精深澄明。二是出离心强烈,但目标不明,他对来处即东面的社会之恶极为厌离,同时不能不听从"那前面的声音"而继续前行,既然是"那",说明这种看似终极律令的"声音"与过客非深度相通,而是存在某种分裂或距

离，甚至隐含强迫，而且，既然老翁也听到过“声音”，很可能其并非外在“将令”，可能是下意识某种无以自明的意志。虽然鲁迅极可能吸收了佛家的集谛智慧，《野草》亦有向内看的心理观审之美，但过客并未通过佛教心学剖决之，就像鲁迅总觉自己灵魂里有毒气和鬼气而不能够去除[14]。故“声音”与过客之间的关系比较复杂，它似是过客的内在生命，但又并非自由自觉的力量，故过客不能真正确定它是否正确和值得跟从，故智性分析不足。几度思量，包括与老翁交流，最终他选择跟从。过客虽不能自知其心，但仍表现出坚确的出离意志，故意志强韧是过客的最大特点，应该说，此意志有一定的盲目性，但过客只能以此为最不坏之选择。三是在与老翁、小女孩的对话中，无论是否要听从神秘的“声音”，抑或是否接受小女孩的布片，过客言语间都隐含无奈、被动与悲伤，此时似有哭泣，可见过客出离之非情愿[15]，其在情感上非欢愉高亢与主动，而是悲壮沉郁，爱恨交错。综上所述，暮色里独自前行的过客与开悟前苦修的佛陀相似，从现代心理学视角看，他智慧未开，意志强韧，情感沉郁。鲁迅说，《过客》的意思是明知前路是坟而偏要走，就是反抗绝望，绝望而反抗者比因希望而战斗者更勇猛，更悲壮。[16]可见，鲁迅并非不想确立希望，但在无果的情况下[17]，只能不自欺地直面死亡与虚无，彻底反抗，故“反抗绝望”的核心质素是强大内敛之意志，不乏荒诞苦。比较而言，佛陀苦修时主动遍访名师，也是智慧未开，意志亦很强韧，情感上未见明显沉郁。

以《过客》为基点，统观《野草》，可上溯下延，剖析心路。《过客》之前，《希望》通过自身的衰老之感回顾过去，洞察空虚，表达反抗虚无的搏斗意志，与“反抗绝望”相似。《过客》之后，《墓碣文》值得注意，“于浩歌狂热之际中寒；于天上看见深渊。于一切眼中看见无所有；于无所希望中得救。”[18]每一句都是两种意象或感受的对立与转换，表达与《希望》《过客》相接续的否定思维、虚无体验，最后“于无所希望中得救”非积极判断，而是对虚无的直面、接受与反抗，这种“得救”非作者之愿，但胜于迷信虚妄，故不得不如此。如果与下文相结合，愈加印证：欲知本味，创痛酷烈，本味何能知？痛定之后，心已陈旧，本味何由知？作者想象生死对观、动静隔别之境，殷切探索人生苦的本质，心存本味之念与终极关切。不过，佛陀悟道后发现，生命没有绝对本味，而是缘起性空。应该说，《墓碣文》有一定的空性思维，但亦有对本味的执着，是为矛盾。《颓败线的颤动》也是重点，它接续《复仇》，写的还是启蒙与被启蒙、爱与被爱的关系，不过置于国人熟悉的家庭叙事，愈能抒遣内心。老妇人接续过客，对爱者最终被驱逐和嫌弃的命运不能自已，故深夜尽走，观照过往的一切，合并眷恋与决绝、爱抚与复仇等对立之物，两手向天如祷，说出非人间的无词言语，此即《野草》的超越之路。窃以为，老妇人所走之荒野极富象征意味，未见详细描写，故幽渺难断；以超越二元对立的境界看，鲁迅表现出中道思维、破执之智，非人间的无词言语说明其超乎寻常，但言语的具体内容仍有其神秘性。此后，作者回到日常，转换为人间日常之境。所以，《颓败线的颤动》是《野草》的神秘“隧道”，鲁迅由此远行，获得超越，然后返回世间，至于通向何处，无法确定，这里或有传奇，密而不发，这种隐藏可能是鲁迅有意而为[19]，成就了《野草》的深邃内蕴。虽如此，结合后面的篇章，仍可冥悟一二。一是《淡淡的血痕中》，该篇针对段祺瑞执政府枪击民众，表达除恶务尽之意。叛逆的猛士洞见一切，批判目前的造物主，看透了造化的把戏，要使人类苏生或灭尽，其非人间强者，而是高于人的造物主角色，比照佛家十法界的生命观，猛士接近色界初禅天的大梵天[20]，就其象征意蕴而言，是有宇宙意识的大我境界[21]。二是《题辞》，该篇居首，创作最晚，情思涌荡，意境深广，似为《野草》全书之安顿，若漫漫苦旅而登顶澄怀，如待谱曲放歌之壮美送别词。天地静穆，泥喻生命，草喻文学，谈笑生死于天地间，从深广绵延的存在关系中破解生死，有破除概念的空性思维，借鉴佛家涅槃思想，看到死是对生的总结与超越[22],开显出离人间的天道境界[23]。正因此,此篇虽以“野草”为核心意象,但气势不凡,有很强的宇宙时空带入感与崇高美。

综上所述,佛陀是缘起论意义上的智慧与涅槃,是对人道的根本解脱;《野草》是蕴含空性思维同时亦有大我意志的梵天境界,是对人道的相对出离,可以说是现代文艺审美创造与佛教体验的同在[24]。关于空性与大我之关系,有学者认为,鲁迅以中道智慧在两者间保持适当的张力[25],窃以为说张力中肯,说矛盾亦可。鲁迅持守现代文明立场,又看取佛学为思想材料,遂造成矛盾,此即传统与现代的历史性冲突,亦合鲁迅所说人道主义与个人主义的消长起伏[26],暗含尚不如意的烦恼与怅憾。另外,《野草》中浓深的虚无与黑暗,既有空性直观而来的“自家风光”,也是鲁迅抱持人性理想的冷峻反思。再者,在超越的过程中,鲁迅与佛陀都有超常的意志,鲁迅或许更苦,是无师无路者唯以意志死战硬战,可见意志之强。除个人禀赋与经历,《野草》的意志、大我思维、反抗精神可能受到尼采超人哲学的影响[27],《苦闷的象征》及其现代心理学思想可能有直接的强化与启示[28],法显、玄奘等高僧的坚毅人格或亦有佐助[29],于此可见鲁迅的现代与复杂。

三、利众:“印点关于文学的书”与普度有情

佛陀证悟宇宙人生的实相之后,智慧流淌,慈悲充溢,叹轮回为可怜悯者,虽曾犹豫于大众是否能接受甚深微妙的佛法,但在天人的劝请下,最终走向人海。他宣说解脱之道,接受不同种姓的人为学生,观察他们的根器,契机契理,善巧说法,如华严部、阿含部、方等部、般若部、法华涅槃部等,50 年培养杰出弟子 1 000 余人,历史上的受教获益者则不可胜数。80 岁的佛陀,最终在森林中选择涅槃,嘱弟子以戒为师,以法为尊,传承至今,是卓越的教育家与思想实践者。

《野草》的利众别有气象。如前述,《颓败线的颤动》是作者出离心与智慧的顶点[30],此后又回到现实。《立论》以梦的形式说立论之难,即言说之难。鲁迅可能遭遇类似佛陀悟道之后说与不说的困境。《死后》以身死而意识尚存的方式想象死后“被吃”,没有《过客》中面对坟的悲郁,没有《墓碣文》自食的酷烈,而是流露着幽默、轻松、温和。或许作者经过远行,已从宇宙意识层面破除小我之死的惊怖,故出之以游戏意味。随后《这样的战士》出现了清实健朗的菩提行,以白描与复沓手法指出各种丑恶人物及其无物之阵,他们在现实中代表正义,与此相对的是战士,五次举起投枪破阵,至死不歇不恕。需要注意两点:一是战士的爱憎之辨极为坚决而非乡愿;二是韧战不歇,有大心悲心,与佛陀不倦之教化相似,可谓“念念相续,无有间断,身语意业,无有疲厌”[31],人间鲁迅仍以强力意志见长。《聪明人和傻子和奴才》刻画3种性格:习于诉苦自怜、不敢反抗、奴性入骨的奴才,圆滑虚伪、巧敏佞说的聪明人,耿直热诚、务实果敢的傻子。傻子有侠气,做的是利他的菩提行,奴才与聪明人不能真正解决问题。《腊叶》是为爱他的人想要保存他而作[32],此人可能是许广平[33],相对于过客拒绝小女孩的布片,这里假托腊叶,传达恳挚温和、感慨无奈、珍重嘱托,隐含果决,说者与听者似不在一个境界,有些信息无以言表,只能付之渊默,与佛陀证道后再次见到其妻耶输陀罗的情境似有几分相近。《淡淡的血痕中》以大我立场和破执思维批判人类恶习,诸如遗忘、逃避、苟活、轮回,表达改造之志,利众意志鲜明,对“良民”的鄙夷棒喝颇为金刚怒目。上述几篇接近寓言故事。《一觉》是散文化的写实与抒情,觉悟主要有三:一是生死对观,机件搏击与窗明几净对照,愈加显示各自的价值,激发存在之觉,与《题辞》的生死体悟相近;二是活在人间,作者喜欢青年愤怒粗暴真实的魂灵,拒绝古典和谐,于现代社会语境扎实做“立人”事业;三是回忆青年赠送《浅草》杂志,生之流动令人感激,又不免悲哀,这是与青年和文学的相濡以沫之情。最后定格为利众的人间劳作:“在编校中夕阳居然西下,灯火给我接续的光。各样的青春在眼前一一驰去了,身外但有昏黄环绕。”[34]由此知人论世,则是鲁迅数十年的写文章、改稿子、编作品、作序跋、写回信、做翻译、文学教育、发表演讲、扶持木刻、保护进步青年等利众之行。

综上,相对佛陀自信、自足、庞大的教化利众,《野草》的菩提行强韧坚实,是以梵天大我之境对社会的文化改造,仍有振臂一呼应者云集之英雄气。鲁迅有悲悯情怀,亦有贵族气息,鄙夷懦弱的庸众,其“立人”重视反抗、自由、理性、勇气、独立、真诚、仁爱等人格质素,彰显人间性与现代性[35]。另外是关注现实,扶持文艺事业,赞赏真实勇敢的力之美,而非伪饰的古典美,致力于现代人性之真与全。其超脱生死的心路具体如何,未见透露。需要指出,关于做大导师,鲁迅是不自信的,不张扬的。1926 年 6 月,在《野草》基本完成后,鲁迅致李秉中的信中说:“其实呢,我自己尚且寻不着头路,怎么指导别人。这些哲学式的事情,我现在不很想它了,近来想做的事,非常之小,仍然是发点议论,印点关于文学的书。”[36]可见,人生哲学式的问题,鲁迅曾苦思,但结果似不理想,后来的定位更接近务实劳作意义上的文学同人,而非导师。为什么有梵天之境和大我意志的人在利众之行上不自信?窃以为,《野草》的超越是作者在极大苦痛之逼迫下,以超强超深之心灵挣扎实现的突围与慰藉,是超越死亡焦虑的本能反抗,是相对出离人间的价值空间,同时仍有对人道的持守,这种兼顾可能限制了超越的结果,未形成确切的普世价值与方法。有学者指出,鲁迅将做零碎事、“反抗绝望”化为大欢喜,与禅宗所谓挑水担柴无非妙道契合。[37]愚以为,《野草》的反抗是在现代科学不能回答终极之问,且作者拒绝接受传统信仰的背景下,做出的悲壮务实之抉择,激荡着自由意志与主体性,但亦有无奈与被动,未能如愿,此亦中国现代文学的终极关切之殇[38];相对地,禅宗所谓道即运水担柴、饥食困眠、溪声山色,并非第一义,而是破法执、断念头、活法身的方法,根本上未离开佛教的终极价值。另外,现代中国思想多元碰撞,加之鲁迅敏感多疑[39],故不自信。整体上说,鲁迅的利众聚焦人的社会性,基于现实关怀而发,拷问终极而不彻底,历史地看,仍近于儒家形上形下相混合的道德践履方式;佛陀主要显扬出轮回之终极关切,涵容世俗生活是随顺人间之方便,这是两者的本质区别。现代中国继承优秀传统文化,但不可能完全接续古代信仰,荣格说:"他将一切过时的东西抛在身后,承认自己正站在彻底的虚无面前,而从这彻底的虚无中可以生长出所有的一切。"[40]故鲁迅开放自省又自强不息的进行时的"立人"与利众,更适合作为现代信仰基石,已成为诸多作家与学者的共识,佛教是可以增加厚度的选项。[41]新时代,在继承包含佛家在内的传统思想以建构和完善现代终极关切之时,《野草》心路与社会批评有利于激活、解释和转化传统,此所谓中国文化之守夜人[42]。

从文学与佛教的关系说,《野草》是既有现代意识亦有佛教精神的佛教文学[43]。佛陀属于轴心时代,他否定婆罗门教,以新的思想与方法启蒙大众;鲁迅是现代先驱,他批判传统礼教,寻求"立人"之道,以"反抗绝望"作解脱,以文化利益大众。上述比较从传记批评角度开显《野草》的佛教质素,剖析其在现代语境中的独异性、创造性、复杂性,总结鲁迅与佛陀的异同,期待文学界与佛教界深入继承鲁迅与佛陀的精神遗产,面对新时代的文化需求,创造更有慰藉力的文学。

(湘潭大学文学与新闻学院)

[基金项目:国家社科基金青年项目"百年中国佛教文学的现代性研究(1912—2016)"(编号:17CZW049)]

注释

① 刘烨园:《中年的地址》,春风文艺出版社2002年版,第273—274页。

② 星云大师:《释迦牟尼佛传·初版自序》,东方出版社2015年版,第5页。

③ 学界对鲁迅的佛缘以及《野草》与佛教之渊源已有考论,可参见黄健、谭桂林、哈迎飞、王乾坤、汪卫东等人的著述。总体说,鲁迅以现代立场研佛而非信佛,但受到佛教的启示。许寿裳:《亡友鲁迅印象记·许寿裳回忆鲁迅全编》,上海文化出版社2006年版,第46页。

④ 教界与学界推出多种佛传及相关文献。参见:圣严法师:《佛学入门》,陕西师范大学出版社2008年版,第2—70页。任继愈主编:《佛学大辞典》下册,凤凰出版社2011年第2版,第1191—1193页。赖永海主编:《中国佛教通史》第1卷,江苏人民出版社2010年版,第1—28页。星云大师:《释迦牟尼佛传》:东方出版社2015年版。

⑤ 圣严法师:《虚空粉碎》,单德兴译,中国友谊出版公司2016年版,第77页。

⑥ 鲁迅:《"碰壁"之后》,《鲁迅全集》第三卷,人民文学出版社2005年版,第72页。

⑦ 圣严法师:《佛学入门》,陕西师范大学出版社2008年版,第18页。

⑧ 在彻底否定人类生死轮回之无明状态的基础上,佛陀又肯定人身难得,人类能够勇猛强记,勤修梵行,具有自我解放、超脱苦海的优异资粮。参见陈兵:《佛陀的智慧》,上海古籍出版社2006年版,第45—47页。

⑨ 圣严法师:《佛学入门》,陕西师范大学出版社2008年版,第12页。

⑩ 朱棣集注:《金刚经集注》,齐鲁书社2007年版,第51页。

⑪ 钱文忠:《人间佛陀释迦牟尼》,华文出版社2015年版,第109页。

⑫ 圣严法师:《佛学入门》,陕西师范大学出版社2008年版,第19—20页。

⑬ 圣严法师:《禅的体验》,陕西师范大学出版社2009年版,第132—139页。

⑭ 鲁迅:《致李秉中》,《鲁迅全集》第十一卷,人民文学出版社2005年版,第453页。

⑮ 刘烨园:《中年的地址》,春风文艺出版社2002年版,第273页。

⑯ 鲁迅:《致赵其文》,《鲁迅全集》第十一卷,人民文学出版社2005年版,第477—478页。

⑰ 1925年3月,鲁迅说:“人若一经走出麻木境界,便即增加苦痛,而且无法可想,所谓‘希望将来’,不过是自慰——或者简直是自欺——之法,即所谓‘随顺现在’者也一样。”可知此时鲁迅并未建立真实不欺之终极价值。参见鲁迅:《两地书》,《鲁迅全集》第十一卷,人民文学出版社2005年版,第26页。

⑱ 鲁迅:《野草》,人民文学出版社2003年版,第46页。

⑲ 1935年4月,鲁迅说:“倘受了伤,就躲入深林,自己舐干,扎好,给谁也不知道。”由此推测,《野草》可能未披沥真实全部的心,另外可能也受到人间言语的表达限制,即《题辞》所说的,沉默之时觉得充实,开口之时感到空虚。参见鲁迅:《致萧军、萧红》,《鲁迅全集》第十三卷,人民文学出版社2005年版,第445页。

⑳ 大梵天是梵界之主,亦是吾人所处世界之主。参见任继愈主编:《佛教大辞典》下册,凤凰出版社2002年版,第1085页。

㉑ 此时小我融入宇宙,内外时空都无限广大,自体与宇宙万物无二无别,万物现象由自体衍生,自体有责任爱护万物、支配万物。参见圣严法师:《禅的体验》,陕西师范大学出版社2009年版,第135—137页。

㉒ 谭桂林:《20世纪中国文学与佛学》,安徽教育出版社1999年版,第204—205页。

㉓ 江弱水教授在授课时指出,鲁迅在《野草》中得天眼通,此论对笔者有启发。

㉔ 王国维:《王国维文学论著三种》,安徽师范大学出版社2014年版,第19页。

㉕ 哈迎飞:《“五四”作家与佛教文化》,上海三联书店2002年版,第78—79页。

㉖ 1925年5月,鲁迅说:“其实,我的意见原也一时不容易了然,因为其中本含有许多矛盾,教我自己说,或者是人道主义与个人主义这两种思想的消长起伏罢。”参见鲁迅:《两地书》,《鲁迅全集》第十一卷,人民文学出版社2005年版,第81页。

㉗ 此处受前贤启发。参见哈迎飞:《“五四”作家与佛教文化》,上海三联书店2002年版,第67—68页。

㉘ 1924年9月,鲁迅完成厨川白村《苦闷的象征》的翻译,该书认为文艺是生命力受压抑后跃进的象征化表达,蕴含深邃的无意识反抗,这与鲁迅早年在《摩罗诗力说》《文化偏至论》中提出的尊个性、张精神的文艺观与价值观接近,对《野草》侧重象征的文本建构策略可能有直接影响。此处受教于上海鲁迅纪念馆的李浩研究员,谨此致谢!参见[日]厨川白村著,鲁迅译:《苦闷的象征》,人民文学出版社2007年版。

㉙ 王乾坤:《鲁迅的生命哲学》,人民文学出版社1999年版,第86页。

㉚ 汪卫东认为,《颓败线的颤动》是《野草》的高潮,诸多矛盾在此汇集,《野草》主体以生的颤动突然超越前此一切矛盾纠缠,在苦难与解脱的智慧方面,《野草》与佛教不谋而合。笔者认为,《颓败线的颤动》确是《野草》超越苦难的巅峰时刻,但《野草》与佛教在解脱方面有本质差异。参见汪卫东:《"渊默"而"雷声"——〈野草〉的否定性表达与佛教论理之关系》,《中国现代文学研究丛刊》2010年第1期。

㉛ 南怀瑾著述:《南怀瑾选集》第七卷,复旦大学出版社2011年版,第776页。

㉜ 鲁迅:《腊叶》,《鲁迅全集》第二卷,人民文学出版社2005年版,第225页。

㉝ 此处受到前贤启发。参见胡尹强:《鲁迅:为爱情作证破解——〈野草〉世纪之谜》,东方出版社2004年版。

㉞ 鲁迅:《野草》,人民文学出版社2003年版,第81页。

㉟ 鲁迅去世前提到,他不接受欧洲人临死时彼此求宽恕的仪式,而是对所有怨敌皆不宽恕。笔者认为,欧洲人的宽恕仪式与基督教有关,鲁迅的"不宽恕"鲜明表现了其维护人道、归于人道的"立人"思想之人间性。参见鲁迅:《死》,《鲁迅全集》第六卷,人民文学出版社2005年版,第635页。

㊱ 鲁迅:《致李秉中》,《鲁迅全集》第十一卷,人民文学出版社2005年版,第528页。

㊲ 王乾坤:《鲁迅的生命哲学》,人民文学出版社1999年版,第84页。

㊳ 杨春时:《现代性与中国文学思潮》,生活·读书·新知三联书店第2009年版,第7—9页。

㊴ 1925年3月,鲁迅说:"你好像常在看我的作品,但我的作品,太黑暗了,因为我常觉得惟'黑暗与虚无'乃是'实有',却偏要向这些作绝望的抗战,

所以很多偏激的声音。其实这或者是年龄和经历的关系,也许未必一定的确的,因为我终于不能证实:惟黑暗与虚无乃是实有。”参见鲁迅:《两地书》,《鲁迅全集》第十一卷,人民文学出版社2005年版,第21页。

㊵ [瑞士]卡尔·古斯塔夫·荣格:《精神分析与灵魂治疗》,译林出版社2014年版,第221页。

㊶ 万俊人:《寻求普世伦理》,北京大学出版社2009年版,第166—167页。

㊷ 王富仁:《中国文化的守夜人——鲁迅》,人民文学出版社2002年版。

㊸ 广义的佛教文学包括三类:佛典翻译文学、佛教徒的弘法创作(包括出家僧尼与在家居士两个作者群)、不同程度受佛教文化影响的文学创作。参见孙昌武:《佛教文学十讲》,中华书局2014年版。

由鲁迅《野草》对李贺诗歌的接受看“象征主义”诗歌风格的生成

钟婷婷

引 言

广义的“象征主义”文学，乃是以具体形象来表现作者的纯粹理念或抽象概念，且多通过隐喻、联想、意象曲折地表现复杂的人性和幽微的心理感受。由此范畴来看，鲁迅的《野草》和李贺幽怖奇谲风格的诗作皆可归为象征主义文学作品。李贺诗歌虽无“象征主义”之名，但有“象征主义”文学的各种艺术表征。《野草》写于1924年9月到1926年4月（多数篇目写于1924年和1925年），是鲁迅作品中风格独特的一本散文诗集，除《我的失恋》之外，其余22篇皆主题晦涩，语言极富象征性。对比《野草》与李贺诗歌，可发现两者在多个方面惊人的相似。鲁迅对李贺诗歌的欣赏和继承，在文本语汇和文献资料方面都有诸多证据可寻，有研究者已对此做了详细的论证。[①]除直接的文学接受和继承之外，《野草》时期的鲁迅与李贺还在人生处境、生活环境、心理状态等方面有着出奇的类似之处，这些是鲁迅欣赏并承袭李贺风格的关键性原因，是鲁迅形成对李贺的精神共鸣与创作共通的不可轻视的客观因素，这一方面却尚未得到研究者的关注，笔者会重点予以补充。

一、《野草》与李贺诗歌的风格相似处

《野草》不论在鲁迅笔下还是中国现代文学中，都是独具一格的一种文学呈现，整体上读来，主题复杂，时现惊人之语，文字大胆有力，充斥着超现实的意象和富于象征性的语汇。“诗鬼”李贺的诗歌风格同样幽暗、奇异、有力。通过对比文本，两者的相似处具体表现在这几方面：对幽冥意象的频繁使用、语言的冷艳色调、对物象的人性化书写、文字的惊人力度等，以下将分类举例。

（一）幽冥意象与幽怖场景的营造

对幽冥鬼魅意象的大量使用与对阴森恐怖氛围的频繁描绘，是李贺诗歌与《野草》散文诗最显然的相似处。

被称为“诗鬼”的李贺，十分钟爱“死”“魅”“幽”“泣”“血”等阴森的字眼，更常常营造恐怖森寒诡异的幽冥之境，例如：“秋坟鬼唱鲍家诗”“鬼灯如漆点松花”“鬼雨洒空草”“嗷嗷鬼母秋郊”“海神山鬼来座中，纸钱郎萃鸣旋风”[②]等。他对幽怖境界的奇谲想象和营造，更有一种着意的追求，例如：“青狸哭血寒狐死”（《神弦曲》写诛妖情景）、“白狐向月号山风，秋寒扫云留碧空”（《溪晚凉》）、“呼星召鬼歆杯盘，山魅食时人森寒”（《神弦》）等。

《野草》中亦遍布着对幽冥场景和鬼魅形象的描写，最常见幽冥意象如：鬼、魂、死亡、尸体、坟、棺材、入殓、地狱、无常等。骇人者如：“……有一游魂，长为长蛇，口有毒牙，不以吃人，自吃其身，终以殒颠……”（《野草·墓碣文》），“鬼魂们在冷油温火里醒来，从魔鬼的光辉中看见地狱小花，惨白可怜”（《失掉的好地狱》），甚而对白雪亦产生“是死掉的雨，是雨的精魂”的想象。除了大量幽冥鬼魅意象之外，《野草》中还充斥着对幽怖场景的描写，例如：

> “我梦见自己躺在床上，在荒寒的野外，地狱的旁边。一切鬼魂们的叫唤无不低微，然有秩序，与火焰的怒吼，油的沸

腾，钢叉的震颤相和鸣，造成醉心的大乐，布告三界：天下太平。”（《失掉的好地狱》）

再如：

“我就要离开。而死尸已在坟中坐起，口唇不动，然而说——

‘待我成尘时，你将见我的微笑！’”（《墓碣文》）

对幽冥意象和幽怖场景的营造，并非鲁迅刻意求奇，他曾说：“我自己总觉得我的灵魂里有毒气和鬼气，我极憎恶他，想除去他，而不能。”（1924年9月24日致李秉中信）

《野草·希望》里这些“悲凉缥缈”的物象：“星，月光，僵坠的蝴蝶，暗中的花，猫头鹰的不祥之言，杜鹃的啼血，笑的渺茫……”，像极了是从李贺诗歌宇宙中抽离出来的。李贺笔下坠落的不是蝴蝶，是月与花——“翩翩桂花坠秋月”（《李夫人》）、“椒花坠红湿云间”（《巫山高》）。鲁迅笔下的“笑”是夜半的笑声，吃吃地笑声，四围的空气都应和的笑声；李贺笔下的笑则是：“笑声碧火巢中起”（《神弦曲》）、“昆山玉碎凤凰叫，芙蓉泣露香兰笑”（《李凭箜篌引》）；李贺笔下的猫头鹰是“百年老鸮成木魅”。鲁迅笔下的杜鹃，亦是李贺笔下的那一只，“杜鹃口血老夫泪”（《老夫采玉歌》）。

（二）对物象的人性化书写

在李贺诗歌和《野草》中，动植物形象或没有生命的物象都常常被人性化书写。

李贺诗中草木和动物往往情绪强烈，亦哭亦笑，可歌可舞，如：“细绿及团红，当路杂啼笑”（《春归昌谷》）、“老兔寒蟾泣天色”（《梦天》）、“白兔捣药成，问言谁与餐”（《古朗月行》）、“老鱼跳波瘦蛟舞”(《李凭箜篌引》)等。

《野草》中的物我通感多以拟人或比喻的方式出现,比如《死火》中与“我”对话的象征性极强的“死火”。再如:

> “猩红的栀子开花时,枣树又要做小粉红花的梦。”
>
> “我打一个呵欠,点起一支纸烟,喷出烟来,对着灯默默地敬奠这些苍翠精致的英雄们。”(《秋夜》)
>
> “那是孤独的雪,是死掉的雨,是雨的精魂。”(《雪》)
>
> “但今夜它却黄蜡似的躺在我的眼前,那眸子也不复似去年一般灼灼。”(《腊叶》)

这类对于物象的人性化书写,亦可谓物我通感,与感官的“联觉”一起,构成文学修辞中的“通感”。而“通感”是象征主义诗歌创作的理论基石。法国象征主义诗人认为他们可以凭借直觉领悟到一个更为永恒与真实的世界,并艺术化地将其呈现或传达。事实上,“通感”的修辞在中国古代诗歌中也并不少见,感知力敏锐的作者皆擅长凭借直觉以“物我通感”的方式观察和把握外在世界,造成一种奇异灵动的言说方式。

(三)语言的冷艳

读者熟知,李贺常以血色或冷色来写艳丽,不胜枚举,如“恨血千年土中碧”(《秋来》)、“塞上燕脂凝夜紫”(《雁门太守行》)、“漆灰骨末丹水砂,凄凄古血生铜花”(《长平箭头歌》)、“金虎蹙裘喷血斑”(《梁台古意》)、“冷红泣露娇啼色”(《南山田中行》)等等。

而“血”与“冷”同样常常并现在《野草》集中,如:

> “雪野中有血红的宝珠山茶……雪下面还有冷绿的杂草。”(《雪》)

“我爱这样的魂灵；我愿意在无形无色的鲜血淋漓的粗暴上接吻”（《一觉》）。

相似的冷艳描写还有那“凝结的火焰”，和“一切青白冰上，却有红影无数，纠结如珊瑚网”（《死火》）等。

除此之外，李贺常并用“青”与“白”两种冷色，如：“村寒白屋念娇婴”（《老夫采玉歌》）、“马嘶青冢白”（《塞下曲》）、“玉烟青湿白如幢”（《骆晚凉》）、“泉脚挂绳青袅袅”、“只今掊白草，何日蓦青山”（《马诗二十三首》之十八）。

而这两种冷色，在《野草》里也多处出现，如《雪》中“白中隐青的单瓣梅花”，《死火》中“上下四旁无不冰冷，青白”，“冰谷四面，登时完全青白”，《颓败线的颤动》中“青白的两颊泛出轻红，如铅上涂了胭脂水”，以及《失掉的好地狱》中“大火聚还不时冒些青烟，远处还萌生曼陀罗花，花极细小，惨白可怜”。

（四）文字的锋利和紧张

李贺诗歌与《野草》的语言风格更为突出和重要的一点，乃是作者提笔用字的力量感。

李贺笔尖传导出的力量，是铿锵锐利、惊人耳目的。以如下诗句为例：“隙月斜明刮露寒”（《春坊正字剑子歌》）、“一双瞳人剪秋水”（《唐儿歌》）、“荒沟古水光如刀”（《勉爱行》）、“羲和敲日玻璃声”（《秦王饮酒》）、“向前敲瘦骨，犹自带铜声”（《马》）、“临岐击剑生铜吼”（《开愁歌》）、“我欲斩龙足，嚼龙肉”（《苦昼短》）、“磓碎千年日长白”（《官街鼓》），读者很难不被其中“刮、敲、吼、斩、磓”等或锋利或坚韧的动词所冲击和震惊。

鲁迅的文字力量，是贯穿他一生的写作和笔伐事业的，尤其在风格奇谲的《野草》集中表现更为强烈。他的文字力度有时体现在动词的使用上，如“我赶紧砍断我的心绪”（《秋夜》）、“鲜红的热血激箭似的以所有温热直接灌溉杀戮者”（《复仇》）；有时表现

于形容词,如"一间在深夜中紧闭的小屋";更多的时候,他把笔尖的力度化为了情景画面的紧张,如:

> "这颤动点点如鱼鳞,每一鳞都起伏如沸水在烈火上;空中也即刻一同振颤,仿佛暴风雨中的荒海的波涛……"(《颓败线的颤动》)
>
> "漂渺的名园中,奇花盛开着,红颜的静女正在超然无事地逍遥,鹤唳一声,白云郁然而起……"(《一觉》)
>
> "如包藏火焰的大雾,旋转而且升腾,弥漫太空,使太空旋转而且升腾地闪烁……"(《雪》)

通过这几例可以看出,鲁迅的描述性语言充满纵向升腾的、横向扩展的、或旋转膨胀的张力,这力度不亚于他的辩论式文字。借夏济安先生言,这些文字是:"萌芽中的真正的诗:浸透着强烈的情感力度的形象,幽暗的闪光和奇异的线条时而流动时而停顿,正做熔化的金属尚未找到一个模子。"③

(五)鲁迅对李贺的文学继承

以上所概括的《野草》散文诗与李贺诗之间的风格相似之处,并非巧合。鲁迅对于李贺诗歌的钟爱,以及李贺对于鲁迅文学创作的直接影响,是多位学者专门研究探讨过的。

1911年1月2日鲁迅在绍兴任教时写信给在北京的老朋友许寿裳说:"吾乡书肆,几于绝无古书,中国文章,其将须落。闻北京琉璃厂颇有典籍,想当如是,曾一览否?李长吉诗集除王琦注本外,当有别本,北京可能搜得?如有而直不昂,希为致一二种。"④看来鲁迅其时打算研究李贺。但此后情随事迁,没有实践。鲁迅晚年曾说:"我是散文式的人,任何中国诗人的诗,都不喜欢。只是年轻时较爱读唐朝李贺的诗。他的诗晦涩难懂,正因为难懂,才钦佩的。"⑤据徐梵澄回忆,鲁迅于诗"最好的是李长吉",对李贺诗中的辞藻和意境极为欣赏。[⑥]现已收集到的鲁迅书赠友人的古诗文20多幅,其中全录或摘录李贺诗的便有4幅:《感讽五首》之三(1909年手书)、《开愁歌》(赠许寿裳,年代不详)、《南园十三首》之七(1932年3月书赠周颂棣)及《绿章封事》(1935年3月书赠徐讦)。其手书的诗句:"南山何其悲?鬼雨洒空草。长安夜半秋,风前几人老!"乃李贺风格的典型代表作,可见其在鲁迅心中的独特地位。

江弱水先生认为:"鲁迅的文字往往打上李长吉的烙印。他的旧体诗是从屈骚而下到李贺的一路,已成学界共识;而他的新文学作品所受'这位李君'的影响,却少有人论及。"[⑦]他针对李贺对鲁迅新文学作品的影响作了详尽的文本剖析和整理,本文不再赘述。韩大强概括鲁迅对李贺的接受主要表现在两个方面:一是"在浓烈的感情之中充满阴暗的色调,稍稍奇耸的美",二是"写其磊落不平之气"。[⑧]笔者认为我们需要透过这些文学现象,重点探究鲁迅对李贺产生精神契合和文学接受的深层原因,这便需要考察两位作者相似的人生体验。

二、苦闷的境遇——《野草》时期鲁迅与李贺的相似现实处境与身心经验

《野草》时期的鲁迅与李贺有着极为相似的人生体验,包括社会现实的打击压抑带给二人的"苦闷"感、孤寂冷清与世隔绝的居住体验、常年多病的身体经验等。

(一)特定时期的困厄经验

考察李贺与《野草》时期的鲁迅,我们会发现,两者都有过特殊现实处境所带来的"困厄"体验。虽然所处时代差距甚远,社会情形不可类比,但两人感受到的现实打击和强烈压抑感是相类似的。

李贺的生命困厄主要来自他仕途之门的阻断。中唐时期,参

加进士科举是读书人求仕的主要途径。当少年即赋才名的李贺，信心十足壮志满怀地参加科考之时，有争名之人议论攻击李贺，说李贺父名“晋肃”，“晋”与“进士”之“进”同音，“肃”与“士”音近，李贺则应讳父名而不得参加进士考试。而李贺竟当真因此而无缘于科举。被排斥在科举的门外、受到精神重创的李贺，恍然变作人世间的游魂，落魄回乡，作《出城》一诗：“雪下桂花稀，啼乌被弹归。关水乘驴影，秦风帽带垂。入乡试万里，无印自堪悲。卿卿忍相问，镜中双泪姿。”活现出他的落魄丧气的状态。自此之后，李贺的心气陡然颓靡，其诗歌中开始频繁使用阴森破败的字眼，描绘幽寒恐怖之境，开始把目光更多地投向神秘的幻想世界，人生的阻扼与精神的郁结激发了李贺的奇谲文学追求。

依据许寿裳《鲁迅先生年谱》，鲁迅创作《野草》的1924—1927年，他经历了女师大风潮、“三一八”惨案、与《学衡》派的论战、与“整理国故”的论战、与“现代评论派”的论战等。1925年8月，因教育总长章士钊强行解散北京女子师范大学，鲁迅与其他教职员组织校务维持会，被章士钊免职。身处这诸多社会事件与舌笔论战之中，可想而知鲁迅的心境。革命的屡次失败、新文化运动的落潮、《新青年》杂志的解体、旧伙伴们的分道，这些时代的苦闷，无不化为鲁迅自身的苦闷。

同一时期，鲁迅与周作人的失和更将鲁迅置于身心痛苦的境地。意外变故加上拼命的忙碌，使得鲁迅紧接着大病一场。正是在这样貌似孤绝无望的人生处境之中，鲁迅陆续写出了《野草》中的零散作品。在与萧军的通信中鲁迅谈到《野草》说：“(《野草》)心情太颓唐了，因为那是我碰了很多钉子之后写出来的。”[⑨]他说：“我的作品，太黑暗了，因为我常觉得惟‘黑暗与虚无’，乃是‘实有’，却偏要向这些作绝望的抗战，所以很多着偏激的声音。”[⑩]

鲁迅曾把李贺的《开愁歌》抄赠给好友许寿裳：“秋风吹地百草干，华容碧影生晚寒。我当二十不得意，一心愁谢如枯兰。衣如飞鹑马如狗，临岐击剑生铜吼。旗亭下马解秋衣，请贳宜阳一壶酒。壶中唤天云不开，白昼万里闲凄迷。主人劝我养心骨，莫受俗物相填豗。”可见他对李贺曾经受的人生的绝望与极度的苦闷有着极深的共鸣。

（二）奉礼郎与抄古碑者的相似孤清体验

李贺与鲁迅都有过一段环境孤绝、心境冷清的生活体验，这些刻骨体验皆化为二人文学创作的感性经验储备和潜在素材。

据朱自清的《李贺年谱》来看，李贺在22岁的春天到长安任奉礼郎，两年后因病回昌谷，同年又从洛阳到长安复职。因任期已到，迁升无望，便辞官入幕府。做了两年幕府寒职却无法融入官场，心情失望又加病体虚弱，便返归故乡，27岁在故乡病逝。奉礼郎为太常寺下属的从九品的小官，职务是执掌祭祀、朝会和巡陵的仪式活动调排。即李贺在作奉礼郎的3年中，整日与鬼神祭台打交道。诗人曾嗟叹：“臣妾气态间，唯欲承箕帚。”（《赠陈商》）这个官职不仅使诗人隔绝于核心政圈，无法施展抱负的机会，更对其心境与诗思都产生直接影响。经年与香火纸钱为伴，“侍奉”鬼神，并寄住在荒沟古水环绕的崇义里寓所，这番极度寂静幽寒的体验，给诗人带来的隔绝感，孤立感，与其病体带来的生命危机感交织在一起，终于使得诗人逐渐投入对鬼神世界的关注中，沉浸在幽晦的内心世界。在此影响下，李贺创作了《神弦曲》等描绘巫术场景的诗歌，其他诗中也更常见神鬼意象与幽怖场景。

巧合的是，李贺书写幽居体验的句子“门外满车马，亦须生绿苔”（《拂舞歌辞》）、“垂帘几度青春老，堪锁千年白日长”（《三月过行宫》）等，也可以借来描绘鲁迅在北京绍兴会馆的几年孤寂时光。

“五四”新文化运动前，鲁迅以抄古碑、校古书、看佛经作为寄托。他曾自述：

“会馆里有三间屋，相传是往昔曾在院子里的槐树上缢死过一个女人的，现在槐树已经高不可攀了，而这屋还没有人住；许多年，我便寓在这屋里钞古碑。客中少有人来，古碑中也遇不到什么问题和主义，而我的生命却居然暗暗的消去了，这也就是我惟一的愿望。夏夜，蚊子多了，便摇着蒲扇坐在槐树下，从密叶缝里看那一点一点的青天，晚出的槐蚕又每每冰冷的落在头颈上。”⑪

从这段话中可以读出当时他与世隔绝的孤清。又据周作人回忆鲁迅多是夜里一两点睡，可以想象，他长期在一片寂静的夜里与古碑古书和院子里的树相伴，这段刻骨的冷寂幽清的生活经验自然成为几年后创作《野草》的潜在素材，比如后来常写的“女吊”意象。那些寂静的夜和四围的环境，也一定给作家生发了许多对幽冥世界的幻想和对寂静的独特体验。

（三）长期病痛的身体经验

相似的病弱身体经验，也是鲁迅对李贺产生精神契合的一个不可忽视的原因。

天生体弱的李贺，在科举受挫和奉礼郎经历的影响之下，身体状况每况愈下，与药为伴，倍增忧虑，27岁即病逝。诗中言“病”之句数不胜数，如：“生世莫徒劳，风吹盘上烛”（《铜驼悲》）、“壮年抱羁恨，梦泣生白头”（《崇义里滞雨》）、“日夕著书罢，惊霜落素丝”（《咏怀二首》其二）等。李贺诗中常写的白发（素丝），在《野草》中亦时见，如“我的心分外地寂寞。然而我的心很平安：没有爱憎，没有哀乐，也没有颜色和声音。我大概老了。我的头发已经苍白，不是很明白的事么？我的手颤抖着，不是很明白的事么？那么我的魂灵的手一定也颤抖着，头发也一定苍白了。”（《希望》）

因为忧患，鲁迅亦常处病中，许寿裳曾说：“他发胃病的时候我常见他把腹部顶住方桌的角上而把上身伏在桌上，这可想见他胃病的厉害呀!”(许寿裳《鲁迅传》)后来(1923年7月后),因兄弟决裂而被赶出八道湾的经历,对多年来艰辛养活全家人的鲁迅的打击很大,少年时所得的肺病发作了。9月24日,他就病倒了,当日日记记着:“咳嗽,似中寒。”直至11月8日记道:“夜饮汾酒,始废粥进饭,距始病时三十九日矣。”

久病的身体经验,既成为二人笔下常见的书写素材,无疑也是鲁迅对李贺产生精神契合的原因之一。

综上所述,《野草》时期的鲁迅与李贺在特定的现实处境和身体经验等方面,亦惊人地相似,这些是鲁迅对李贺产生精神共鸣与文学接受的重要因素。

三、由《苦闷的象征》看《野草》与李贺诗歌的象征主义风格的生成

由《野草》时期的鲁迅与李贺在人生经验上的相似,以及《野草》与李贺诗歌的相似象征主义文学风格,我们便可见出作者的生命苦闷经验对于象征主义文学的关键影响:两者之间的关系正是厨川白村《苦闷的象征》所提出的核心论点:“生命力受了压抑而生的苦闷懊恼乃是文艺的根柢,而其表现法乃是广义的象征主义。”[12]这也是鲁迅在创作《野草》期间借翻译《苦闷的象征》一书所传达的主要文学观念。因此,鲁迅在创作《野草》时期翻译的这本《苦闷的象征》,恰可与《野草》形成阐释上的互文。书中理论亦恰可分析李贺诗歌的“象征主义”文学表征的生成原理。

以《苦闷的象征》一书中的观点来看,李贺诗歌与鲁迅《野草》相似的象征主义文学特质,产生自:受困的生命之力的文学转化,和对形象媒介的出色运用。

(一)受到抑制的内部生命力的文学转化

《苦闷的象征》一书中厨川白村的这段话很好地解释了李贺和《野草》时期鲁迅所经历的现实苦闷对两者相似的象征主义文

学风格的生成作用——“我们的生活力，和侵进体内来的细菌战。这战争成为病而发现的时候，体温就异常之升腾而发热。正像这一样，动弹不止的生命力受了压抑和强制的状态，是苦闷，而于此也生热。热是对于压抑的反应作用；是对于 action 的 reaction。所以生命力愈强，便比照着那强，愈盛，便比照着那盛，这热度也愈高。”⑬

文学是个体在苦闷压抑的现实处境中释放紧张感、焦虑感以达到能量平衡的艺术性途径。在现实生活中，越有力的内心感受到的压制或束缚越深，当其生命力受到不可克服的阻碍时，便借助于文学想象，给予精神以超现实的寄托，并达到能量的转移或消解。李欧梵在理解《野草·死火》时也说：“我不赞成把死火解作革命，如照厨川白村的说法，也许它只能代表一种内心的生命力，虽然冷冻在冰谷的深层，却要‘如间歇泉（geyser）的喷出一般地发挥’出来，这也是一种艺术创作的活动。”⑭钱理群认为《野草》之中“无穷变幻的艺术变异，给创造者鲁迅带来极大的乐趣。……正是这样一种艺术创造的陶醉，语言的陶醉，多少缓和了鲁迅的内心孤独与焦虑”。⑮

李贺诗中常见“铜吼”“剑吼”的字眼，鲁迅反复宣告“抗战”，向虚空和绝望抗战，已经超现实的梦境，都是他们内心冲突与纠葛的象征，其实都是内在之力的文学转化与释放，这种释放造成文学风格的强硬力度。苦闷经验带来的生命阻滞感越强，其文字力度越强，这一点，中唐的孟郊、卢仝和法国的波德莱尔、兰波等诗人及其作品皆可为例证。

（二）对形象媒介的出色运用

在生命的苦闷经验的促生作用之外，《野草》与李贺诗歌的象征主义风格的形成还取决于两位作者创造文学形象超强能力和把控语言的才华。依照厨川白村的观点，只有生命内部之力，而无转化的文学才能，是无济的。“所描写的事象，不过是象征，是梦的外形。因了这象征的刺激，读者和作家两边的无意识心理的内容——即梦的潜在内容——这才相共鸣相共感。”[16]

首先,形象是身心经验转化为文学作品的媒介。文学艺术的最重要属性是具象性,厨川白村说:“作家只要用了称为象征这一媒介物的强的刺激力,将暗示给与读者,便立刻应之而共鸣,在读者的胸中,也燃起一样的生命的火。”[17]

例如《野草·死火》中“死火”告诉“我”,他面临着两个选择:留在这死亡之谷,就会“冻灭”;跳出冰谷“永得燃烧”,也会“烧完”,不论怎样选择,都无法避免最后的死亡。这“死火”的处境似乎便象征着鲁迅的绝望与悲凉。再如《秋夜》,“《秋夜》之奇不仅来自诗意的想象,同时也来自鲁迅对主观境界着意的精巧的处理”[18]。

李贺诗歌借形象来言说观念的例子也很多,如其对时间感的书写,常以神话人物“羲和”或秉烛的神龙等意象来呈现,令人惊叹奇异的美感。

其次,对形象的凭借,亦是象征主义较为晦涩的语言风格生成的原因。鲁迅在《〈野草〉英文译本序》中说:“因为那时难于直说,所以有时措辞就很含糊了。”但这“含糊”,也并非全是“难于直说”的关系,同时还由于他所用的是象征主义的写作方法。鲁迅是执着于现实,敢于直面人生的作家,但是他也很偏爱象征主义的方法,并认为象征主义方法的运用,能够增强现实主义的力量。他很赞赏安特来夫的创作,说那里面“都含着严肃的现实性以及深刻和纤细,使象征印象主义与写实主义相调和”。[19]

《野草》和李贺诗歌,以及古今中外其他众多的属于广义象征主义文学的作品,都向我们展现了,在象征主义文学中,对形象媒介的依赖与语言的晦涩风格是并存和相成的。

结　语

鲁迅《野草》与李贺的象征主义风格诗歌,对于当时正处精神苦闷中的他们,首先起到情绪抒泄的作用,是其生命之力的释放或曰苦闷人生经验的文学转化。两者相似艺术特征的形成,排除直接的文学继承,更多的是源于鲁迅对李贺基于经验相似性的共通共鸣。鲁迅对于象征主义文艺思想的接受是基于他故有的气质秉性、文学观念和适宜象征主义生长的现实经历和生命体验。

李贺诗歌与鲁迅《野草》在文学风格上有太多相似,《野草》时期的鲁迅与中唐李贺在人生处境与现实经历方面又有许多的类似之处。但我们也要看到两者的"象征主义"呈现的根本不同之处在于,李贺的象征主义文学有着常跟象征主义相伴的颓废之气,鲁迅的象征主义始终是强硬抗争姿态。

(河南师范大学文学院)

注释

① 例如:江弱水《论〈野草〉的视觉艺术及其渊源》,《浙江学刊》2002年第6期;韩大强《论鲁迅对唐代"诗家三李"的接受》,《南都学坛》(人文社会科学学报)2019年第6期。

② 本文所引李贺诗歌皆出自《李长吉歌诗编年笺注》,中华书局2012年版。

③ 夏济安著,饥蠹译:《黑暗的闸门》,华盛顿大学出版社1968年版,第151页。

④《鲁迅全集》第十一卷,人民文学出版社2005年版,第341页。

⑤《鲁迅全集》第十三卷,人民文学出版社2005年版,第612页。

⑥ 徐梵澄:《星花旧影》,《鲁迅研究资料》第11辑,天津人民出版社1983年版,第163页。

⑦ 江弱水:《论〈野草〉的视觉艺术及其渊源》,《浙江学刊》2002年第6期。

⑧ 韩大强:《论鲁迅对唐代"诗家三李"的接受》,《南都学坛》2019年第6期。

⑨《鲁迅全集》第十二卷,人民文学出版社2005年版,第530页。

⑩《鲁迅全集》第十一卷,人民文学出版社2005年版,第467页。

⑪《鲁迅全集》第一卷,人民文学出版社2005年版,第437页。

⑫《鲁迅全集》第十卷,人民文学出版社2005年版,第256页。

⑬ [日]厨川白村著,鲁迅译:《苦闷的象征》,江苏文艺出版社2008年版,第28页。

⑭ 李欧梵:《铁屋中的呐喊:鲁迅》附录《鲁迅与现代艺术意识》,岳麓书社1999年版,第251页。

⑮ 钱理群:《和钱理群一起读鲁迅》,中华书局2015年版,第14页。

⑯ [日]厨川白村著,鲁迅译:《苦闷的象征》,江苏文艺出版社2008年版,第37页。

⑰ [日]厨川白村著,鲁迅译:《苦闷的象征》,第33页。

⑱ 李欧梵:《〈野草〉:希望与失望之间的绝境》,《铁屋中的呐喊——鲁迅研究》,岳麓书社1999年版,第107页。

⑲ 鲁迅:《〈黯澹的烟霭里〉译后记》,《鲁迅全集》第十卷,第201页。

古书新探，旧言新说

——《世说新语》对《故事新编》的影响探究

王春燕

《故事新编》是一部现代历史小说，既有现代小说的基本特征，又有传统小说的某些因素，主要接受了《世说新语》的影响。目前，学术界已有论文涉及《故事新编》与《世说新语》之间的关系问题，如王雪婷、陈文新的《论民国时期中国文学史中的〈世说新语〉书写》、刘强的《鲁迅与〈世说新语〉及"魏晋风度"》、施晓燕的《鲁迅与〈世说新语〉》等论文观点具有一定开创性，这些论文主要讨论鲁迅和《世说新语》之间的深刻渊源以及鲁迅对于《世说新语》经典化所做出的贡献，很少从艺术形式的角度来讨论两者之间的内在联系并且具体地指出两者之间存在的关联性。本文旨在从文体形式、人物刻画、语言风格等角度切入，来探讨《故事新编》对《世说新语》的接受与传承。

一、别出心裁的文体特征

在鲁迅的文学创作中，小说的创作占有重要地位，他的小说表现出鲜明的创新性，尤其是在形式上勇于大胆地探索和创新，被称为"形式的先锋"，为现代以来小说文体的发展做出了重大的贡献，其短篇小说集《故事新编》便在文体上颇具特色。言约意丰，借古讽今，古书新探，旧言新说，是在对中国古代传统小说继承的基础上一次成功的文体实验。在《故事新编》的序言中，鲁迅提到

“叙事上有一点旧书的根据”[1]，小说的创作源自“旧书”的启发。此书中的创作大量取材于中国古代文化典籍中的“旧”文化，从《中国小说史略》中便可见鲁迅扎实的古典文学功底和素养，也正因如此，才能对于典故信手拈来、巧妙化用。但是，除了对于经史子集等“旧书”的取材和化用外，笔者由此而想到的“旧书”还有由南朝刘义庆编纂的《世说新语》一书。通过查阅文献资料笔者进一步认识到鲁迅与《世说新语》之间的渊源颇深，鲁迅不仅对南北朝时期的文学作品深有研究，更对于魏晋名士风度极为推崇，这在鲁迅的作文与为人方面皆有所体现。在个性上，鲁迅和魏晋名士皆为性情中人，是“异端”般的存在。此外，鲁迅还收集了《世说新语》的各个版本，将其当作自己的“枕边书”。并且，鲁迅在讲学中也多次提到《世说新语》这部传统小说的代表之作，对其予以盛赞，开“世说学”研究风气之先，可见鲁迅对于《世说新语》这部“旧书”特殊的情感。我们通过对文本的梳理和分析，可以捕捉到《故事新编》的写作在文体形式上闪现着《世说新语》这部“旧书”的影子。

首先，体例短小、言约意丰是《世说新语》和《故事新编》共同的艺术特征。南朝刘义庆的《世说新语》主要记录了东汉末年到东晋时期名士的言行，自问世以来就受到了广泛的赞誉，是中国古代传统小说的高峰之作。其别具一格的文体特征被称为“世说体”，引后世文人纷纷效仿，近年来“世说学”研究也渐成体系。林宪亮将“世说体”概括为：“以历史或现实中的真实人物为描写对象；内容按照分门别类的体例，以类相从；通过只言片语或一两个动作勾勒出比较鲜明的人物形象；语言上表现为言约旨丰、简单隽永。”[2]其中所谓的“言约旨丰”便是指作品的篇幅短小、简约，淡化了情节、背景，对于人物的生平、家世不作过多的介绍，只是简单攫取生活中的一个片段或抓住人物个性的一个方面进行叙述和描写。但是人物的个性和政治、文化、生活和社会背景等却能从只言片语的叙述中生动地展现出来。通过短小的篇幅或者短短几句话就可以将人物形象勾勒出来,“汉末士流,已重品目,声名成毁,决于片言”[③],便是对这一特征精准的概括。《故事新编》中采取的“取一点因由,肆意点染”[④]和《世说新语》中采用的“略其玄黄,取其隽逸”[⑤]叙事策略是一脉相承的。鲁迅十分擅长刻画“国民的灵魂”,他也曾谈到受到西方弗洛伊德精神分析学说的影响,这一点不可否认,但是在《故事新编》中我们感受到的更多的是中国古代传统小说常用的写作技巧。《故事新编》中多用动作描写、语言描写等传统小说技巧刻画人物、表现心理,尤其是“油滑”的语言对人物形象的塑造起到了关键的作用,用最精练的表达承载着丰富的思想。鲁迅作为一位文学大家,创作了大量的小说作品,却没有创作过长篇小说,通常以这种短小的文体承载丰富的内涵。这种观点犀利、直击要害、言约意丰、短小精悍的文体,依旧适合于今天碎片化阅读的时代。既有助于节约阅读的时间成本,又有助于提升思想的深度。但是,读懂这一类书背后的深意,还需要一定的知识背景。言虽简,意却丰,是《世说新语》和《故事新编》的共同文体特征。

其次,《世说新语》和《故事新编》皆擅长化用典故,借古讽今。《世说新语》按照体例分为了36个门类,在作品中运用了大量的历史典故。《故事新编》虽然只有8则短篇小故事,但同样达到了以古观今的效果。8篇文章经过精心的选材,历时13年才写作完成,是鲁迅思想的精华所在。这8则短篇故事《补天》《奔月》《理水》《采薇》《铸剑》《出关》《非攻》《起死》分别对应着女娲补天、嫦娥奔月、大禹治水、不食周粟、三王墓、老子出关、墨子救宋、庄子与骷髅的神话历史典故,与社会文化热点紧密结合。通过对历史的“新语”、对故事的“新编”,或褒扬或讽刺,刻画出生动而鲜活的灵魂,传达对于时事的看法。此外,化用典故还可以产生古今对照的审美距离,由此产生陌生化的美学效果和独特的美学张力,也帮助读者在原有事件之上形成更深层次的领悟和思考。显然,《世说新语》不符合现代小说的定义,也不是成熟的小说文体。但是,这并不影响它对于中国小说发展的贡献,可以用承上启下来概括《世说新语》在中国小说史上的地位,它是中国小说文体上的一次突破性的创新,鲁迅认识到了其独有的价值,在此基础上再次进行了"新"的创造。笔者认为,《世说新语》和《故事新编》的"新"字都是不容忽视的重要题眼,"新"意味着创造,而不是现实的摹写;"新"意味着与"传统"的不同,意味着超越。《世说新语》和《故事新编》在文体上都是独具创新性的,鲁迅的《故事新编》沿用了《世说新语》"以古话今"的文体特征。两部作品都不是为了记录史实而作,在把握原有历史材料的基础上进行了再度创作。但是,相比之下,鲁迅在《故事新编》中大量取材于神话,让想象力得到了更自由的发挥和无尽的延展,创造了更加丰富的话语空间。神话一直都是文学创作的重要母题来源,傅佩荣提出,"神话不是历史,因此没有所谓真假的问题",并且"神话所要表现的是绝对的真实。"⑥文学世界归根结底是想象的、创造的世界,关注的更多的是人的情感世界,落脚点是人物的心灵图景,正所谓文学即人学。通过神话故事的言说和想象艺术的表达比客观记录涵盖更多的思想内涵,使小说具有更饱满的情感。鲁迅在《故事新编》中将一些看似毫无关联的因素融合于一体,将"故事"和"新思想"杂糅在一起,产生新的形象和新的思考,既具有现实批判的意义,又蕴含着丰富的审美价值,在不同的历史文化语境中传达了共同的美学追求。借助于"故事"的新编,再现了一个想象的世界,表达了对于当下现实世界的思考,有情感,有温度,追求的不是历史的真实,再现了艺术的真实和升华。

可见"言约意丰""借古讽今"是两部小说作品共同的文体特征,虽然学术界并没有明确提出鲁迅的《故事新编》和刘义庆的《世说新语》之间的继承性,但是笔者认为鲁迅的《故事新编》的创作很大程度上受到《世说新语》的影响。在笔者看来,《故事新编》是对古典精华的继承和对外来先进文化思潮借鉴创新的一次有益尝试,更是古为今用、洋为中用的典范之作。立足传统文化的深厚土壤,再造中华文明。

鲁迅在对于《世说新语》"旧形式"的化用中自觉地将时代的元素融入其中,这种艺术创作手法像现代的嫁接技术,将不同的元素熔铸在一起,淬炼重塑,使之碰撞出不同的火花,形成独特的美学风格。鲁迅的"拿来"让传统得到了更好的发展。鲁迅从《世说新语》中得到了创作的灵感,反之,鲁迅对于《世说新语》的传播也起到了重要的推动作用,尤其对"世说体"研究的推动。

二、灵魂化的人物刻画

人物是小说的灵魂所在,《世说新语》和《故事新编》都是以人物为中心来展开创作的,在这两部小说中人的个性得到充分的解放。作为"志人小说"的代表作,《世说新语》将人物分门别类地进行品评,宛如一部名人传记,褒贬分明,尽显人性的风姿,将魏晋名士风度展现得淋漓尽致。《故事新编》中 8 个短篇都是围绕着人物进行展开的,虽然也是"以类相从",但绝非"脸谱化"。就像绘画艺术中的"速写",一则则小故事如同一张张人物肖像,生动传神。

两部作品在人物塑造的形式上,均呈现出"以类相从"的艺术特征。《世说新语》中塑造了"竹林七贤"隐士形象系列、美男子形象系列、足智多谋的人物形象系列、志高气洁的人物形象系列、傲慢骄纵的人物形象系列、奸诈狡黠的人物形象系列……还独具慧眼地刻画了女性形象系列。对于封建时代来说,《世说新语》中对于女性的态度无疑是超前的,更是难能可贵的。在《世说新语·贤媛第十九》一节的描写中,对女性的才华作出了充分的肯定,而不是以封建传统社会的"三从四德"作为衡量女性的标准。像陈婴母亲的深谋远虑、昭君的家国担当、班婕妤的能言善辩……都闪耀着女性的光辉和女性的力量。《世说新语》中谢道韫"咏雪"的故事为千古传唱,以实际行动回应了"谁说女子不如男"的质疑。这一时代中的女性更是有勇气,敢于大胆追求,活出自我,甚至比现代女性更加敢作敢为。"巾帼不让须眉",充分体现了女性的人格美和才智美,在对自我的追求和对幸福的追求中有了更高的标准。《世说新语·贤媛第十九》一则中,记述了谢道韫对于丈夫王凝之的"轻视","王凝之谢夫人既往王氏,大薄凝之。既还谢家,意大不悦。"⑦谢道韫作为当时有名的才女,她的才华和名气是凌越在王凝之之上的;论家世门第,谢家作为名门望族,一门豪杰辈出,王凝之与之相比更是黯淡了许多。在古代传统婚姻中,联姻作为稳固家族利益的一种手段,讲究门当户对,更多是从物质的角度上来看的。无疑谢道韫更加追求精神上的门当户对和共鸣,对这桩婚事颇为不满,回到娘家抱怨,在婚姻中表达出更多的精神追求,这是女性觉醒的一大进步。而在鲁迅生活的"五四"时期,女性解放的思想盛行,倡导女性独立、平等,不做家庭的附庸、男性的附属。在《故事新编》中,鲁迅也塑造了一个女性形象系列。鲁迅巧妙地将古代女性放置于现代家庭生活模式中再现她们的一言一行,产生对照和反差。鲁迅笔下的嫦娥就是一个具有现代女性思想的人物,她展现了家庭主妇的苦闷;还有大禹妻子的埋怨,大禹作为一个埋头苦干、拼命硬干的"工作狂",对于家庭的照顾微乎其微,一心治水,兢兢业业,"三过家门而不入",却让妻子心生不悦。不管是后羿事业的失败还是大禹对于事业的狂热,都遭到了妻子的不满,宛如一个个现代女性的对于家庭生活的不满。两者都没有平衡好家庭和事业的比重,没有收获到家庭的幸福圆满。嫦娥对后羿爱答不理、喜欢冷战和耍小性子,总是摆出一副咄咄逼人的姿态,完全颠覆了温婉贤淑的传统女性形象,但是后羿可谓对于妻子极尽包容,为没有给妻子提供富足的生活条件而愧疚。从后羿对嫦娥的称呼“太太”、嫦娥的口头禅“哼”以及嫦娥的休闲娱乐方式和二人的相处模式来看，这就是一个现代家庭的写照。鲁迅在《故事新编》中塑造的嫦娥和大禹妻子都如同现代女性一样，更加注重表达自己的诉求，追求家庭地位的平等。时至今日，女性意识依旧是讨论的热点话题。《世说新语》和《故事新编》中刻画的女性形象都给我们提供了关于女性问题的思考。在嫦娥抛弃后羿独自飞升后，后羿开始反思上月嫦娥对他说过的话：“并不算老，若以老人自居，是思想的堕落。”[8]这是不是嫦娥离开后羿的原因呢？嫦娥是因为后羿思想上的堕落，还是因为后羿打不到猎，不能改善伙食而离开后羿的呢？从中可以体现出鲁迅的一部分女性观和对女性命运的思考。此外，除了对于传统女性形象的颠覆，《故事新编》还塑造了“实干家”、“空谈家”、忘恩负义的小人、愚昧的民众等一系列人物形象，“以类相从”，具有鲜明的感情色彩。《故事新编》虽然只有短短的8篇小故事，却刻画出了丰富的人物群像。“物以类聚，人以群分”，两部小说在人物的塑造上充分彰显了这一原则。

但是，“以类相从”并不等同于人物形象的“脸谱化”“刻板化”，这两部作品对人物的叙述不像史书中记载的那般严肃刻板，也不是简单地从善恶两个对立面出发对人物做出道德评判，而是都有着鲜明的个性特征，达成艺术的高度真实和人物个性的高度真实，人物形象立体饱满。两部作品都善于从细节入手，展现人物的不同侧面，体现出真实的人性。笔者认为《世说新语》中最能体现人物个性的是《任诞》篇，在《任诞第二十三》一节中，记录了阮籍、刘伶等名士们率真的个性，不拘俗礼、任性而为，力图活出真实的自我，展现了旷达乐观的人生态度。《任诞》篇对于魏晋名士嗜酒的爱好有重点提及，鲁迅也曾写作一篇《魏晋风度及文章与药及酒之关系》论述了魏晋名士与酒的特殊情结，魏晋名士的风度性情和才气成为流传千古的美谈，为历代文人雅士所效仿，体现了中国知识分子对于率真个性的肯定和追求。魏晋时期是个性高度解放的时期,人格之美、人性之美得到充分彰显。鲁迅更是在《故事新编》中对人物的描写落实到细节上,毫不留情地撕掉“仁义道德”的外衣,还原出普通人的七情六欲,将道德高地上的英雄人物置身于世俗的琐屑中。尤其是对于“吃”这一日常主题着墨较多,回归到人的饮食之欲上,“吃”是人最基本的也是最为普遍的欲望,先有生存然后才能谈发展,无形中拉近了与读者的距离,消解了崇高叙事。在《奔月》和《采薇》两篇作品中,后羿不复射日的雄姿英发而是为一日三餐而奔波的丈夫;伯夷、叔齐不再是道德的典范,而是冥顽不化的落伍者。在《故事新编》中衣食住行的欲望被合理化,在两部作品的世俗化、日常化的描写中表达了对于自我追求的肯定和个性解放的向往,真实性、细节性和强烈的人文关怀正是这两部作品的动人心弦之处。

《世说新语》和《故事新编》均不以情节取胜,而是以人物塑造为中心,从细节着手刻画人物,在人物形象的塑造上取得了极高的艺术成就,丰富了文学史上的人物形象画廊。中国的知识分子历来讲究“知人论世”,注重对于人物和世事的品评,既有对于家国大事的关注,也有对于人性的高度关切。正是因为刘义庆和鲁迅对于人性的洞察极为深刻敏锐,所以才把人物刻画得真实而富有个性。读懂了“旧书”和古人,便读懂了魏晋名士的不羁与深情,读懂了鲁迅的犀利与慈悲,爱之深、责之切。他们的“呐喊”不仅唤醒着当时的人们,对于未来的我们依旧有所借鉴。历史在更迭,人性却是永恒的。读懂了《世说新语》和鲁迅,也会为我们的为人处世带来更多启迪和思考。

三、异曲同工的语言风格

刘义庆编纂的《世说新语》言约意丰、人物个性鲜明,集中反映了一时代之精神风貌,在古代小说中独树一帜。鲁迅在《故事新编》的创作中自觉地吸收借鉴了《世说新语》的创作手法,内化于心,并自觉地加以创新,产生新的美学范式。《故事新编》的"新",有文体上的创新、思想上的创新,也有文字上的创新;是形式的先锋、思想的先锋,亦是语言的先锋。《故事新编》同样可以被看作是鲁迅作品"语言的先锋"的代表,杂糅、幽默、碎片化的语言风格和出色的对话格外引人注目,其在语言方面受《世说新语》的影响也是有迹可循的,两部作品在语言上都有所变革和突破,承载着各自的时代内涵。

在语言上,《世说新语》对《故事新编》最直接的影响是,《故事新编》中的语言有的便是直接取自《世说新语》的原文,施晓燕提出鲁迅在《故事新编》中"运用《世说新语》的原文做形容词,如《奔月》中形容后羿的眼光'闪闪如岩下电',便是直接来自《世说新语·容止》里,王衍称裴楷'双眸闪闪若岩下电'"。[9]从这样细节性的描写中,《世说新语》对《故事新编》语言的影响可见一斑。此外,鲁迅一些其他作品中的语言也受到《世说新语》的影响,例如他的短篇爱情小说《伤逝》的题目在《世说新语》中早已出现。再者,在语言风格上,也可以感受到《故事新编》对于《世说新语》的继承。在《故事新编·补天》一文对于环境的描写:"粉红的天空中,曲曲折折的漂着许多条石绿色的浮云,星便在那后面忽明忽灭的䀹眼。天边的血红的云彩里有一个光芒四射的太阳,如流动的金球边包在荒古的熔岩中;那一边,却是一个生铁一般的冷而白的月亮。"[10]渲染铺排,极富绚烂瑰奇的色彩,是魏晋文风的一个呈现。同时,《铸剑》中的"宿命论"色彩和魏晋时期的玄学意识表现出共通之处。《铸剑》中,铸剑师认为眼泪洗不掉命运,这是自己无法逃避的宿命,将一个复仇故事蒙上一层宿命色彩,这就为小说增添了更多浪漫传奇的意境。两部小说作品在主题思想上是立足现实的,但在文字风格上均带有浪漫主义的绚丽和空灵之感。并且两部作品都表现出"幽默"的语言风格,《世说新语》语言风趣生动,《故事新编》亦是采用戏谑的口吻,鲁迅将这种行文风格自嘲为“油滑”。放在当今时代刘义庆和鲁迅都可以称之为“段子手”,其幽默的语言一针见血,隽永传神。并且在写作中大量运用比喻、夸张等修辞手法对人物进行变形。幽默之下不乏讽刺之意,凝聚着强烈的感情色彩,构成强大的反讽张力。轻松、幽默的笔调之下,讽刺、批判、揭露,字字珠玑。

在文字表达上,《世说新语》表现出文白杂糅的语言风格,以文言为主,其间夹杂着大量的方言和口语。既有口语的通俗又有书面语的典雅,这构成了《世说新语》重要的语言特色。至于《世说新语》这样的语言特色是否是作者有意为之,学术界至今没有形成定论。并且,对于《世说新语》的作者学术界依旧存在争议,一种说法是召集文人所作,博采群书,“成于众手,未可知也”[11]。由此《世说新语》的语言风格不甚统一,此种观点也是以鲁迅为代表。但是,笔者认为《故事新编》中语言的混杂则是鲁迅刻意为之的。杂糅的语言是《故事新编》的显著特色,《故事新编》《世说新语》在语言上都表现出混杂的特点。《故事新编》中文言和白话的混杂、书面语和口语的混杂、中文和外来语言的混杂构成作品语言风格上的鲜明特征。由于时代的发展和语言的丰富,《故事新编》的语言中还吸收了大量的外来词汇,像拉丁文、英文、日文等杂糅在一起,大量的动词、拟声词和歇后语混杂其中,这就需要强大的语言组织能力,做到杂而不乱。提起鲁迅,通常被关注的是他作品中蕴涵的丰富思想,甚至还有人对鲁迅文学作品的文学性提出质疑,对于《故事新编》的评价长期以来也是褒贬不一。然而我们不得不承认鲁迅对于文字的运用是极为考究的,他的文字值得细细推敲。如此杂糅的语言带来文化的交流和碰撞,形成多维的对话空间,产生强大的语言张力,“在鲁迅笔下,文言与白话、汉语语法与欧化语法杂糅,构成一种语言张力”[12]。语言上的混杂不仅没有影响小说的艺术性,反而凸显了鲁迅的文字功底,对于文字的灵活处理让小说格外生动，在继承传统的过程中不断地对自身传统文化进行调整，自觉纳入新的语言体系，但是没有冲击到自身的语言风格。相对来说，一个民族的语言体系具有一定的稳定性。也由此可见，在鲁迅众多的文学作品中《故事新编》的文学价值还存在很大的挖掘空间。不论是在文字表达还是在行文风格上两部作品都具有极大的相似、相通之处，又带有各自独特的时代印记，都是语言发展史上浓墨重彩的一笔。

语言作为一种符号，还对于人物形象的表现具有重要作用。《故事新编》和《世说新语》都善用对话和白描的语言来刻画人物，寥寥几笔、短短数言，一个个鲜活的灵魂便跃然纸上。首先，两部作品都富有论辩色彩，呈现出中国文人独有的机智。由日本学者井波律子编著，李庆、张荣湄翻译的《中国人的机智——以〈世说新语〉为中心》一书提出《世说新语》是一部"机智之书"，这种游戏性的语言中带有一定的反击性，并且提出鲁迅的机智是"由'自我认识—自我否定—攻击他人'这种运动性支撑着的。"[13]日本学者对于《世说新语》同样颇有关注且成果较为丰硕，这是否与鲁迅研究的热潮有一定关系还有待于进一步考证。但是日本学者对于《世说新语》提出了很多创新性的观点，具有重要参考价值。在《世说新语》中主要记录的是名士的言行风度，其间蕴涵着很多精彩的人物对话，人物对话是这部作品塑造人物形象的重要方式。《世说新语·言语第二》一节记述了人物巧妙的辞令和敏捷的思维。年仅10岁的孔融面对陈韪的刁难，丝毫没有畏惧，果断予以回击，令对方哑口无言。"韪曰：'小时了了，大未必佳。'文举曰：'想君小时，必当了了！'"[14]小小年纪，如此巧妙有力地回击，令人叹服。在很多情境下，机智的语言有助于化解尴尬，既坚决捍卫了自己的尊严又不至于使双方陷入僵持的境地。对人的赞美中则多用类比和典故，像王导评价顾和时说："此子珪璋特达，机警有锋。"[15]"珪璋特达"便出自《礼记·聘义》，用以形容美好的德行和聪慧的个性,在顾和无名之时,通过一个小小的细节便可判断出一个人的才情,王导识人的眼光可谓犀利。纵观《世说新语》全篇大量引用典故和古语来品评塑造人物,表现出中国人语言中独有的机智的特点。在《故事新编》中同样重视在对话中塑造人物。在女娲和她所创造的人类的对话中,我们可以感受到女娲作为一个启蒙者的孤独;在后羿和嫦娥的对话中,可以感受到后羿英雄末路的无奈以及对于嫦娥的无尽包容;在学者们的对话中,可以感受到对于“空谈误国”的讽刺……这些古人的话语中蕴含着作者本人的心声,隐藏着作者的话语,作者只是将自己的所想借助于古人的话语表达出来。鲁迅同样在对话中大量地引用典故和成语、俗语,丰富了文本的内涵,像“人心不古”[16]、“即以其人之道,反诸其人之”[17]、“普天之下,莫非王土”[18]这些语言的使用为人物形象的塑造增添了别样的效果。在《出关》一篇中通过老子和孔子的论辩,表达了对于儒道的思考和民族未来道路的探寻;在《非攻》一篇中墨子的形象也是主要通过论辩呈现出来的。一个为民请命的实干家,充满了智慧、勇气和担当,这是当之无愧的民族的脊梁,是民族的未来。其次,《世说新语》和《故事新编》都采用了白描式的语言,很少有对人物的正面描写和外貌描写,不写形而注重传神,给读者留下更多阅读和思考的空间。《世说新语》重在一个“风度”,《故事新编》凸显一个灵魂。

最后值得一提的是,两部作品的语言表达都是“碎片化”的,《世说新语》中的每一则短篇和《故事新编》中每一个小故事都可以单独成篇,取走任何一篇都不会对小说叙事的完整性构成影响,但是放在一起,杂糅中又有一个统一的主线。就《世说新语》而言,涵盖了社会、文化、历史等各个方面,再现了魏晋风度的磅礴气势,具有百科全书的性质,从头到尾按照从褒到贬的感情色彩排列下来。而《故事新编》整体来看,有着清晰的时间顺序,在篇章的结构安排中是精心布局的,体现出“历史的进化”。每一个小故事都是一个独立的个体,放在一起呈现出整齐和谐的美学风格,就如同一颗颗闪耀的珍珠串联在一起,既各自绚烂,又聚集在一起璀璨着,"碎片化"的语言表达中贯穿着一个统一的整体风格。

总而言之,从语言学的角度来看,《故事新编》和《世说新语》的语言风格有异曲同工之妙。"编"和"语"皆离不开语言,语言的重要性不言而喻。既可以简约俗白也可以华美绮丽,语言上的混杂并没有影响作品整体风格的统一,反而呈现出别具一格的美学特色,语言中的机智幽默更是凝聚着中国人深远的智慧和敏捷的才思。正可谓,言为心声,语言蕴含着"心声",也蕴育着"新声",透过语言这"冰山一角",可以挖掘到文本更深层次的内涵。

结　语

鲁迅的《故事新编》和刘义庆的《世说新语》都是中国文学史上里程碑式的存在,皆为集文学性、思想性、艺术性于一体的佳作,兼具形式美、人物美和语言美,既有浓厚的浪漫主义色彩又充满理性的思辨。两部作品在文体特征、人物刻画、语言风格方面均呈现出相似的美学特征,并且从鲁迅对这本小说的重视程度来看,《世说新语》这部小说对于鲁迅的创作是影响深远的,尤其是对于《故事新编》的创作,鲁迅自觉将传统小说技巧转化于其中,既有对传统小说的继承,又有对传统小说的超越。近年来,学术界对于鲁迅的研究主要集中在与西方文学的联系,对传统文学和鲁迅创作之间的联系则有所忽略。从传统文学的角度对鲁迅的创作进行重新认识仍然具有一定意义所在,《世说新语》这部作品对于《故事新编》创作的影响还有待于学界进一步探究和发现。

（青岛大学文学院）

注释

①《鲁迅全集》第二卷,人民文学出版社2005年版,第354页。

② 林宪亮:《"世说体"小说文体特征论》,《文艺评论》2011年第8期。

③《鲁迅全集》第九卷,人民文学出版社2005年版,第62页。

④《鲁迅全集》第二卷,人民文学出版社2005年版,第354页。

⑤ 刘义庆著,张㧑之注:《世说新语译注》,上海古籍出版社2016年版,第792页。

⑥ 傅佩荣:《心灵的曙光》,北京理工大学出版社2011年版,第319页。

⑦ 刘义庆著,张㧑之注:《世说新语译注》,第643页。

⑧《鲁迅全集》第二卷,人民文学出版社2005年版,第381页。

⑨ 施晓燕:《鲁迅与〈世说新语〉》,《名作欣赏》,2020年第1期。

⑩《鲁迅全集》第二卷,人民文学出版社2005年版,第357页。

⑪《鲁迅全集》第九卷,人民文学出版社2005年版,第64页。

⑫ 吕周聚:《论鲁迅文学作品的艺术张力》,《华中学术》第2辑,2016年8月第3期。

⑬ [日]井波律子著,李庆、张荣湄译:《中国人的机智——以〈世说新语〉为中心》,学林出版社1998年版,第131页。

⑭ 刘义庆著,张㧑之注:《世说新语译注》,上海古籍出版社2016年版,第42页。

⑮ 刘义庆著,张㧑之注:《世说新语译注》,第71页。

⑯《鲁迅全集》第二卷,人民文学出版社2005年版,第362页。

⑰《鲁迅全集》第二卷,第377页。

⑱《鲁迅全集》第二卷,第423页。

论鲁迅《铸剑》的复仇美学

张永强

收录于《故事新编》中的《铸剑》,以古典传奇眉间尺故事为底本,着重突出了复仇主题。根据《故事新编》补记及《鲁迅日记》所载[①],《铸剑》的创作时间大致可以确定于 1926 年 10 月至 1927 年 4 月 3 日期间。在此之前,鲁迅已在不同语境下讨论了“复仇”。在《摩罗诗力说》中,关注“报复诗人密克威支”,在存亡的语境下印证复仇主题的合理性。《华盖集 · 杂感》有叙“爱人不觉他被杀之惨,仇人也终于得不到杀他之乐:这是他的报恩和复仇”[②],亦延续了这一讨论。《铸剑》完成后五天,鲁迅在黄埔军官学校的演讲亦有提到“与革命爆发时代接近的文学每每带有愤怒之音;他要反抗,他要复仇”[③]。在晚年杂文中有叙“损着别人的牙眼,却反对报复,主张宽容的人,万勿和他接近”[④],可见鲁迅对复仇自始至终的一贯关注。《女吊》引用“会稽乃报仇雪耻之乡,非藏垢纳污之地也!”[⑤]又可见“复仇”的精神根底。这种对于复仇的强调及精神上的把握贯穿于鲁迅整个创作生涯。

鲁迅在自己小说与散文诗的创作实践中,亦关注复仇的语义探索及文学表达。在《复仇》中,通过拒绝观看到完成对看客的复仇。在《复仇(其二)》中,通过改写耶稣受难故事继续探讨复仇主题。至于《死火》《这样的战士》,其行为逻辑中也有复仇动机。在《孤独者》中,鲁迅则通过魏连殳表现了一种同归于尽式的变态复仇。《铸剑》针对眉间尺复仇这一古典传奇进行重写,其增添删改很大程度上是为了复仇主题服务，至少可以从中建构鲁迅此时期的复仇美学。

一、“增添删改”之重写——复仇主题的显现

《铸剑》文本融合了诸多古典传奇与西方故事。据周楠本的研究，《铸剑》的前文本具体可以指向东汉赵晔所撰《吴越春秋》、东汉袁康所撰《越绝书》，以及《太平御览》所辑《孝子传》《列士传》《吴越春秋》逸文。又据2005年人民文学版鲁迅全集所注，晋干宝《搜神记》卷十一亦可看作前文本之一。鲁迅基本按照“眉间尺复仇”这一古典传奇的框架进行创作，但对具体细节有所选择，进行了重写的工作。重点刻画了眉间尺性格的不成熟与黑色人复仇意志的纯粹，凸显“复仇”这一主题；并且增加了示众场景，将“复仇”思考进一步推进；其余细枝末节上，将铸剑师集中于自己的父亲，将雄剑的藏匿地点设置在床的下方，又可见弗洛伊德理论的影响。《铸剑》在改写中国古典传奇之外，还有一层对于西方故事的挪用，为本部分所关注的重点。文本中“‘王子’复仇”及“吻头颅”两条线索将《哈姆雷特》《莎乐美》也纳入了《铸剑》前文本的谱系中。挪用《莎乐美》中的唯美画面，可以说是为了体现某种“爱之深”；参照《哈姆雷特》中的复仇情节，可以说是为了体现一种“恨之切”。而“棺里面藏着三个头和一个身体”这一段文本又与传统典故、文章结构建立多重对话。爱之深、恨之切的激烈对立与转化，生与死在爱与恨中亦不分彼此，并在层层隐喻下获得了某种崇高感，正为鲁迅所关注的复仇——一种在极端情况下建立的复仇美学。

（一）爱之深——《莎乐美》“吻头颅”的再现

在《铸剑》写作前，鲁迅确曾观看过《莎乐美》并留下深刻印象。“在鲁迅购得《真实如此骗人》前四天，即4月4日，鲁迅购得《比亚兹来传》；在此后四天，即4月12日观看电影《萨罗美》。”[⑥]

《铸剑》中黑色人"吻头颅"再现了《莎乐美》中的情节。

"呵呵!"他一手接剑,一手捏着头发,提起眉间尺的头来,对着那热的死掉的嘴唇,接吻两次,并且冷冷地尖利地笑。[7]

沙乐美的声音 嗳呦!我亲了你的嘴了,约翰,我亲了你的嘴了。你的嘴唇上有一种苦味,这是血的味道吗?……不然这或者是恋爱的味。[8]

关于黑色人的形象,也可以在《莎乐美》中找到端倪:

前面却仅有两点磷火一般的那黑色人的眼光。[9]

莎乐美 他那双眼睛比什么都可怕,就像泰尔地方的花毯被火把烧了两个黑孔似的。[10]

从这一再现中窥见鲁迅复仇的内涵。莎乐美对于约翰的爱是一种极端的爱,《铸剑》中对于这一极端之爱的挪用在复仇的大框架中或许显得不合时宜。然而这正是鲁迅意义上的复仇:复仇走向极致,激烈对立的爱与恨在其中相互转化,一种变态、极端的爱由此显现。

(二)恨之切——《哈姆雷特》"王子复仇"的框架

同样为复仇的文本,《铸剑》在结构上与《哈姆雷特》高度相似。眉间尺与哈姆雷特在性格中均有优柔寡断的一面;对于眉间尺和哈姆雷特而言,复仇故事同样也是成长故事。"俄狄浦斯情结"也在其中起作用。"仇人就是父亲的影子,仇人的存在,使父亲始终作为'缺席'的'在场'……为父报仇可以看作是弑父行为的变体"[11]。同时眉间尺可以看作是一个王子,"眉间尺的父亲是铸造之王,在于万民之王的较量中落败"[12],在此意义上"为父报仇”内隐含了一层“推翻僭主”,复仇的内涵更加得以拓宽。

除此之外,《哈姆雷特》中的鬼魂与《铸剑》中的黑色人也有某种相似性。他们超现实性的出场相较常理而言更为突兀,并且熟知主角的经历甚至“全知”,共同作为复仇的必要因素存在。但哈姆雷特对于鬼魂的态度经历了不信—求证—相信这一漫长过程,而眉间尺对于黑色人则是从“极其惶骇”到“觉得奇怪,有些狐疑,却并不吃惊”再到挥剑自刎,信任的达成较为顺利。一方面是由于黑色人的说辞及意志十分强力;另一方面或许暗示眉间尺与黑色人内在的同一——而“吻头颅”的再现将雄剑、眉间尺、黑色人三者“团圆”的大欢喜展现得淋漓尽致,几乎是三者合一的一个确证。无论如何,杀父之仇的恨是一种极端的恨,《铸剑》借鉴了《哈姆雷特》的框架并进行改写,使得复仇的内涵更加丰富。

(三)三王冢——多重“三王同冢”线索

“棺里面藏着三个头和一个身体”这一段文本会让人联想起其他文明传统中的类似表述。“这位来自东方的神,当他年轻时,他很严酷,复仇心很强”[13],在此意义上,“三王同冢”亦可看作某种“复仇之神”的内在构成。但更为主要的是,根植于本民族传统的“三王冢”之“王”又赋予了“三王同冢”“三头同身”以中国传统王道的内涵。“王”将“天”“地”“人”联结,带入王、黑色人、眉间尺角色,亦可看作是“王”的一体三面。

除了这一明确的“三王同冢”之外,内容上“吻头颅”的情节安排、前三章的人物出场顺序也暗含了数层“三王同冢”线索。综上所述,鲁迅在写作《铸剑》时对于前文本的选用与重写在相当程度上是为了凸显“复仇”这一主题;眉间尺复仇故事又通过与西方故事的结合,使得“复仇”获得了更为丰富的内涵。这一丰富内涵进一步推进我们的思考:激烈对立的爱与恨同时出现,是否暗示了某种转化的可能?“三王同冢”的多重线索,在形式层面之外是否有更深的用意?《铸剑》的重写问题使“复仇”这一主题显现,为我们提供了进入《铸剑》文本、建构鲁迅复仇美学的路径。

二、“三王同冢”之团圆——复仇的达成路径

“三王同冢”的结局意味着复仇任务的最终实现。作为贯穿整个《铸剑》的主线，复仇的达成路径需要眉间尺、黑色人、王三人的共同参与。除了这一明确线索之外，“吻头颅”这一情节中眉间尺头颅、黑色人、剑三者的团圆亦可看作为复仇做准备。除却第四章节不谈，《铸剑》前三个章节共同组成了一篇自足的复仇故事。文本中多次出现的“三王同冢”结构，是建构鲁迅复仇美学的关键。

（一）“三王冢”——复仇者、复仇意志、复仇对象

鲁迅在《铸剑》中以“三王冢”典故为底本，独立创造了“团圆舞”这一情节辅助说明，文本上表现为“棺里面藏着三个头和一个身体”。呈现出复仇者、复仇意志、复仇对象这一“三头同身”“三王同冢”的结构。关于这一“三头同身”的阐释有多条路径。丸尾常喜结合《写在〈坟〉后面》认为这是一种“敌我友”关系的具现，“他在‘敌’‘我’‘友’的关系中尚难以确定包含‘我’在内的三者的位置”[14]。结合“三王冢”之“王”的语境，这一“三王同冢”又可看作“天”（王）、“地”（黑色人）、“人”（眉间尺）在中国传统王道上的代言，即王的位分、王的意志与王的权柄的分化。回归至复仇的主题，这一“三王同冢”是复仇达成的必要条件。“作为偶像的父亲（影子）、作为敌人的父亲（仇人）和儿子（复仇者）的‘三位一体’，共享‘王’的礼遇……他们是复仇之神不可分割的三重性”[15]。在眉间尺代表的复仇者、王代表的复仇对象、黑色人代表的复仇意志共同参与下，复仇方可完成。

“三王同冢”结构内部缺一不可。当只有复仇者在场时，由于没有强力的复仇意志及明确的复仇对象，复仇无法达成，主体陷入无聊状态；于是眉间尺陷入“干瘪脸少年”的纠缠中。当只有复仇

对象在场时,由于没有复仇意志的参与及明确的复仇者,复仇无法达成,主体亦陷入无聊状态;于是王陷入“唉唉! 无聊!”的循环。复仇的达成需要绝对的复仇意志,形体不明的黑色人正是这一复仇意志的体现;但没有复仇双方的参与,复仇意志亦只能陷入无止境的流浪状态。于是三者均不自足,均要求以复仇以达成生命的“大欢喜”。这一生命的冲动最终促使三者合一,“三王同冢”“团圆”的路径亦即复仇达成的路径:

> “他正在鼎底里作最神奇的团圆舞,不临近是看不见的。”
>
> 待到知道了王头确已断气,便四目相视,微微一笑,随即合上眼睛,仰面向天,沉到水底里去了。⑯

“作团圆舞必须在鼎底里”意味着在场只有鼎底的眉间尺、“临近”的王以及知晓一切的黑色人方能欣赏“团圆舞”——“团圆”亦即“三王同冢”结构中三者的团圆。鲁迅使用“团圆”这个词来说明三者的关系,更能说明“三王同冢”并非悲剧,而为生命的圆满状态,而这一圆满状态正需要以复仇达成。或许正是因为三者各不自足、欲求“团圆”,在“三王同冢”的形成阶段,冥冥之中亦确实存在互相吸引的痕迹,相当程度上说明了复仇的必然。首先复仇意志能够感应复仇双方,知晓王之举动与眉间尺身世:

> “走罢,眉间尺! 国王在捉你了!”
>
> “我知道你背着雄剑,要给你的父亲报仇,我也知道你报不成。”⑰

复仇者与复仇对象除了雌雄双剑所建立的联系之外,还有其他线索说明两者之间的“宿命”的相遇:“这一笑使王觉得似曾相识,却又一时记不起是谁来。”[18]

在《复仇》中,极端的爱与极端的恨足以为人带来“生命的沉酣的飞扬的极致的大欢喜”,并且这一“大欢喜”为所有生命所祈求。眉间尺与王本处于生命的无聊状态,独立的复仇意志亦不自足;在生命渴望充实的要求之下,三者因复仇而互相吸引,于是得以“团圆”——呈现为“团圆舞”与“三王冢”。只有在复仇者、复仇意志及复仇对象的共同参与下,复仇方可达成;这一“三王同冢”结构从无到有,即为复仇的达成路径。“三王同冢”在形成阶段的互相吸引,亦能说明生命的充实要求下复仇的必然。

(二)“吻头颅”——复仇动机、复仇器具、复仇意志

除了这一明确的“三王同冢”之外,第二章挪用《莎乐美》“吻头颅”的情节中亦隐藏了一层“三王同冢”结构,为复仇者一方加冕,使之与复仇对象“王”分庭抗礼,服务于复仇的准备阶段,亦事关前一层“三王同冢”的稳定。

> 他一手接剑,一手捏着头发,提起眉间尺的头来,对着那热的死掉的嘴唇,接吻两次,并且冷冷地尖利地笑。[19]

这一迥异于古典传奇的叙事效果,得益于《莎乐美》的挪用。在这一挪用中,复仇动机(眉间尺)、复仇器具(剑)、复仇意志(黑色人)得以“团圆”并达成了另一重“三王同冢”结构,在“复仇者—复仇对象”这一上层的复仇逻辑中,与复仇对象“王”相抗衡。作为受之父母的“身体发肤”之一部分,眉间尺的头颅承载了杀父之仇的记忆,可看作纯粹的复仇动机;然而这一纯粹的复仇动机没有与之相应的复仇意志,无法驾驭复仇器具,复仇任务无法达成。同样,独立的复仇器具或复仇意志亦无法完成复仇任务。唯有合理的复仇理由(眉间尺所记忆的杀父之仇)、宿命式的复仇武器(雌雄双剑)、绝对的复仇意志(“黑色人”),方才能“师出有名”进行复仇,并且足以与“王”(复仇理由成立、拥有雌剑这一器具、王的意志亦包含复仇意志)相抗衡。因此黑色人在“三王同冢”达成之时表现了莎乐美式的疯狂与爱——复仇准备万全,生命圆满可期。

由此,《铸剑》中两重“三王同冢”结构得以明晰。“三王冢”的典故、“团圆舞”的改写以及“雠”的语义,意味着只有在复仇者(眉间尺)、复仇对象(王)、复仇意志(黑色人)共同参与下,复仇方可完成。“吻头颅”的设置,则意味着只有在复仇动机(眉间尺)、复仇器具(剑)、复仇意志(黑色人)共同参与下,方可自我加冕,与同为王者的复仇对象相抗衡。鲁迅借用“三王同冢”结构为复仇建构了严密的逻辑框架,进而阐释复仇的丰富内涵。

三、“二元对立”及转化——复仇的极端状态

在两重“三王同冢”结构的作用下,复仇已然达成;于是我们便可在这一复仇框架中,探索其丰富内涵。《铸剑》中的复仇达成后即处于一种“纠缠如毒蛇”的极限状态,冷与热、爱与恨、生与死等几重二元对立概念在其中相互转化——这种二元概念极致转化与对立,延续了《复仇》《复仇(其二)》中关于“复仇”极致状态的讨论;鲁迅语境下的复仇内涵由此得以逐渐明晰。

(一) 冷与热

在复仇的准备阶段,冷与热的对立与转化首先显现。复仇器具雄剑呈现为极冷极热,尚有前文本依据;作为复仇动机及复仇者的眉间尺的性格呈现为“不冷不热”,为鲁迅独立的文学创作。不冷不热意味着复仇意志的不成熟,而复仇时刻处在既冷又热之极限——于是眉间尺始终无法驾驭雄剑。

> “一交子时,你就是十六岁了,性情还是那样,不冷不热地,一点也不变。”

"我家的漆黑的炉子里,是躺着通红的两把剑……纯青的,透明的,正像两条冰。"[20]

不冷不热即为眉间尺复仇意志不成熟的具体表现。鲁迅在《狗猫鼠》叙述自己与猫的世仇时写道:"当我失掉了所爱的,心中有着空虚时,我要充填以报仇的恶念!"眉间尺显然不具备这一最基本的复仇意志。在"眉间尺—老鼠"复仇模拟中,他对复仇对象充满了同情与顾虑,是其不冷不热性格的最初体现——然而雄剑是极冷极热的。复仇若想达成,眉间尺必须拥有"极冷极热"的复仇意志——这种特征体现在黑色人不可名状的形象上:

……月亮已从那边出现;前面却仅有两点磷火一般的那黑色人的眼光。

……对着那热的死掉的嘴唇,接吻两次,并且冷冷地尖利地笑。

炭火也正旺,映着那黑色人变成红黑,如铁的烧到微红。[21]

月光下的黑色人及其冷笑能够给人以极其冰冷的视觉感受,而磷火似的目光及炉火前的形象又赋予黑色人以极热的温度,与极冷极热的雄剑匹配。此即为鲁迅意义上的复仇意志的特征。然而对于眉间尺而言这一复仇意志实际上是无法达成的。"不冷不热"这一缺乏坚毅的性格特征,即使在经历了"成人礼"的洗礼后,在第二章仍有回响——"肿着眼眶"。于是不冷不热的眉间尺只有将生命交付给极冷极热的黑色人,方可驾驭极冷极热的雄剑。冷与热极致转化与对立,为鲁迅语境下的复仇内涵之一。

(二)爱与恨

《莎乐美》的"爱之深"与《哈姆雷特》的"恨之切"亦为鲁迅所

借鉴。黑色人亲吻眉间尺的头颅,可看作是复仇动机、复仇器具、复仇意志三者团圆后得以进行报仇的极端欢喜之爱,尚能得到理解。然而在“王子复仇”的复仇语境中,极端的恨竟也衍生出了某种极端的爱:

> 头忽然升到水的尖端停住……十分秀媚,嘴里仍然唱着歌:
>
> 待到王的眼光射到他脸上时,他便嫣然一笑。[22]

基于弑父的仇怨以及牺牲的觉悟,眉间尺对于王之恨是一种极端的恨。然而在这种极端的复仇场景下,极端的恨可以打破常规,与极端的爱相互转化。“爱恋在强烈到一定程度的时候,竟与怨恨如此相像。同样,复仇者与其仇恨对象的追随和纠结,好像一对热恋中的人一样”[23]。眉间尺突兀的“秀媚”与“嫣然一笑”不再能简单归因为稚气,而是有了几分爱的感觉。无法被常人所理解的爱,即为一种爱的极端状态。爱与恨在极端复仇条件下的对立转化,可以理解为在强烈的复仇意志下,对于复仇对象的极度渴望,强烈的恨意因而转化为了一种《死火》式“得到你了”的快感——近乎等同于“爱”。日思夜想的复仇对象此刻就在面前,某种快感必定会被激发——而将复仇对象转换为恋爱对象这一命题依旧成立。于是在眉间尺见到王所露出的嫣然一笑之下,极端的爱与恨激烈交融。与《复仇》中纠缠的“杀戮”与“拥抱”构成互文,爱与恨极致转化与对立,为鲁迅语境下的复仇内涵之一。

(三)生与死

《铸剑》文本中生与死之间的区别亦不甚明显。《吴越春秋》载“二头相啮,客恐尺不胜”,鲁迅将其扩写,使三头相争戏剧化地呈现,尤其突出其中“死中有生”:

> 王头刚到水面，眉间尺的头便迎上来，狠命在他耳轮上咬了一口。……这一回王的头可是咬定不放了，他只是连连蚕食进去。
>
> 黑色人和眉间尺的头也慢慢地住了嘴，离开王头，沿鼎壁游了一匝，看他可是装死还是真死。待到知道了王头确已断气，便四目相视，微微一笑，随即合上眼睛，仰面向天，沉到水底里去了。[24]

生与死在这一极端的复仇场景中打破了彼此的界限，又在这一紧张激烈的戏剧场面中被合理化。三头虽已死，但通过复仇的达成，三头相争同时回归原始兽性的撕咬相争——这正是生命的一种极端“生”的状态。《复仇》以死寂般的绝对静止打破无聊的示众结构，同达成了另一种极致的“生”。然而这一极端的生亦意味着极端的死——《铸剑》身首分离，《复仇》“形若槁木”。继续推进，极端的死也意味着某种新生——于是眉间尺只有放弃“不冷不热”的意志与肉身，才有成人、复仇之可能。生与死无限循环往复，极致转化与对立，为鲁迅语境下的复仇内涵之一。

由此，鲁迅语境下的复仇内涵得以明晰。随着复仇被鲁迅推向极致，复仇的生命也迈向一种临界状态，具体表现为几重二元概念激烈的对立与转化——与复仇的极端状态相一致。“纠缠如毒蛇，执着如怨鬼”之复仇内涵由此构建。

四、“一地鸡毛”之消解——复仇的自我解构

然而正如“这地狱也必须失掉”一样，这一复仇最终也被要求消解。《铸剑》前三章建构了一个较为完善的复仇故事；第四章以示众故事的介入破坏复仇的严肃性，使文字回归了《故事新编》惯有的“油滑”感，这一设置必有其用意。鲁迅通过第四章对“复仇”进行解构，在结构与文本内部均可见端倪。同时能够在一定程度

上回应前文的“三王同冢”与“二元对立”，为阐释留下空间。《铸剑》中的复仇美学由此得以真正成型。

（一）结构上的建构与消解

在复仇的达成路径与准备阶段之外，在章节结构中实际也存在一重“三王同冢”。《铸剑》第一章专属于眉间尺，第二章黑色人开始介入，第三章引出王，这三章合在一起，可看作是一重不慎严谨的“三王同冢”结构。独立于这一松散“三王同冢”的第四章，直接破坏了这一结构。不知是否有意嘲弄，神圣的复仇最后变成了“大出丧”，而群众则把这“大出丧”变成“狂欢节”[25]。就前三章所组成的文本而言，这一围绕三个人物所共同组成的复仇故事是稳定而自足的；然而第四章出现看客及其所叙写的示众故事，实际上是对前三章所组成的复仇故事的闯入与破坏，亦即对“三王同冢”复仇结构的消解。

这种消解为《故事新编》中的惯用手法。“由《奔月》到《铸剑》形成了鲁迅式的‘消解模式’。消解英雄模式，并不是指历史、现实生活中就不存在英雄，而是意味着这个社会和民众心理中不承认英雄，也意味着作家在创作中所使用的反讽手段对于英雄的有意消解。”[26]然而不仅英雄的头衔遭到消解，造就英雄的“复仇”亦被消解。通过第四章的设置，复仇所要求的严肃性与崇高性，被看客所追捧的无价值与无意义所覆盖，形成了某种逆《狂人日记》的结构，《铸剑》于是由《复仇》转变为了《示众》与《阿Q正传》式的故事。这种对于“三王同冢”复仇框架根本性的打破，使我们强烈地意识到隐含作者鲁迅的声音：这一复仇在达成之后被要求迅速腐朽。

（二）文字上的严肃与油滑

结构归于消解之后，文字也迅速变得“油滑”。作为《故事新编》中的文本，“油滑”这一固定模式始终存在。第一章节“不喜欢红鼻子的人”、第二章节“压坏了贵重的丹田”，甚至第三章节模糊的“哈哈爱兮歌”皆有“油滑”的影子。由于复仇主题的存在,“油滑”的运用受限于“复仇”的严肃性。严肃与油滑通过时间计量单位宣誓各自的主权:

> 窗外的星月和屋里的松明似乎都骤然失了光辉,惟有青光充塞宇内。(一)
>
> 这样地经过了煮熟一锅小米的时光。(二)
>
> 这样的有十余瞬息之久,才慢慢地上下抖动。(三)
>
> 约略费去了煮熟三锅小米的工夫,总算得到一种结果。(四)㉗

第一章节的时间计量单位为“松明”,且出现了六次之多,与成人礼神秘的仪式感相宜。第三章节的时间计量单位为“瞬息”,与复仇场景的紧张气氛契合。第二章和第四章的时间计量单位为“小米”,与看客充盈的无聊气氛同构。在远离看客接近复仇时,时间呈现为一种严肃的状态;但接近看客远离复仇时,时间迅速变得无聊且低俗。通过这一具有张力的“油滑”笔法,可见复仇这一生命的大欢喜足以抗击无聊。一二三章节整体均有落入油滑的可能,但“复仇”作为其中的稳定因素足以将“油滑”拉回至严肃。然而第四章复仇达成,稳定因素消失,于是不仅时间沦陷为“小米”的尺度,整个场景亦转向看客的狂欢,陷入无聊与油滑。并且经过前三章复仇中充实的生命状态对比后,生命的虚无状态更加明显。鲁迅在《铸剑》中更进一步,延续了《复仇》的命题,通过油滑与严肃之间的张力,讨论了生命的空虚与充实问题,强调复仇在其中所扮演的角色。

(三)主旨上的充实与空虚

第四章节对于前三章节复仇故事的破坏,严肃被消解为油滑,很容易使人将文本的解读引向复仇的失败及生命的虚无状态的回归。"原先的崇高感、悲壮感此时全化作一声笑却不知该笑谁:连读者也一直落入困境……只有'无物之阵'仍然占据着画面"[28]。然而在复仇框架自足的前提下,专属于复仇者——被复仇者之间的复仇达成后,双方的生命得到充实,留给看客们空虚的"一地鸡毛"未尝不是一种复仇。实际上,在复仇达成后,生命的空虚与充实也是极端对立并转化的。《铸剑》文本的开放性,即在于为复仇是否达成与生命是否充实留下充足的阐释空间,而非进行定论。

复仇之达成,足以填补生命之空虚,然而在具体运作中难免顾此失彼。《复仇》中的二人通过"即不拥抱,也不杀戮"完成对看客的复仇,生命得以达成充实之大欢喜;但如若在二人之间投射具体的爱恨关系,对看客复仇的关注反而显得喧宾夺主。《铸剑》中对于眉间尺、黑色人与王而言,复仇的达成使三者生命得以圆满;但如若放入外部的示众语境,崇高感又会迅速消逝。另一方面,作为三王冢见证者的看客,没有他们的证词便难以说明"三王同冢"与复仇的存在;而他们的出现,又意味着原有严肃的、充实的"三王同冢"与复仇迅速瓦解。综上,在复仇达成后,生命即处于一种极端充实的状态,然而这一极端的充实未尝不意味着转向极端的空虚。第四章的文本在相当程度上是为了说明复仇的极致达成后,也意味着空虚的极致。于是不仅仅爱恨生死等二元概念"纠缠如毒蛇",欲通过复仇所达成的生命"充实"与其对立面"空虚"亦然。通过这一系列晦涩思辨,鲁迅绝未想为"复仇"下定论,而是持续保持自我怀疑与批判,以自我解构的方式为"复仇"留下充足的阐释空间。《铸剑》中的复仇美学至此得以真正构建。

结　语

"爱的神秘比死的神秘还要大些"[29],然而在《铸剑》这里,可能要对这一《莎乐美》中的经典台词进行修改——"复仇的神秘,远比爱恨生死更神秘"。鲁迅在《铸剑》中所做的重写工作,相当程度上是为了建构自己的复仇美学。对于整个复仇达成路径而言,复仇者、复仇意志、复仇对象三者缺一不可;对于“复仇者—复仇对象”这一上层复仇逻辑而言,复仇动机、复仇器具、复仇意志共同参与复仇的准备阶段。从这两层“三王同冢”结构可见复仇的运作机制。鲁迅语境下的复仇始终处于一种极端状态,生死爱恨等二元对立范畴在其中相互转化,共同构成“复仇”的丰富内涵。在这一极端状态下,生命的充实与空虚亦界限模糊,《铸剑》第四章节对复仇的自我解构,亦意味着“复仇”庞大的阐释空间所在。鲁迅在《铸剑》中所作的“复仇”实践,上接青年时代《摩罗诗力说》的思考,下启晚年“一个也不宽恕”“报仇雪耻之乡”的坚守,贯穿于鲁迅整个精神与创作生涯。以《铸剑》文本入手,至少可以建构鲁迅此时期的复仇美学,对于鲁迅生命哲学的整体把握具有一定意义。

(同济大学人文学院中文系鲁迅研究中心硕士生)

注释

①⑦⑨⑯⑰⑱⑲⑳㉑㉒㉔㉗ 鲁迅:《铸剑》,《鲁迅全集》第二卷,人民文学出版社2005年版,第453页,第441页,第440页,第446、448页,第440页,第447页,第441页,第434、435页,第440、441、445页,第446、447页、第447、448页、第436、439、445、448页。

② 鲁迅:《华盖集·杂感》,《鲁迅全集》第三卷,人民文学出版社2005年版,第51页。

③ 鲁迅:《而已集·革命时代的文学》,《鲁迅全集》第三卷,人民文学出版社2005年版,第438页。

④ 鲁迅:《且介亭杂文末编·附录·死》,《鲁迅全集》第六卷,人民文学出版社2005年版,第635页。

⑤ 鲁迅:《且介亭杂文末编·附录·女吊》,《鲁迅全集》第六卷,人民文学出版社2005年版,第637页。

⑥ 李浩:《电影、插图与写作之间——〈铸剑〉电影〈莎乐美〉》,《鲁迅研究月刊》2020 年第 8 期。

⑧⑩㉙ 田汉:《莎乐美》,《田汉全集》第十九卷(译著),花山文艺出版社 2000 年版,第 42 页、第 16 页、第 42 页。

⑪⑫⑮㉓ 张闳:《黑暗中的声音》,上海文艺出版社 2007 年版,第 202 页,第 201 页,第 204 页,第 209—210 页。

⑬ 尼采著,钱春绮译:《查拉图斯特拉如是说》,生活·读书·新知三联书店 2014 年版,第 313 页。

⑭ 丸尾常喜:《复仇与埋葬——关于鲁迅的〈铸剑〉》,秦弓译,《中国现代文学研究丛刊》1995 年第 3 期。

㉕㉘ 钱理群:《试论鲁迅小说中的"复仇"主题——从〈孤独者〉到〈铸剑〉》,《鲁迅研究月刊》1995 年第 10 期。

㉖ 周海波:《英雄的无奈与无奈的英雄——关于〈奔月〉与〈铸剑〉的重新阅读》,《鲁迅研究月刊》1998 年第 12 期。

简论鲁迅小说《怀旧》中的秃先生形象

何小丽

导 语

说起鲁迅的第一篇小说，大多数人不假思索就会想到《狂人日记》。实际上，鲁迅的第一篇小说是1911年冬天创作的文言小说《怀旧》。《怀旧》发表于1913年4月《小说月报》第四卷第一号，署名周逴，后来收在鲁迅的《集外集拾遗》中，这篇小说比《狂人日记》早创作了7年。关于这篇小说，鲁迅曾在1934年5月6日致杨霁云的信中写道："现在都说我的第一篇小说是《狂人日记》，其实我的最初排了活字的东西，是一篇文言的短篇小说，登在《小说林》(？)上。那时恐怕还是革命之前，题目和笔名，都忘记了，内容是讲私塾里的事情的，后有恽铁樵的批语，还得了几本小说，算是奖品。"[①]虽然这篇小说发表后并没有在文坛上引起轰动，连鲁迅本人对其题目、笔名和发表刊物的记忆也比较模糊，但并不代表这篇小说毫无价值，恰恰相反，这篇小说有研究价值，一直处于被忽视的地位。这篇小说主要的故事情节是儿童"予"在书房跟随私塾先生秃先生诵读《论语》之际，富翁金耀宗来报"长毛将至"(这个"长毛"非真的长毛也，乃是被呆傻的富翁金耀宗误读的长毛)，"予"的书房生活被打断，秃先生匆匆挟衣出逃。"予"便到青铜树下听家中佣人王翁讲太平天国时的"长毛故事"。在讲述中途，"长毛不至"的消息再度传来，秃先生、金耀宗等人返回，正在进行中的“长毛故事”被打断，听众散去，留下王翁和“李媪”回忆长毛旧事，但他们的回忆又因突然下起的雨而不得不停止。小说最后以噩梦结尾，“予”梦见了书房，李媪则梦见了“长毛”。

一、秃先生形象塑造的方法

其实，这篇小说的发表与其价值的发现都与周作人有关。周作人在1936年11月16日《宇宙风》第26期上发表的《关于鲁迅》，对此事有过详细的说明：“他（鲁迅）写小说，其实并不始于《狂人日记》，辛亥年冬天在家里的时候，曾经用古文写过一篇，以东邻的富翁为模型，写革命的前夜的情形，有性质不明的革命军将要进城，富翁与清客闲汉商议迎降，颇富于讽刺色彩。这篇文章未有题名，过了两三年，由我加了一个题目与署名，寄给《小说月报》；那时还是小册，系恽铁樵编辑，承其复信大加称赏，登在卷首。可是这年月与题名都完全忘记了，要查民初的几册旧日记才可知道。”[②]这一信息立即引起了鲁迅研究者们的重视，《怀旧》的价值也被重新发现。海内外许多知名作家、文学评论家都发表了关于鲁迅小说《怀旧》的研究文章，如温儒敏《试论鲁迅的〈怀旧〉》[③]，王瑶《鲁迅〈怀旧〉略说》[④]，胡光璐、安稳《现代思想与现代形式的结晶——〈怀旧〉》[⑤]，方春荣、胡明贵《突围中的建构——鲁迅小说〈怀旧〉之于中国小说现代化的意义》[⑥]。但影响最大的是捷克学者普实克《鲁迅的〈怀旧〉：中国现代文学的先声》，这篇论文对《怀旧》做了形式层面的分析。他将《怀旧》与果戈理的《钦差大臣》以及鲁迅的另一篇小说《风波》进行对比，认为鲁迅在作品中有意避开戏剧性和激动人心的情节，而体现出了新文学的鲜明特点。他给予了《怀旧》高度的评价，认为其是“现代文学的先声”[⑦]，这一观点得到了众多学者的认同。虽说《怀旧》这一小说不重故事情节而重心理，但其通过儿童“予”的视角描写金耀宗与秃先生在听闻“长毛将至”的消息后慌忙出逃，又在得知所谓“长毛”

实则难民的事实后，返回芜市继续原来生活的故事情节与小说中人物的塑造方法也影响了日后鲁迅白话小说的创作。例如鲁迅着力描写塑造的秃先生，这一封建圆滑的腐儒塾师形象。

鲁迅塑造秃先生形象，先从人物外貌特征入手，并抓住他最有特点的秃头和近视眼这两个特征来描写。如："明日，秃先生果又按吾《论语》，头遥遥然释字义矣。先生又近视，故唇几触书，作欲啮状。人常咎吾顽，谓读不半卷，篇页便大零落。不知此咻咻然之鼻息，日吹拂是，纸能弗破烂，字能不漫漶耶？予纵极顽，亦何至此极耶？秃先生曰……余都弗之解，字为鼻影所遮，余亦不见之，但见《论语》之上，载先生秃头，烂然有光，特颇模糊臃肿，远不如后圃右池之明晰耳"。再如，"光生讲书，久战其膝，又大点其头，似自有深趣，予则大不耐。盖头光虽奇，久观亦自有厌倦，势胡能久？"这两处精彩的描写，借助于诙谐风趣的语言，讽刺了秃先生顽固守旧的形象。接着鲁迅从秃先生的本质属性深入描写，突出他的个性特征。金耀宗和秃先生一样愚蠢，可他们的愚蠢又不同。金耀宗愚蠢是因为其"自幼至长，但居父母膝下如囚人，不出而交际"，所以他的资质，就只能比他的上代更糟，"殊不如乃父智"。所以他"识语殊聊聊，如语及米，则竟曰米，不可别粳糯，语及鱼，则竟曰鱼，不可分鲂鲤。否则不解，须加注几百句，而注中又多不解语，更须用疏，疏又有难词，则终不解而止"。而秃先生的愚蠢体现在他自诩熟读经史，深得孔孟要义，但他却不知革命军为何物，把他们当成"山贼或近地之赤巾党"，他以"我到六十便耳顺"，"七十便从心所欲"而自居，却不知如何解释"耳顺"，只说"耳是耳朵"。除此之外，他还盲目地迷信主子，尽显奴颜媚态。他把仅仅是因为得自何三大人"尊府"的消息就深信不疑，以至奉为金科玉律，不加判断就迅速逃跑。通过对秃先生本质属性的挖掘，读者对秃先生食古不化、愚昧无知、谄媚主子的认识又深了一步。然后鲁迅又通过细节描写的手法，来丰富秃先生这一人物形象，使其更加生动饱满,如秃先生对待《八铭塾钞》前后不同的态度。平时,他将其视为珍宝,“惟遇令节或年暮一归,归必持《八铭塾钞》数卷”,当听说革命军要进城时,他弃之如敝屣,“全性俨然在案,但携破箧中衣履去耳”,而且连忙“令予废读”。但明白了这只是“难民过圩”时,他又视之如至宝,“遂持其《八铭塾钞》去”,并催促“吾”“趣去读书”。从此处细节描写中,便知秃先生乃伪君子、假道学家,他只是把读书与治学作为获取利益与名望的敲门砖而已。

鲁迅通过抓人物典型的外貌描写、抓人物的本质属性、用细节描写塑造的方法刻画了秃先生这一腐儒、假道学家形象。这些描写方法对鲁迅后来的白话小说创作具有深远的影响,如《祝福》中,鲁迅就是通过抓祥林嫂“眼睛”这一典型特征的变化,反映这位劳动妇女在封建制度与封建思想的毒害下一步步走向死亡的悲惨命运。鲁迅的白话小说也是非常注重细节描写的,如阿Q画圆圈,孔乙己排开九文大钱,《幸福的家庭》中的“A型白菜”以及《在酒楼上》的剪绒红花,这些细节对表现人物性格都是有帮助的。

二、秃先生形象塑造的背景

鲁迅用幽默的语言,讽刺了秃先生这一典型的食古不化、愚顽无知的腐儒塾师形象。说到塾师,这不禁使人联想到《从百草园到三味书屋》中的寿镜吾先生。鲁迅11岁时在绍兴三味书屋跟随寿镜吾先生学习了大量的中国古典诗词文章,寿镜吾先生博学多才,治学严谨,这为鲁迅后来的写作打下了坚实的基础。不仅如此,寿镜吾先生有着极强的爱国精神,鲁迅曾在回忆文章中多次提到,寿镜吾先生经常与朋友讨论甲午中日战争、中法战争、八国联军侵华战争等,他的爱国情怀深深影响了鲁迅,对鲁迅的人格塑造意义重大。鲁迅与寿镜吾先生感情深厚,他每次回到绍兴必定会去拜访寿镜吾先生。自1898年起,鲁迅在外总不忘给先生寄信,他与寿镜吾先生的通信从未间断,多达数百封。如此看来,鲁迅对于私塾教师应该是有一定的尊敬之情,但他在《怀旧》中却无情地讽刺了秃先生的虚伪、愚蠢、封建,这应该与鲁迅当时所处的时代环境以及他本人的思想认识有一定的联系。

《怀旧》这篇小说是鲁迅于1911年冬创作的,辛亥革命开始后2个月左右,此时的鲁迅应该是任绍兴师范学校校长一职。身处教育系统的鲁迅看到了封建教员的腐朽守旧,也看清了封建教育的实质,这一切使得他对封建教育制度更加不满愤恨。再加上此时的鲁迅经历了文艺改革的失败,经历了思想战斗的孤独,正处于迷茫困惑时期,他对社会教育改革失望透顶,却又抑制不住心系国家、心怀民众的热血之情,他无时无刻不徘徊在黑夜,无时无刻不感到痛苦万分。因此,他便很自然地把反对和否定封建旧教育制度这一主题融入《怀旧》之中,很自然地去塑造秃先生形象。鲁迅通过"我"这一视角,生动地刻画了"我"希望革命军早日来到,好赶走秃先生,过上自由自在生活的心理状态,反映出青少年一代天真、幼稚、单纯的欢迎革命军的心情,抒发了自己想借助于革命的狂风暴雨,把仍在继续摧残青少年,给整个民族造成危害的封建教育荡涤干净的思想感情。从文中"我"被体罚,"我"那压抑的生活可以看出"救救孩子"一直是鲁迅心中不愿放弃的坚持。同时鲁迅通过对书斋中倍受压抑、枯燥单调、味同嚼蜡生活的描写来表现封建旧教育制度的不合理。通过对秃先生残害儿童的坏塾师形象的描绘,把封建教育一切腐朽没落的东西集其一身,对他进行辛辣的嘲讽和奋力的鞭笞,来批判整个封建教育制度,表达自己强烈的反封建和不妥协的战斗精神。

除此之外,《怀旧》创作于辛亥革命刚开始的2个月之内,此时的革命氛围应该较为浓烈,群众的革命热情也应该是较为高涨的时候。但此时的南方小镇芜市听到革命的风声时,他们的反应却是"人人悉函惧意,惘然而行。手多有挟持,或徒其手",还有些群众如王翁、李媪等人对传闻的革命冷漠麻木,无动于衷,跟往日一样,“出而纳凉,弗改常态”,在“环而立者极多”的人群中,他们津津有味地讲述“长毛”杀人的故事,以及“长毛”失败后,那些绅士借“打宝”为名,抢劫“长毛”的财物,大发其横财。这种种现象都说明群众对革命缺乏了解。当革命军即将到来时,群众纷纷关门外逃,最讽刺的是自诩学富五车的秃先生竟不知革命军为何物。革命本是为了争取民众的权益,而这些群众却愚昧无知。他们的真实反应,说明辛亥革命是脱离群众的,它与群众之间有着一层看不见的可怕又可悲的隔膜。在历史的滚滚长河中,无数的事实证明,脱离群众的革命是无论如何也不能胜利的。当时的鲁迅不可能超越时代,看到辛亥革命失败的教训,但他亲眼看到,辛亥革命爆发时,王金发带领革命军进城,绅士们“这个拜会,那个恭维,今天送衣料,明天送翅席”。原绍兴知府程赞卿摇身一变,组织了“军政府”。那个杀害秋瑾女士的主谋章介眉也“咸与维新”了,这些触目惊心的事实,加上他对广大农民命运的深切关注,所以他能感知到这场革命不过如此,他能看到麻木的群众,他能敏锐地察觉到革命脱离群众的严重性。由此可见,秃先生形象的塑造既赋予了鲁迅对于愚顽无知、腐败至极封建统治阶级的批判之情,对于残害儿童、不知变通封建教育制度的抨击之情,也饱含了鲁迅心系国家、关怀群众的热血之情。

三、秃先生形象塑造的意义

在鲁迅的文学遗产宝库中,《怀旧》这篇小说不能算是其最重要或者是具有代表性的作品,但无论从现代文学的时代特色或者是构成鲁迅小说创作的风格特点来说,它都具有开端性质的历史意义,而且更重要的是,作为一篇短篇小说,它本身的思想艺术价值是值得重视的,在当下读起来仍然能感受得到它的艺术力量。《怀旧》是较早对国人灵魂进行剖析的作品,它的特别之处在于他对旧知识分子的人格给予了特殊的关注,将其纳入了文化批判的视野之中,秃先生的形象作为代表被凸显了出来。秃先生在《怀旧》中是圆滑愚昧的腐儒,是虚伪盲目的假道学家,虽说这样的封建阶级摆脱不掉时代与制度以及特殊阶层的烙印;但作为普通国民中的一员,他的形象塑造还是具有非常深远的意义。在他身上,可以清醒地意识到国民劣根性与文化知识结构相互作用所造成的人格悲剧。秃先生是芜市知识阶层的代表人物,从他外形的滑稽、言辞的迂腐到施教的手段,再到他所授的学识,无不折射出传统科举制度和教育制度对其性灵的毒害。同时,他也是可鄙可恶的,这从他独特的生存术和纳妾两处便能看出来。文中"人谓遍搜芜市,当以我秃先生为第一智者,语良不诬。先生能处任何时世,而使己身无几微之痏,故虽自盘古开天辟地后,代有战争杀伐治乱兴衰,而仰圣先生一家,独不殉难而亡,亦未从贼而死,绵绵至今",将秃先生圆滑的生存之道清楚详细地描绘了出来。还有他对金耀宗传授的对于乱人"不可樱",也"不可与太亲近"的处世秘诀,以及暂不书"顺民"的考虑,都不是出于是非正义的考虑,而只是因为个人的安危而已。这字里行间尽显秃先生"巧滑善变、顺应时世、总能应付",极具讽刺意味。

除此之外,他"投之十一金,购如夫人一"的纳妾举动,又在他读圣贤书做清白人,"不孝有三,无后为大"、"从心所欲不逾矩"的幌子下显露出一丝虚伪。这使得小说一开始的那个迂腐塾师变成了一个玲珑剔透的、更具典型意义的"仰圣先生""第一智者"。作者在文中的议论评价,也使秃先生这一典型的旧知识分子,既作为"从读书得来"的病人被予以同情,又作为独立人格缺失的小人而遭到鄙弃。在他身上,独立品格的消遁助长了圆滑处世的哲学观,而道貌岸然的虚伪面目又掩饰了这种明哲保身的狡猾哲学,使之不至于与知识者的身份相冲突,而又能始终自列于"知识者"之林而毫无愧色。所以,秃先生在被鲁迅理解为人性善端的儿童眼中,作为一种敌对力量存在,这说明秃先生受到的嘲讽和诅咒是空前的露骨和酣畅的，它表明了鲁迅对这种人格弱点的深恶痛绝，体现了鲁迅对腐儒、假道学家强烈的批判精神。

另外，秃先生这一形象塑造也表现了鲁迅对封建教育制度毒害儿童的批判之情。小说的第一段描写道："吾家门外有青桐一株，高可三十尺，每岁实如繁星，儿童掷石落桐子，往往飞入书窗中，时或正击吾案，一石入，吾师秃先生辄走出斥之。"八九岁的儿童本来是很好动的，也是很想动的，所以即使外面的孩子把石子打中他的书桌，他也绝不介意，他的内心是想加入他们的队伍之中的，但是他却被限制在秃先生的课堂之上。晚上佣人们都在树下乘凉讲故事了，他却还要跟先生学对课。"红花"错对了"青桐"，因为平仄不调，先生要他再想，想了很久还是想不出来，他就常常地拿手拍大腿，装着打蚊子，希望先生知道他的苦处，可以放过他，但先生竟无动于衷。这就使得他总想着假使先生早晨得上点小毛病，歇上半天也是好的，要不然先生病了，竟至死去，这就更好。因为先生如若没事，到了第二天，又是对课，又是读《论语》，说什么："孔夫子说，我到六十便耳顺，耳是耳朵。到七十便随心所欲，不逾这个矩了"，但学生却终究什么也不懂，什么也没学会。秃先生还禁止学生参与一切活跃的行动，连"我"要老房门讲故事都被他视为恶作剧，真是顽固至极。不仅如此，秃先生还体罚学生，以至于在小说的结尾，"我"做梦都梦到被秃先生用戒尺责罚，不敢不用功。鲁迅通过儿童视角、儿童口吻，通过"我"的私塾生活，对不合理的旧教育制度进行彻底的否定和控诉。

另一方面，秃先生作为芜市的"第一智者"，他却不知革命军为何方神圣，竟然以为是山贼，这是鲁迅对他这类腐儒、假道学者的讽刺，同时也蕴含了鲁迅对于革命的情感。这时候的鲁迅期待革命的胜利，但他也对革命上层人士腐败、革命脱离群众的现象表现出深深的忧虑之情。所以辛亥革命失败后，鲁迅做了许多文章对这件事进行思考与总结。

综上所述,秃先生形象是鲁迅倾力塑造的旧知识分子形象。基于自身的生活感受,鲁迅一直都十分关注旧知识分子的命运,在他以后的小说人物形象中,都可以看到这类人物的影子,比如孔乙己、赵太爷、假洋鬼子之流,都是以秃先生为代表的旧知识分子的思想性格在新环境中的发展。《怀旧》主题上具有反封建、关注革命的意义,内容上具有关注旧知识分子命运,批判麻木群众的描写,形式上具有重心理轻情节的特点,已经是一篇成熟的现代文学作品。秃先生腐儒、假道学者形象的塑造更是典型深刻,通过剖析这一形象可以感受到鲁迅在辛亥革命任职绍兴师范学校校长期间对封建教育制度毒害儿童的愤懑之情,对革命脱离群众的忧虑之情,对国家民族未来命运的关注之情。

(上海师范大学人文学院)

注释

① 鲁迅:《鲁迅书信集》,人民文学出版社1976年版,第538页。

② 周作人:《关于鲁迅》,《宇宙风》1936年第26期。

③ 温儒敏:《试论鲁迅的〈怀旧〉》,《韶关师专学报》1981年第1期。

④ 王瑶:《鲁迅〈怀旧〉略说》,《名作欣赏》1984年第1期。

⑤ 胡光璐、安稳:《现代思想和现代形式的结晶——〈怀旧〉》,《鲁迅研究月刊》2000年第8期。

⑥ 方春荣、胡明贵:《突围中的建构——鲁迅小说〈怀旧〉之于中国小说现代化的意义》,《文艺理论与批评》2005年第1期。

⑦ 普实克:《鲁迅的〈怀旧〉——中国现代文学的先声》,《文学评论》1981年第5期。

鲁迅《长明灯》校读补遗

张传刚

鲁迅小说《长明灯》最初连载于 1925 年 3 月 5 日—8 日的北京《民国日报副刊》(以下简称“初刊本”)上。北京《民国日报副刊》报纸仅开办 10 多天,就被查封,故而报纸存世不多,导致后来刊发《长明灯》的报纸极难寻觅。孙用先生在校读《鲁迅全集》时,就没有对该篇做校读,当是因为未找到该文初刊,《长明灯》也是《彷徨》集中孙用先生未做初刊本校读的唯一的一篇[①](《孤独者》《伤逝》两篇未在报刊发表,不计在内)。笔者在《鲁迅小说散文初刊集》中查询到《长明灯》初刊本[②]时,出于补遗的想法,欲将其与人民文学出版社 2005 年版《鲁迅全集》版本的《长明灯》[③](以下简称“2005 全集本”)做校读。为避免重复,在校读前做资料检索。经查阅发现,已有研究者指出该文初刊本与其他版本的差异。王永昌曾说,“稍一查对,除了几处明显的误排以外,有几十处地方,文字上与单行本有所不同。”[④]在上海鲁迅纪念馆编辑的《鲁迅小说散文初刊集》出版发行之时,有媒体报道引专家之言称“将收入小说作品集《彷徨》中的《长明灯》与最初发表在报纸上的《长明灯》进行比对研究后发现,虽然整个故事情节没有改动,但文字部分有几十处的修改。”[⑤]葛涛《鲁迅博物馆藏鲁迅小说〈长明灯〉的各版本汇校札记》(简称“葛文”)将初刊本、小说集《彷徨》的初版本(1926 年 8 月北新书局出版)(简称“初版本”)、《彷徨》的第 6 次印本(1928 年 10 月)、《彷徨》的第 10 次印本(1931 年 7 月)、

1938年出版的《鲁迅全集》、1981年人民文学出版社版《鲁迅全集》、2005年人民文学出版社版《鲁迅全集》(简称"2005全集本")等放在一起进行汇校,共有88条校读结果[⑥]。鉴于前两者未列出"几十处"的详目,葛文不是初刊本与2005全集本的对校,笔者遂将《长明灯》的初刊本与初版本(1926年8月北新书局出版)、2005全集本做了较为细致的对读,发现初版本与全集本差异不多,仅3处,[⑦]是2005全集本对初版本错讹的校正,除新式标点符号的运用外,初版本与2005全集本再无差异,2005全集本遵从了初版本的原貌。初刊本与初版本(2005全集本)之间的差异较多,在字词句段及标点符号等方面二版本存有260多处差异。去掉与葛文校读重复的部分,得新见条目66条,名曰校读补遗。为便于查阅对照,行文参考葛文条目样式,最前面的数字为校读条目的序号,紧跟其后的数字为人民文学出版社2005年版18卷本《鲁迅全集》第二卷的页码,其后的语句照录自相应的页面。具体内容如下:

1. 58页第2行:仿佛还留着一种微细沉实的声息——

按:初刊本破折号作冒号。

2. 58页第3行:"熄掉他罢!"

按:初刊本该句未另起一行,接在第2行冒号后。

3. 58页第5—6行:看那上面是否写着"不宜出行";倘没有写,

按:初刊本分号作冒号。

4. 58页第11行:"听说,还是这样,"方头说,

按:初刊本第二个逗号作句号。

5. 58页第16行:这不是不肖子孙?

按:初刊本"肖"作"孝"字。

6. 58页第17—18行:一只斜盖着的茶碗盖子也噫的一声,

按:初刊本“斜盖着的茶碗盖子”作“茶碗的盖子”。

7. 58页第19行:“不成。要送忤逆,

按:初刊本句号作逗号。

8. 59页第2行:方头突然叫道。“你昨天的牌风可好?”

按:初刊本句号作逗号。

9. 59页第5—10行:“吹熄了灯,我们的吉光屯还成……他现在这么胡闹,什么意思? ……”

按:初刊本这一节未独立成段,接在第4行“胖脸的庄七光已经嚷起来了。”句后。

10. 59页第6—7行:一直传下来,没有熄过;

按:初刊本分号作逗号。

11. 59页第13行:“哼,你聪明!”庄七光的脸上就走了油。

按:初刊本逗号作叹号。

12. 60页第1行:“放你妈的屁!”灰五婶怒目地笑了起来,

按:初刊本叹号作破折号。

13. 60页第7行:大约那是邪祟附了体,怕见正路神道了。

按:初刊本“那是”作“那时就”。

14. 60页第9行:好,他后来就自己闯进去,

按:初刊本“己”作“巳”。

15. 60页第10—11行:和他老子去吵闹了么? 可是,没有办法,

按:初刊本问号后有破折号。(葛文“问号在初刊本中作破折号”一说有误,初刊本中问号和破折号共在。)

16. 60页第13行:说是已经吹熄了。

按:初刊本“已”作“巳”字。

17. 60页第18行:“那怎么行?”她吃惊地看着他,

按:初刊本“怎么”作“么怎”。

18. 61页第4行:哦,同先前一模一样。

按:初刊本“模”作“摸”。

19. 61页第9行:“我们还是先到庙前去看一看,”方头说着,便轩昂地出了门。

按:初刊本“到”作“刬”;“便轩昂地”作“气昂昂地走”。

20. 61页第12行:回过头来说道:

按:初刊本无冒号。

21. 61页第13行:“这回就记了我的账! 入他……。”

按:初刊本叹号作句号,省略号后无句号。

22. 61页第14—15行:就在墙上画有一个小三角形和一串短短的细线的下面,

按:初刊本“画有”作“画着”。

23. 61页第18行:但庙门却紧紧地关着。

按:初刊本“地”作“的”。

24. 62页第3行:笑着将舌头很快地一伸。

按:初刊本“地”作“的”字。

25. 62页第6—9行:“就因为那一盏灯必须吹熄。你看,三头六臂的蓝脸,三只眼睛,长帽,半个的头,牛头和猪牙齿,都应该吹熄……吹熄。吹熄,我们就不会有蝗虫,不会有猪嘴瘟……。”

按:初刊本这一部分内容另起一行,独立成段;“半个的头”作“半个头的”;省略号后无句号。

26. 62页第11行:你就要生猪嘴瘟。”

按:初刊本“生”作“产”字。

27. 62页第12行:庄七光也陪着笑。

按:初刊本“光”误作“先”字。

28. 62页第14行:道:

按:初刊本冒号作逗号。

29. 62页第15行:“吧!”

按:初刊本此句未单列一行,跟在前一行“道:”句后。

30. 62页第22行:阔亭便立刻颓唐得酒醒之后似的无力;方头却已站上去了,

按:初刊本"立刻"作"即刻","颓唐"作"唐颓","已"作"已经"。

31. 62页第23行:慢慢地说道:

按:初刊本冒号作破折号。

32. 62页第24行:让我来开导你罢,

按:初刊本"让"作"听"。

33. 63页第1行:就是吹熄了灯,那些东西不是还在么?

按:初刊本逗号作句号。

34. 63页第14行:他转脸向他们一瞥,沉静地说。

按:初刊本"地"作"的"。

35. 63页第23—24行:庙后门的墙外就有庄七光的声音喊道:

按:初刊本冒号作破折号。

36. 64页第13—14行:下颏上的白胡须,

按:初刊本"须"作"发"。

37. 64页第15行:"上半天,"他放松了胡子,

按:初刊本逗号在引号外边。

38. 65页第1行:赶一赶,邪祟。"

按:初刊本句号在引号外。

39. 65页第4行:他们跟着老娃进来,

按:初刊本无"着"字。

40. 65页第5行:但此时阔亭忽然发表意见了:

按:初刊本冒号作破折号。

41. 65页第12—13行:浑身一抖,放下了,伸出舌尖来舐了一舐上嘴唇,

按:初刊本"身"误作"军"字,无"来"字。

42. 65页第19行:“那又是一回事。”方头说,“这回,他们管着呢。

按:初刊本“事”字后的句号在引号外,“着”作“看”。

43. 65页第22行:“我想:倒不如姑且将他关起来。”

按:初刊本无“倒”字,句号在引号外。

44. 65页第23行:四爷微微地点一点头。

按:初刊本无“微微地”,无“一”字。

45. 66页第1行:“那倒,确是,一个妥当的,办法。”“老娃说”。我们,

按:初刊本句号在引号外,“老娃说,”逗号作句号。

46. 66页第2行:拖到府上来。府上,就赶快,收拾出,一间屋子来。

按:初刊本“拖”字作“拉”,“来”字后句号作逗号。

47. 66页第4—5行:“屋子?”四爷仰了脸,想了一会,说,“舍间可是没有这样的闲房。

按:初刊本问号作逗号,在引号外;“舍”作“含”。(葛文“初刊本中在‘屋子’之后无问号。”实际并非如此,初刊本此处有引号和逗号,引号在逗号前。)

48. 66页第6行:他,自己的……

按:初刊本“己”作“巳”。

49. 66页第7行:四爷忽然严肃而且悲哀地说,

按:初刊本无“忽然”一词。

50. 66页第13行:但是,——别人的儿子,可以白要的么?”

按:初刊本“儿子”词后无逗号。

51. 66页第20行:“可是他总不好。也不是不好,

按:初刊本句号作逗号。

52. 66页第22行:也许倒反好,倒是对得起他的父亲……。”

按:初刊本“倒反”作“反倒”;“倒是”作“倒 * ”,“倒”字后空

一字位置,无印刷体痕迹,有模糊的手写字迹,形似“让”字。

53. 66页第23行:“可是,房子……”

按:初刊本“房子”词后有逗号。

54. 66页第24行:“庙里就没有闲房?……”四爷慢腾腾地问道。

按:初刊本无“就”字,“慢”作“慢慢”,无“地”字。

55. 67页第5行:未到黄昏时分,天下已经泰平。

按:初刊本“时分”作“的时候”,“已”作“巳”。

56. 67页第6行:人们的脸上不特已不紧张,

按:初刊本“已”作“巳”。

57. 67页第11行:白篷船,红划楫,

按:初刊本“白”字前有单引号。

58. 67页第14行:戏文唱一出。”

按:初刊本双引号前有单引号。

59. 67页第16行:“我说出来罢,那是……”

按:初刊本逗号作句号。

60. 68页第6行:癞头疮忽而发一声喊,

按:初刊本“喊”字后空一字位置,有涂痕,内容未知。

61. 68页第8行:从喘吁吁的樱桃似的小嘴唇里吐出清脆的一声道:

按:初刊本无“小”字。

62. 68页第9行:“吧!”

按:初刊本该句未单列一行,跟在前一行“道:”句后。

63. 68页第10—11行:从此完全静寂了,暮色下来,绿莹莹的长明灯更其分明地照出神殿,神龛,而且照到院子,照到木栅里的昏暗。

按:初刊本“静寂”作“寂静”,“昏暗”作“昏黑”。

64. 68页第12行:孩子们跑出庙外也就立定,牵着手,

按:初刊本无“也”字。

65. 68 页第 13 行:都笑吟吟地,合唱着随口编派的歌:

按:初刊本冒号作破折号。

66. 68 页第 14 行:“白篷船,对岸歇一歇。

按:初刊本“一”字作句号。(葛文“初刊本中无‘一’字。”实际上,“一”位置上是句号。)

以上 66 条,有的条目下涉及改动多处,改动总计有 80 多处。此外,还需要指出的是,葛文第 51 条校读“64 页第 8 行:心里是全没有。按:初刊本在‘心里’之后有‘还’字。”经笔者仔细核对,初刊本该处并无“还”字,葛文之说当属讹误。另,葛文条目编序存有误差,其实则共计 88 条。

鲁迅先生对收入《彷徨》集中的作品进行了精心的修改,与初刊本相对比,初版本修正了初刊本中的许多错讹,对一些语句做了加工修改,使小说的语言用词更为精准,内容更富文采。不过,其中也有一些改动之处值得商榷。下面仅举几例以作说明。

> 例 1. 58 页第 6 行:倘没有写,出去也须先走喜神方,迎吉利。

初刊本“出去”作“出走”,初版本的改动避免了与一句之中“走”字的重复出现,但从表达效果上来说,不能单纯为避免重复而改,有时重复一下效果更好。因为前有“走”后面才能“先走”,用“去”字就隔断了“出走(去)”与“先走”一词的天然联系,人为造成语气的梗塞。只有前后保持一致,语气才会更为顺畅。

> 例 2. 59 页第 14 行:“我想:还不如用老法子骗他一骗,”灰五婶,

初版本补上了初刊本脱掉的引号，但将“我想”后的逗号改作冒号，还需讨论。从前后语句来看，后句是接连而来，用逗号表稍作停顿，并无不当，改为冒号意义不大，保留初刊用法为好。“骗”字后的逗号两版本一致，无变化。就灰五婶而言，她的这一话语到此已经结束，紧接其后的句子为灰五婶的情况介绍，不属于灰五婶的言语内容，所以此处的逗号当属误用，改为句号更为恰当，但初版本对此未作改动。

例3. 59页第20行：“怎么骗？我怎么不知道？”庄七光更其诧异地问。

初刊本“庄七光更其诧异地问”作“方头问”。初版本为明示“怎么骗？我怎么不知道？”是庄七光的台词，在“诧异”前加上了“更其”。不过，“什么老法子？”这句已表明庄七光不知道骗法，包含“怎么骗？我怎么不知道？”之意，再把“怎么骗？我怎么不知道？”这句话记在庄七光头上，是为重复。反观方头之言“你现在也还是粉嫩粉嫩……”，此句明显是接灰五婶“你怎么会知道？……你看我那时的一双手呵，真是粉嫩粉嫩……”之话而来的，所以“你怎么会知道？”句中的“你”应指是方头，故而“我怎么不知道？”中的“我”当为方头，而不是庄七光。

例4. 60页第7行：大约那是邪祟附了体，怕见正路神道了。

初刊本“那是”作“那时就”。从灰五婶之言可以看出，她是在追溯“他”的往事，想说的是“他”在祖父带“他”进社庙时就有问题了，在那时候就已被“邪祟附了体”，并不是说“他”现在的表现属于“邪祟附了体”。这里存在一个彼时和此时的问题，综合来看,灰五婶想要表达的是“彼时”的情况,即为“那时”。

例5. 61页第1行:“后来就好了的!”她又用手背抹去一些嘴角上的白沫,更快地说,

初刊本“她又用手背抹去一些嘴角上的白沫”作“他用手抹去了口角的白沫”。此处改动,纠正了人称代词的误用,增加了描写细节,使人物形象更为真实生动,不过,初版本修改后增加的这个“又”字令人疑惑,“又”表示某一行为动作的再一次出现。小说前文没有灰五婶类似的动作描写,她这回抹嘴上白沫的动作是第一次出现,此处加上“又”字来做强调,明显与实际情况不符,缺乏情节上的铺垫。此外,“又”的出现让该句显得较为突兀,不甚妥帖。

例6. 67页第2行:又只有一个小方窗,粗木直栅的,决计挖不开。

初刊本“粗”作“糙”字,此处改动当为讹误。因为从初刊本的字迹上来看,“糙”字迹较为模糊,和“粗”字非常形似,易被误认作“粗”字。只有放大了看,才能清楚认出字形为“糙”字。另外,从词义上来看,用“糙”比“粗”字更为恰切。“糙”本义“粗米未舂”,有“不细致,不光滑”意。“糙木”为没有进行细加工过的木料,比较毛糙,接近原木状态。这和小说后文“他”“一只手扳着木栅,一只手撕着木皮”的细节描写相契合,只有是“糙木”,才可能有木皮可撕,如果仅是“粗木”,就不一定有皮可撕。

(江苏联合职业技术学院宿迁经贸分院)

注释

① 孙用:《〈鲁迅全集〉校读记》,湖南人民出版社 1982 年版,第 101—141 页。

② 上海鲁迅纪念馆:《鲁迅小说散文初刊集》,上海书店出版社 2016 年版,第 158—168 页。

③《鲁迅全集》第二卷,人民文学出版社 2005 年版,第 58—69 页。

④ 王永昌:《〈长明灯〉发表出处是怎么查明的》,丁锡根《鲁迅研究百题》,湖南人民出版社 1981 年版,第 152 页。

⑤ 李婷:《还原作品最早发表时的文字原貌,〈鲁迅小说散文初刊集〉近日出版》[EB/OL]. http://www.whb.cn/zhuzhan/xinwen/20160303/50812.html, 2016-3-3/2020-5-4.

⑥ 葛涛:《鲁迅生平与文稿考证》,安徽大学出版社 2017 年版,第 211—220 页。

⑦ 3 处不同,参照正文格式罗列如下:

2005 全集本第 60 页第 17 行“吓!”,初版本缺引号。

2005 全集本第 61 页第 3 行“许多年”,初版本“许”字前多引号。

2005 全集本第 61 页第 14 行“就在墙上画”,初版本“画”误作“盡(尽)”。

《罗曼罗兰的真勇主义》手稿考略

李　浩

1926 年,法国作家罗曼罗兰 60 岁生日,4 月,鲁迅将所编的《莽原》第七、八期合刊,编成“罗曼罗兰专号”以示庆贺。鲁迅将他所译的《罗曼罗兰的真勇主义》一文刊登在这份合刊中,《罗曼罗兰的真勇主义》一文原文刊载在日本评论家中泽临川、生田长江合著的文艺评论集《近代思想十六讲》(1915 年 12 月东京新潮社出版发行)中。罗曼罗兰因他的人道主义思想以及文学作品为“五四”一代知识分子所关注,鲁迅在 1924 年所著《论照相之类》中提到外国名人的肖像照时说:“托尔斯泰,伊孛生,罗丹都老了,尼采一脸凶相,勖本华尔一脸苦相……而罗曼罗兰似乎带点怪气。”[①]这大约是鲁迅第一次在文章中提到罗曼罗兰。在 1926 年间,鲁迅在《我还不能“带住”》《无花的蔷薇》《“死地”》多篇文章中提及罗曼罗兰及他的作品,这年也是罗曼罗兰的 60 周岁,北京《晨报》等刊辟专栏介绍,《莽原》也在其中——罗曼罗兰的生日似乎成了在北京的知识分子中的一场公共事件。今天来看《莽原》“罗曼罗兰专号”以及所刊的鲁迅的译文《罗曼罗兰的真勇主义》是这场公共事件的重要历史文献。这组有关罗曼罗兰的历史文献,必然也包括鲁迅译文《罗曼罗兰的真勇主义》的手稿。

一、《罗曼罗兰的真勇主义》手稿

鲁迅译文《罗曼罗兰的真勇主义》手稿目前存于国家图书馆。

鲁迅将《罗曼罗兰的真勇主义》译文誊抄于新潮社“文艺丛书稿纸”上，[②]稿纸上有红铅笔的排版批注，此份手稿按照朱正的说法属于原稿。[③]当然这里说的原稿并非是初稿（草稿）的意思，只是用于投稿的稿件，按照目前通行的说法是指交付排印的定稿。虽说是定稿，却不能说是最后稿，因为在排版后还有修改的可能。

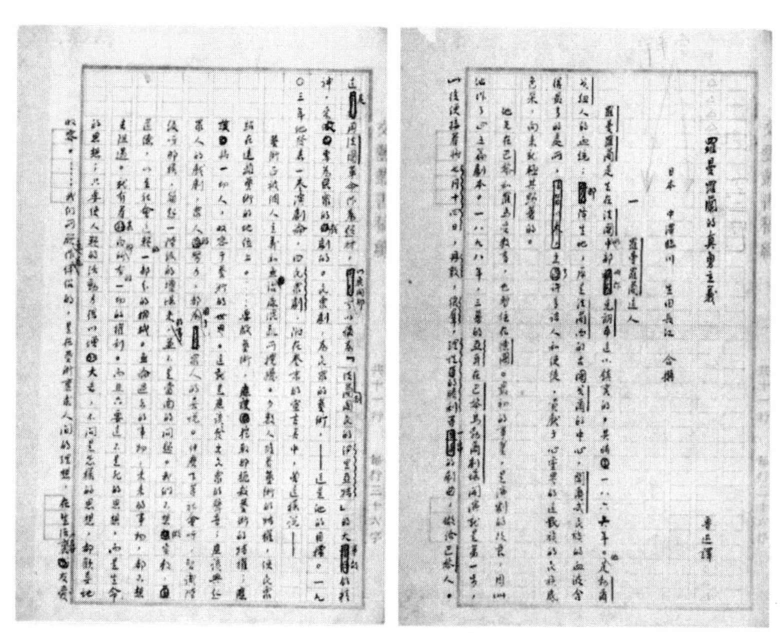
羅曼羅蘭的真勇主義
日本 中澤臨川 生田長江 合撰
魯迅譯

图1　鲁迅译文《罗曼罗兰的真勇主义》手稿

关于此份手稿的探讨，大约可以分两个方面进行。首先就是从翻译角度进行，鲁迅谈到翻译时曾说：“我翻译时，倘想不到适当的字，就把这字空起来，仍旧译下去，这字待稍暇时再想。否则，能够因为一个字，停到大半天。”[④]“我向来总以为翻译比创作容易，因为至少是无须构想。但到真的一译，就会遇着难关，譬如一个名词或动词，写不出，创作时候可以回避，翻译上却不成，也还得想,一直弄到头昏眼花,好像在脑子里面摸一个急于要开箱子的钥匙,却没有。"[5]由此,通过分析此份手稿上的种种修改,并比照日文原文,或可探索鲁迅翻译过程的思考。

其次,将之作为同等于创作的文章进行探讨。从这角度探讨的理由,一是翻译可以视作一种再创作。任何翻译都无法全真再现原文的意思,或多或少地总带有译者的理解(或说偏见),如鲁迅所言"佛教徒的'唵'字,据说是'人人能解',但可惜又是'解各不同'"[6]。对于翻译,鲁迅虽然追求译文的保真性,不仅是词语的保真,也涉及语法的保真,即所谓的"宁信而不顺"。[7]但是,具体谈到自己的翻译时他是有清醒的认识的:"自然,世间总会有较好的翻译者,能够译成既不曲,也不'硬'或'死'的文章的,那时我的译本当然就被淘汰,我就只要来填这从'无有'到'较好'的空间罢了。"[8]1931年,鲁迅在与瞿秋白探讨翻译时进一步认为,根据不同的读者可以有不同的译本,对于"有很受了教育的",鲁迅认为供给他们的翻译作品意在"不但在输入新的内容,也在输入新的表现法"[9],因此,他虽然坚持翻译要"宁信而不顺"。而对于"有略能识字的"的读者,则译文"应该时常加些新的字眼,新的语法在里面,但自然不宜太多,以偶尔遇见,而想一想,或问一问就能懂得为度",在传授知识思想过程中丰富群众的语言。[10]

虽然鲁迅没有直接将翻译等同于创作,但他认为他的译文是等同于创作的存在。这也就是鲁迅晚年在和许钦文谈起编辑他自己文集的事时,将翻译与创作并列(或者说等同)的原因之一。他当年这样对许钦文说:"钦文,我写了整整三十年,约略算起来,创作的已有三百万字的样子,翻译的也有三百万字的样子了,一共六百万字的样子,出起全集来,有点像样了!"[11]许钦文后来说:"1938年出版二十卷的《鲁迅全集》,编排的格式,符合'最后的晤谈'时鲁迅先生对我说的办法",[12]将鲁迅的文学和学术创作、翻译、古文献整理并列在一个集子中。而 1950 年代冯雪峰等编辑《鲁迅全集》时,则回归了个人作品全集只收创作的"共识",仅收录创作部分,而另编《鲁迅译文集》,而不编古文献整理集,这种"共识"仍体现在人民文学出版社 2005 年版《鲁迅全集》中。不同于 1970 年代只收创作的《鲁迅手稿全集》,今年国家图书馆出版社和文物出版社合作出版的《鲁迅手稿全集》则将鲁迅所有文章的手稿以及手迹合于一集中,可以视作是一种回归。很希望将来再版的《鲁迅全集》能够将鲁迅的文学和学术创作、翻译、古文献整理等重新编在一起。

由此,本文在此尝试将这篇译文手稿视作为等同于创作的文章以进行考察。

二、手稿修改略述

在这里探讨《罗曼罗兰的真勇主义》手稿中的修改时,暂选择侧重"文"中的"词"的修改,而非"译"中的意义再现思考与选择。

此份手稿的修改大致有这样几种状况:

(一) 词的表达"精确化"(口语化):

p.101[13] "称为"改为"叫作"

p.101 "连续"改为"一串"

p.102 "大案件"改为"大事故"

p.102 "呼起"改为"呼唤"改为"呼喊"

p.116 改凯撒为德皇,德国皇帝称为凯撒,为避免和古罗马的恺撒混淆,这样修改是更明确所指

p.121 "书中主要人物"改为"书中要人"

p.129 "你还不能领会么?"改为"你领会不到么?"

(二) 词义的修改(词义或句义的迁移):

p.106 "也有屈服为自己的苦痛"改为"也有为自己的苦痛所屈服的一刹那"

p.106 “他们即使没有在浓重的黑暗”改为“他们即使没有点火于浓重的黑暗”

p.107 “胜于真的”改为“胜于美的”

p.119 “现在的教育家的了”改为“现在的道德家的了”

p.134 “是宗教家”改为“倒是道德家”

(三) 词义的消失或增加:

p.101 “往昔以来”删除

p.117 “用自己的手”改为“一路用自己的手”

p.118 “乃是真实地使其人”改为“乃是真给其人”

p.134 “(没?)有”改为“都能够怀着”

(四) 改回:

p.107 “因”改为“靠”改为“因”

p.124 “感到”改为“感着了”改为“感到”

p.124 “世界人”改为“天下为家者”改为“世界人”

(五) 誊抄过程中的修改:

p.119 “而和这相副的力量也不足”原文是“也没有和这相副的力量也不足”。很拗口,推测是直接将也没有改为而后,继续抄改

p.119 “但在我,却不想有死亡的先驱者似的这样的平和”原文是“但据我看去,却不免(?)亡的先驱者似的这样的平和”。不通,推测是抄到“但据我看去,却不免(?)”时直接修改的

三、关于修改

1931年底,鲁迅在《答北斗杂志社问——创作要怎样才会好?》中谈及文章的定稿时说:“写完后至少看两遍,竭力将可有可无的字,句,段删去,毫不可惜。”[⑭]一年多后,他在《我怎么做起小说来》中进一步阐释说:“我做完之后,总要看两遍,自己觉得拗口的,就增删几个字,一定要它读得顺口;没有相宜的白话,宁可引古

语,希望总有人会懂,只有自己懂得或连自己也不懂的生造出来的字句,是不大用的。"[15]这两段话都表述了鲁迅翻译或创作过程的一个侧面,而非全部,仅从这份手稿来看,我们可以看到鲁迅全部抄写完成后的修改,但也分明看到,鲁迅在抄写过程中的修改。作为一篇独立的文章,我们可以看到鲁迅在誊抄过程中修改的变化,呈现出如同他的创作手稿那样的现象,不仅存在着大量词语"精确化"的修改(其中间有古语新用的现象),也存在有词义迁移、消失、增加的修改。1935年鲁迅在《不应该那么写》中引用了苏联作家兼评论家魏烈萨耶夫的话:"应该这么写,必须从大作家们的完成了的作品去领会。那么,不应该那么写这一面,恐怕最好是从那同一作品的未定稿本去学习了。在这里,简直好像艺术家在对我们用实物教授。恰如他指着每一行,直接对我们这样说——'你看——哪,这是应该删去的。这要缩短,这要改作,因为不自然了。在这里,还得加些渲染,使形象更加显豁些。'"[16]遵循这段引言去考察鲁迅这份译稿,探讨其中的修改,就比较容易地理解鲁迅为何将他的译文与他的创作等同起来的原因了。

这里略考察一下鲁迅《铸剑》(《眉间尺》)的手稿,《铸剑》手稿是与本文所考察的手稿一样,应是交出版的定稿。在这份手稿中也存在着大量修改,且具有相似的修改类型,比如:

(一)词的表达"精确化"(或口语化):

p.24[17]　"母亲挺直地坐"改为"母亲端坐"

p.25　"地方"改为"处所"

p.25　"红□"改为"绯红"

p.25　"铸就"改为"鍊就"

(二)词义的修改(词义的迁移):

p.23　"眼角显出来了"改为"嘴角出现了"

p.25　"揭去枕边的板"改为"揭去床头的木板"

p.26　"妇女们向门"改为"男人们一排"

（三）词义的消失或增加：

p.22 “而从寒冷中，有忽然热血”改为“而一转眼间，又觉得热血”

p.22 “两眼发出光芒”改为“两眼发出闪闪的光芒”

（四）改回：

p.23 “可是”改为“可是”

p.24 “第一”改为“第一”

（五）誊抄过程中的修改：

p.21 “待到他看见身□□的肚子黑毛，大的肚子”改为“待到他看见全身，——湿淋淋的黑毛，大的肚子”。在手稿上，“待到”前先是添加一字，后又被涂抹；更重要的是，如果按不修改的行文看，是不可能出现“肚子黑毛，大的肚子”这样的句式的，因此，可以推测，在行文到“黑毛”或“大的肚子”时，作者进行了即时修改。

相似的修改类型，表明了翻译与创作过程的相似性，都经历了表述的选择（用词）过程。虽然如此，作为创作手稿的《铸剑》里的修改，比之译稿的修改，有更多的誊抄过程中的修改，创作是完全主观能动的，而译稿天然地依附着原文。

四、文章：印刷文本和手稿

就译文手稿而论，除了类似“胜于真的”改为“胜于美的”这种修改可以从翻译角度进一步探讨外，像“呼起”改为“呼唤”改为“呼喊”这种修改则可以从“不但在输入新的内容，也在输入新的表现法”方面进行考察。

在近百年前，“五四”知识分子所倡导并推行的白话文是力求接近于口语，而非完全口语的文体，怎样更准确地表达并最大限度地适应全体中国人的口语体是当时知识阶层所探寻及尝试的问题。曾出席1913年读音统一会并参与制定“注音字母”的鲁迅对于新语言(语体)有更进一层的想法,他在1924年的演讲《未有天才之前》中指出翻译的重要性“于是创作家出来了,从实说,好的也离不了刺取点外国作品的技术和神情,文笔或者漂亮,思想往往赶不上翻译品,甚者还要加上些传统思想,使他适合于中国人的老脾气”[18]。在从文言到口语的现代化过程中,鲁迅更重视于现代中国人怎样更准确表达新的思想、现代的事物,同样重视用新的言说和话语来阐述现代中国的思想、事物。鲁迅认为准确地表达新思想的词和文是第一位的,比之于“技术和神情,文笔或者漂亮”更为重要。言语的转换并非是一蹴而就的,而是一个漫长的实践过程。“五四”以后的鲁迅,以创作、翻译、创作、再译的实践来探索最接近完美的现代中国思想的构建与语言的表达。我们可以在鲁迅的创作或翻译手稿中发现鲁迅的探索:努力地建立话语(词语)程式,又不断对已建立的话语(词语)程式进行自我突破和超越,以求更准确的、鲜活的、现代的、中国化的表达。

比如,他在《白莽作〈孩儿塔〉序》中的修改“他们就义了足有五年了”改为“他们就义了已经足有五个年头了”,“他们俩是殊途而同归的兄弟”改为“终于和他成了殊途同归的兄弟”[19]都是将原先较为平直的叙述改为具有波折的富有情感的语句。

鲁迅文章所呈现出来的鲁迅味,是在今天仍然吸引许多读者的所在。从语言的角度来看,鲁迅文章是鲁迅探索中国书面语言现代化过程中的积累,而非是完全固化的,是处在不断改进过程中的。手稿所呈现出来的誊抄过程中的各种类型的修改,正呈现了这种不断改进的态势。鲁迅的文章的魅力就在于这种既是确定的了(印刷文本),又处在可修改(演绎)过程中的势能(手稿)中——也就是鲁迅自谓的“无有”到“较好”的中间物状态。

鲁迅不止一次地表示,他的翻译文是从无到最善译文之间的过渡之文,也大力提倡重译,为有重译本的出现而欣喜。为了使翻译能够惠及更多的人群,他甚至提出可以针对不同的读者群体,用不同的方式进行翻译。鲁迅眼中的作为过渡之文存在的译文,鲁迅将之视作等同于创作的存在,一个重要原因是他在翻译过程中的具有创作性质的遣词造句,尤其是与汉语准确的、现代化的表达的探索有关。

鲁迅的文章从印刷文本角度来看是完成体,而从手稿角度来看,却分明是未完成体:存在着可直观感受到的词语变化、意义延伸的势能,也正因如此,鲁迅的作品从文本方面考察具有强有力的生命力,至今仍能不断地启发读者和不断地被阐释。

注释

①《鲁迅全集》第一卷,人民文学出版社2005年版,第196页。

②《国家图书馆藏鲁迅未刊翻译手稿》第二册,国家图书馆出版社2014年版。

③ 参见朱正《跟鲁迅学改文章》,岳麓书社2004年版。

④《351125致叶紫》,《鲁迅全集》第十三卷,人民文学出版社2005年版,第590页。

⑤《"题未定"草·一》,《鲁迅全集》第六卷,人民文学出版社2005年版,第362页。

⑥《关于翻译的通信》,《鲁迅全集》第四卷,人民文学出版社2005年版,第392页。

⑦《关于翻译的通信》,《鲁迅全集》第四卷,人民文学出版社2005年版,第391页。

⑧《"硬译"与"文学的阶级性"》,《鲁迅全集》第四卷,第214页。

⑨《关于翻译的通信》,《鲁迅全集》第四卷,第391页。

⑩《关于翻译的通信》,《鲁迅全集》第四卷,人民文学出版社2005年版,第392页。

⑪ 许钦文:《〈鲁迅日记〉中的我》,《鲁迅回忆录》下册,北京出版社1999年版,第1331—1332页。

⑫ 许钦文:《〈鲁迅日记〉中的我》,《鲁迅回忆录》下册,北京出版社1999年版,第1333页。

⑬ 为《国家图书馆藏鲁迅未刊翻译手稿》第二册的页码,下文不另注。
⑭《鲁迅全集》第四卷,第 373 页。
⑮《鲁迅全集》第四卷,第 526 页。
⑯《鲁迅全集》第六卷,人民文学出版社 2005 年版,第 321—322 页。
⑰ 为北京鲁迅博物馆编《鲁迅手稿选集》,文物出版社 1960 年版。
⑱《鲁迅全集》第一卷,人民文学出版社 2005 年版,第 176 页。
⑲ 参见北京鲁迅博物馆编:《鲁迅手稿选集》,文物出版社 1960 年版,第 97 页。

鲁迅同时代人研究

袁文薮与《浙江潮》再考

——兼谈鲁迅译作《北极探险记》

乔丽华

一、"太公"是谁?

许寿裳在《亡友鲁迅印象记》里曾提及袁文薮的一首诗:

> 在东京伍舍时,有一次我和他同游上野公园看樱花,还是因为到南江堂购书之便而去的。上野的樱花确是可观,成为一大片微微带红色的云采。花下的茶肆,接席连茵,铺以红毡,用清茶和樱饼饷客。记得袁文薮曾有《东游诗草》,第一首便是咏上野樱花的:
>
> 阿谁为国竭孤忠,铜像魁梧"上野通",
> 几许行人齐脱帽,樱花丛里识英雄。
>
> "上野通"是上野大道的意思,西乡隆盛的铜像建立在公园中,日本人对他没有一个不脱帽致敬的。[①]

笔者在上期刊发的《袁文薮其人其文》一文中引了这首诗,可惜当时没有注意到此诗就刊登在《浙江潮》第二期《日本闻见录》栏目,该栏目有《东京杂事诗》一组六首,署名"太公",第一首就是这首咏上野樱花诗。另外本期“小说”栏目还有一篇《海上逸史》也署名“太公”。由此看来袁文薮在《浙江潮》不仅以“文诡”的笔名发表过两篇长文,还以“太公”的笔名发表过诗和小说。

但以往关于“太公”的身份却有不同说法,如范铁权《钱恂生平史事述论》一文中写道:“钱恂关注并同情留日学生的爱国举动,他还曾以‘太公’笔名在浙籍留日学生刊物《浙江潮》上发表了《海上逸史》两篇,分别为《葛玛航行印度事》《陆治斯南极探险事》,用小说叙事的手法,激励民众奋发图强、齐心爱国。”[②]其他还有一些研究者也都指“太公”为钱恂。钱恂,生于1854年,浙江吴兴人,系钱玄同兄长。钱恂是晚清著名外交人才,1889年随薛福成出使英、法、意、比四国,回国后又入张之洞幕,曾任湖北自强学堂提调、办洋操提调等职,对张在湖北的自强运动多所协助,其中之一就是促成了张之洞的留日计划。1899年张之洞派遣钱恂出任湖北留日学生监督,随后夫人单士厘和两个儿子钱稻孙、钱穟孙以及大儿媳包丰保赴日本。[③]1907年出使任荷兰和意大利大臣,宣统元年(1909年)回国,此后任北京政府参政院参政等职。钱恂一生著述颇丰,外交财政方面的著述有《中外交涉类要表》《帕米尔图说》《中俄界约斠注》《日本政要十二种》《财政四纲》等。其夫人单士厘裹着小脚随钱恂走遍世界,所留下的《癸卯旅行记》和《归潜记》亦扬名至今。

根据清国留学生会馆报告可知,钱恂担任了第一至第三届清国留学生会馆副会长,直至1903年4月携妻儿赴俄国长途旅行(单士厘有《癸卯旅行记》记录此行见闻)。在《浙江潮》第二期有受兹室主人(单士厘)的诗作,可见钱恂和单士厘虽不是一般的留日学生,但也是《浙江潮》同人,也因此署名“太公”的诗文被认为是钱恂的作品。那么,这种说法是否有依据?这位“太公”到底是钱恂还是袁文薮?以下做一些辨析。

查徐迺翔、钦鸿编《中国现代文学作者笔名录》(以下简称《现代笔名录》)有一条关于钱恂:

钱念劬(?—?) 太公 钱恂 受兹室主人

这应该是一些研究者认为太公即钱恂的依据。从《现代笔名录》后面附录的"主要参考书刊目录"可知,它参考了张静庐、李松年编的《辛亥革命时期重要报刊作者笔名录》(以下简称《辛亥笔名录》)。[④]这份《辛亥笔名录》收录1900—1914年在革命报刊上撰写文章的作者700余人,为后人查考《浙江潮》部分作者提供了重要依据,但也难免有错讹,如关于"钱念劬"这一条就不够准确。

首先,"受兹室主人"并非钱恂的号,而是钱恂夫人单士厘的号(单士厘有《受兹室诗钞》,见钱恂所编撰《吴兴钱氏家乘》)。钱恂的号应为"积跬步主人"。《浙江潮》第二期有署名"受兹室主人"的诗《江岛金龟楼饯岁和积跬步主人元韵》,也可知积跬步主人即钱恂。

其次,钱恂在《浙江潮》第二期上亦有诗作发表,署名为"富士始一"。这一期"文苑"栏目刊有如下一组相关联的诗:《庚子阴历除夕述怀时在日本》(富士始一)、《江岛金龟楼饯岁和积跬步主人元韵》(受兹室主人)、《春日偕积跬步主人及夏地山夫妇又夏女循兰再游江岛再步原韵》(受兹室主人)。这三首诗的用韵是一致的,单士厘的两首诗都是"和积跬步主人元韵",所和的应该就是前面《庚子阴历》这一首。不过,由于《辛亥笔名录》中指出富士始一为夏循垲,后来的研究者也多从此说。其实只要略加考察《庚子阴历除夕述怀时在日本》一诗,就会发现作者不大可能是夏循垲。此诗作者自述生平"穷不死年四十九"一句,明显与时年二十五岁的夏循垲不符;"再近百年民大牖"句后夹注"予曾至埃及希腊罗马三旧都访古","英佛独露竞进取"句后夹注"此四国予羁踪最久”,其履历倒是与钱恂早年出洋经历近似。当然仅从内容并不能完全断定就是钱恂所作,幸好《受兹室诗稿》中收录了这首诗,提供了更确切的证据。此诗就附在《江岛金龟楼饯岁和积跬步主人元韵》一诗后面,题为“附原作”,证明了《庚子阴历》一诗为钱恂所作。[⑤]在这个附录的原作版本中,对于“穷不死年四十九”一句有钱恂自注:“予生癸丑冬至,后以中法计为四十九,以西法计为四十七”。这个出生年月与钱恂编撰的《吴兴钱氏家乘》中他自己的生年“咸丰三年癸丑十二月十二日卯时”是一致的。所以,“富士始一”即“积跬步主人”,也就是钱恂本人,这是毫无疑问的。所谓富士始一为夏循垲的说法,估计是因《春日偕积跬步主人及夏地山夫妇又夏女循兰再游江岛再步原韵》这一标题而生出的误会。

如上可见《辛亥笔名录》虽然有重要的参考价值,但还是有误判的,采用前需要小心求证。另一方面。《东京杂事诗》的作者“太公”为袁文薮,这不仅有许寿裳的回忆,还有以下佐证:

其一,袁毓麟到日本后登记的名字是“袁太,字文薮”(见《浙江潮》第三期《浙江同乡留学东京题名》),在《浙江潮》上发表文章时采用“太公”“文诡”这两个署名,大概由此而来。另,《杭州白话报》上有署名“谰太郎”者,一般认为即袁文薮。据袁文薮自撰年谱可知,他本名袁毓麐(袁毓麟),号文薮(文漱),并没有袁太这个名字。所以他到日本登记为“袁太”,很可能因为曾在国内使用过谰太郎这个笔名。

其二,《浙江潮》上的《日本闻见录》栏目,仅出现在第二、第三期,此后再无此栏目,与袁文薮在日本居住的时间吻合。第二期上,该栏目发表了“太公”的《东京杂事诗》,第三期刊登了《日本内国第五回劝业博览会观览记》(以下简称《观览记》),署名“同乡会会员”。《观览记》开头写道:

明治三十六年，即西历一千九百〇三年三月，日本开第五回内国劝业博览会于大阪，搜集全国产物及工作品，以供学者之研究，并以验近年之进步，诚日本维新以来未有之盛举也。余于三月偕同学数人，因得备历各馆，既毕览，乃喟然曰：博览会者何？扩张商业与交通外国贸易之机关也。我国商业不振久矣，上之无商会也，下之无商学也，故商业不振。商业不振，则国不富，不富则国无以自立。然则欲强国者，其非自商战始哉？乃述所见，为我同胞告焉。

这篇观览记一开头提到“余于三月偕同学数人，因得备历各馆”，在《文薮自撰年谱》中恰好也有同时期去大阪参观博览会的记载：

(1903年)……居五月得胃病，大剧，乃归国疗养。归国时过大坂，适开博览会，留数日，一切有文钦招呼，电影在会内初见。

袁文薮到东京是1902年农历十一月，居五月归国，也就是第二年的三月底四月初，时间上是吻合的。当时袁文薮的堂弟袁文钦在大阪，正好接待袁文薮一行参观了大阪的一些地方，包括这个博览会。因此，这篇观览记极有可能出自袁文薮之手笔，或由袁文薮与几位同学执笔共同完成。而《浙江潮》上的《日本闻见录》栏目到第四期就消失了，估计与袁文薮等人回国有关，有可能袁文薮就是这个栏目的主持人。据周作人日记可知，1903年农历七月汪希(汪素民)已经回国。《清国留学生会馆第三次报告》中，孙翼中、汪希、袁文薮、钟玉瑨等一批与《杭州白话报》有渊源的自费留学生均已回国，也就是说最晚在1903年农历九月前他们都已不在日本。

《浙江潮》创刊之初，一批原《杭州白话报》的成员如孙翼中、汪希、袁文薮等加入并成为刊物的重要编撰者，孙翼中还担任了《浙江潮》的主编。但随着他们1903年夏秋前后陆续回国，有些原本由他们主持的栏目发生了变化，甚至不得不取消。除《日本闻见录》栏目，还有《新浙江与旧浙江》栏目也是类似情况，仅出现于《浙江潮》第一、第二期，两期共发表了3篇文章，其中两篇由文诡（袁文薮）、江东（孙翼中）撰稿，但到了第三期这个栏目就消失了，被《调查会稿》栏目所取代。这或许也可说明这些栏目与袁文薮等有密切关系，他们是早期《浙江潮》的编者和作者。对于这段经历，1935年袁文薮在《文薮自撰年谱》里提到“同乡留学人士创办浙江潮杂志，余曾撰两文载入。”但现在看来年谱记载也未必确切，他撰写的应不止两文，年谱中可能仅指以“文诡”笔名刊发的《浙声》《非省界》两篇长文，其他如诗、编译小说及观览记等未计入在内。

综上，钱恂和袁文薮在《浙江潮》第二期都有诗作发表，钱恂使用“富士始一”的笔名在《文苑》栏目发表了《庚子阴历除夕述怀时在日本》一诗，袁文薮用“太公”的笔名在《日本闻见录》栏目发表了《东京杂事诗》，在《小说》栏目发表了《海上逸史》。此外第三期《日本闻见录》栏目上的《日本内国第五回劝业博览会观览记》一文也可能出自他的手笔。

二、关于《东京杂事诗》

发表在《浙江潮》第二期的这一组《东京杂事诗》共6首，前面有一段小引述其创作缘由：

> 东京杂事诗何为而作也？悠愁忧思，眷怀故国，冀民风之一变，社会之一改良也。非好摛词抒藻，故作呻吟也。记昔黄公度有日本本事诗一卷，亦朗然可诵，然与今日日本社会之真

相迥不侔矣。拟成百绝,持此以与我内地之热心社会改良家代茶话会焉。

这段小序说明,作者旨在效仿黄遵宪的日本杂事诗来吟咏描述他留学时所见的日本社会。黄遵宪于1877年随首届驻日公使何如璋赴日,来日后的两年间与日本友人广泛交往,细致地考察日本的历史地理人情风俗,陆续创作了100多首描写日本社会风貌的诗。1879年冬刊印出版的《日本杂事诗》初版本共收诗154首,主要为七言绝句,每首诗的后面还附有长短不等的注释,具有较高的文学价值和史料价值,有助于晚清国人了解日本社会。袁文薮仿黄遵宪的这组杂事诗,也是七言绝句,后面也附有作者自注,目的也是为了记录"今日日本社会之真相",通过介绍日本的新事物为国内的改良变革提供反思之依据。以下逐一介绍这六首诗的内容:

第一首:

阿谁为国竭孤忠,铜像魁梧上野通。
几许行人齐脱帽,樱花丛里识英雄。

作者自注:"东京有最著名之二大公园(中国称为公家花园),一在浅草,一在上野。上野植樱树几千株,每年花盛开时,赋诗酌酒,游人麇集,有举国若狂景象。樱花丛里,一巍然屹立云表、气象万千之铜像在焉,即日本维新时之大英雄西乡隆盛是也。回顾吾祖国海云万里,声称阒如。低徊其下,啜其泣矣。"

这段注语与许寿裳的回忆是一致的。西乡隆盛系日本江户时代末期的萨摩藩武士、军人、政治家,日本明治维新时期的著名人物,与同是名臣的大久保利通、木户孝允并称为"维新三杰"。此诗通过描写日本人对西乡隆盛的崇敬,感叹中国没有出现这样一个振臂一呼改变国势的英雄。

第二首：

紫裙六幅簇成围，读罢相呼拉伴归。
争说昨宵归去晚，两街灯火雨霏霏。

紫裙系当时日本女学生的装束，日本教育发达，学校众多，女学也相当兴盛。晚清维新派人物宋恕于1903年7月初来到日本，也立即注意到这种现象，在给妻子孙季穆的信中屡次提到："学校学生皆有一定服制，街中穿紫裙者皆系女学生云。"[⑥]又曾感慨日本女性与中国之不同："而尤大可惊者，则寓中老幼女仆无一不能笔谈天下事也（且一一能作草书）。有一日，一女仆曰：'日本女子虽比支那女子为乐，然我属仍觉其甚苦，不能与西洋女子比。世界上女子除西洋外无不可悲！'我闻之大惊异。夫以一小小客寓中之女仆，而所见能及此，岂非大怪事！东京客寓之多不可胜计，女仆如此，（女仆皆下户贫女充之，然竟无不识汉字者！且通英、德、法语文者亦有之，工书画，能诗者亦有之！）其中户以上之女子，学识不可思议，昭昭然矣！"

这首诗后面作者有一段较长的注解，与宋恕的感受基本是相同的："日本学校星罗棋布，即举东京一隅论，不下数百。盖必如此始能使全国人民，均受教育。且每一校之学生有多至数千人者。吾国近来开办学校稍有一线光明，然今日急欲贡献三大主义于教育界上有责任诸君而精神不与焉：一须确知学堂愈多则人才愈出。非仅省有大学堂，府有中学堂，县有小学堂，遂可栩然自信为已足也。盖大中小之外种种专门科学，及一聋一盲，均有学校，不易殚论。一须知今日急需普及教育，学校中当速议广额法。若一官设学校，有数万金之款，设额仅五六十名或百名，夫安能言教育？且迩来风气渐开，缺额招考时，来者如赴壑，忍皆使其废然而返乎？

法宜于学校邻近招人,开设下宿舍(即客寓也,日本学生大半住下宿舍)为主。一即女学是也。日本女学几与男等,朝暮两时,试游行街市,摩肩膺毂,以十人计算,男学生居什之四,女学生居什之三,其余商人及下流社会又居什之三。呜呼!盛矣!女学生皆着紫色裙,怀挟书包,或三或五结队而行,一望便知。岂如吾国之涂脂抹粉凝妆闺阁,终日蠢蠢如动物园中之供人玩弄者所可比耶?呜呼!二万万同是圆颅方趾之人,任其长此火坑葬身泥犁,昊天不吊,降此下民,哀哉!"

袁文薮此诗表达了许多留日志士的感受。凡是初到日本的留学生,都会关注到日本教育之发达,惊叹日本妇女受教育之普遍,而对晚清的教育现状感到不满,认为有大力改革的必要。

第三首:

飘忽长崎急电催,准期金曜故人来。
新桥买票横滨去,相见还应恸一回。

作者自注:"游学日盛,每一星期邮船抵埠必有至者。留学同人中有兄弟亲友到来,往往先由长崎电知。金曜日即礼拜五也,是日为船抵横滨期,距东京约有六十里。同人往迓,必至新桥坐汽车焉。相见时话异国文明,动故乡观感,每至泣下数行。"

留学生到日本,当时是从上海乘船先到长崎,入境后继续乘船前往神户或横滨,然后再乘车至东京。据周作人日记,鲁迅1902年赴日到长崎后经横滨至东京:"晚接大哥二月卅日自东京来信,云于廿六日抵横滨,现住市曲町平河町四丁目三桥旅馆,不日进成城学校。又言其俗,皆席地而坐云。"[⑦]鲁迅在《范爱农》一文中也有留学生一行人去横滨接徐锡麟等人的记载。钱玄同日记里记载他1905年赴日行程颇为详细:12月9日从上海出发,11日凌晨4点抵达长崎,入关后下午四点开船,13日中午十二点抵达神户,上岸后入住田中旅馆,晚六时乘夜行火车至东京。[8]

《浙江同乡会章程》里有《清国留学生会馆招待规则》,其中也提到这两条线路:"招待地方有二,一在横滨,一在新桥,凡由神户起岸者,本馆干事当至新桥招呼。由横滨起岸者,本馆干事当至横滨招呼。其神户、上海、天津三处均有本馆赞成员代为经理。""天津航路至神户起岸,船抵长崎后可发一信致孙君言明乘坐何船何日何时可至神户,届时孙君代为照料,神户易车后可托孙君代为电知本馆(电费约二三角)。车于何时抵京,本馆干事即至新桥招呼。""上海航路至横滨起岸,可由长崎或马关函知本馆船于何日何时至横滨,届时本馆干事至横滨招呼。"[9]这首诗可谓生动地描述了留学生接到朋友电报后,到新桥买票前往横滨迎接的情形。

第四首:

馆开博物郁璘斌,万象森罗此问津。
一说中原风俗事,玉关哀怨不成春。

作者自注:"东京博物馆规模甚闳丽,初入其中者,璀璨离奇心目眩惑。内有历史部,中贮各国风俗等物,支那风俗与琉球风俗、朝鲜风俗、印度、非洲及台湾,上番风俗同彝厕一室。谛视数四有支那妇人木制小脚一双,供万人观览,诧为奇事。又有鸦片具、赌具等种种下流社会所用之物,触目伤心,泪涔涔下,惜不能令我四万万同胞共见之也。"

1903 年 2 月大阪博览会将支那作为野蛮民族之一,展出中国妇女的小脚,因而引发中国留学生的强烈抗议。其实东京博物馆也陈列着支那妇女的木制小脚,只不过没有公然贴上"野蛮民族"的标签且用活人来展示罢了。如陈荣昌《乙巳东游日记》中记载:"观帝国博物院,(中略)取甚者如所设烟枪烟灯及模型之女足妇女之鞋子,尤令人耻而汗发。"[10]"四月二十五日,游上野博物馆,

(中略)其'历史部'陈列品中有中国妇人小脚瓷器,(中略)支那男子手持鸦片筒向妻点头哈腰之惧内之泥塑。"[11]袁文薮此诗的注解说明,早在1903年东京博物馆已经有女人小脚的陈列。此类陈列展示,中国留学生目睹后自然会产生严重的不适感和深深的屈辱感,由此而联想到中国的命运前途,更希望同胞猛然警醒,勿再抱残守旧以至于沦为亡国奴。

第五首:

签轴琳瑯琅遍要冲,新闻杂志破鸿蒙。
剧怜母国惇庞惯,野庙孤山读大中。

作者自注:"东京一隅,书肆约有千余家,购书者每于薄暮时始手披口沫,充溢阛阓。至于新闻杂志(杂志即月报旬报之类)日出约有一二百种。呜呼,如是而欲其民智之不开,国势之不强也得乎?"惇庞,敦厚实在。前两句是说,看到日本书报业如此发达,不由得叹息国人还是抱守旧习,民智未开。读大中,即读《大学》《中庸》。清人有诗云:"一群乌鸦噪晚风,诸生齐放好喉咙。赵钱孙李周吴郑,天地玄黄宇宙洪。三字经完翻鉴略,千家诗毕念神童。其中有个聪明者,一日三行读大中。"从这首清人的诗中可以看到我国的学子仍在读百家姓、千字文、三字经、鉴略、大学、中庸,与急剧变化的现代世界完全不接轨。

第六首:

学幕宏开仗众才,文明两字总疑猜。
乌云洒遍椰罗水,官羽楼头泛绿醅。

作者自注:"官羽酒楼为吾国粤人所开设,生意称繁盛焉。"

以上就是6首东京杂事诗所吟咏的内容。从作者自注部分的议论来看,这几首诗应是怀抱救国志愿的留日志士所作,忧国之心,爱国之情,开启民智之意,改造中国社会之志,溢于言表。这也与袁文薮的经历一致:袁在国内参与创办了《杭州白话报》,在杭州求是书院教书期间因与孙翼中等宣传排满思想而被迫辞职,故赴日留学有流亡避难兼了解明治维新后日本社会的双重目的。反之,钱恂作为张之洞派遣的清政府官员、留学生监督,似不大可能在公开发表的诗文中发表这种愤激之辞。就内容而言,这几首杂事诗的作者"太公"也应该是袁文薮,而非钱恂。

这六首杂事诗明白晓畅,朗朗上口,跟现存能看到的袁毓麟(袁文薮)的几首七言绝句风格比较类似。据他的自述,东京杂事诗原拟作百首,但因为不久回国,这一计划也就未能实现。此外,如上所述,《浙江潮》第三期《日本闻见录》栏目刊登了《日本内国第五回劝业博览会观览记》一文,此文也可能是袁文薮的手笔。这个博览会即 1903 年 3 月 1 日开始在大阪天王寺公园举办的第五届内国劝业博览会,也就是因"人类馆事件"而在开馆之前引发中国留学生汹涌抗议的博览会。在留学生的抗议下,"日本政府已下令人类馆取消此举"。即便如此,观览的过程中也引发了作者的诸多感慨,其大致内容如下:

此文记载了作者 1903 年 4 月 1 日从东京抵达大阪后,于 4 月 2 日参观农业馆、林业馆、水产馆、运通馆、机械馆、美术馆、台湾馆、体育馆、教育馆、工业馆的所见所闻,列出了各馆陈列资料,也由此生发出一些感叹。如在参观了机械馆后有这样的议论:"上所陈列机械,皆仿欧洲,无有自日本人发明者。虽然日本维新以来,不过三十年,而欧洲一切造机方法,皆已窃得之。日本固盗窃之雄也,若我国则并盗之窃之而不能焉,一笑。"可见当年日本的制造业也是从模仿(山寨)起步的。

在看了台湾馆后作者更是沉痛不已:"左则吾中国人所最伤心之台湾馆在焉,其建筑悉依清台湾总督府之原式,入门则庭园之中有戏台也,台上置四人轿一,两旁有台湾料理店(即酒肆)、茶店,中选幼女二十余人,衣中国服,作堂倌。呜呼!此已亡中国之一部国民也。今志士日日向吾国道亡国以后状,述印度,述波兰,笔墨所及,何尝不怀懔乎如亲见,而吾国人固以为伪言。今台湾割归日本,事不越十年,度今人皆能知之。此回博览馆又皇皇建筑于大阪之市,吾国人来此者亦颇不乏观者。诸君,此伪言乎?此实言乎?知是实言矣,其自警否?其自畏否?其应如何谋救中国否?呜呼!吾不能再言矣!馆内有台湾人民出品物陈列场台,台人欢笑酣嬉,俨然一日本国民焉。日本自甲午后至今乃开博览会,因布陈其新领土之产物及人民生活之现象,以自夸能戮同种之光荣也。"⑫

这篇观览记夹叙夹议,流露出强烈的忧国意识和慷慨激昂的爱国情绪,无论从行文还是思想感情上,与袁文薮的东京杂事诗高度一致。

三、《海上逸史》与《北极探险记》

《浙江潮》第二期《小说》栏目的《海上逸史》,写了两个探险故事:

第一个故事标题为《葛玛航行印度事》。葛玛,现通译为达·伽马,是15、16世纪葡萄牙航海家、探险家。1497年达·伽马从里斯本出发绕过好望角,到达了莫桑比亚,之后在伊本·马吉德的帮助下,终于到达了印度的西南部地区,这就是达·伽马航线。达·伽马开拓出来的新航线,为欧洲的殖民主义掠夺和扩张开启了新的时代。本篇即讲述了达·伽马第一次航行印度的旅程,以充满激情的笔调描述了探险者不畏艰险的开拓精神,也写到了坎纳诺尔之战,揭示了印度人对侵略者的抵抗及失败。

在这篇航海故事的末尾,作者发表了一段议论:"外史氏曰:印度之亡也,五百年前已经烛照而数计矣,宁俟十九世纪哉!同一国也,分崩离析,弗统辖之,其极至如恳纳陆儿之自相离贰。若加利尔者,初欲拒之,继欲媚之,至求媚之而不得,抑亦愚矣!君子曰:覆祚之券,固如是夫?然膏肓毒螫,弥漫充塞于五百年前,而已然异矣。悠悠黄种,于葛玛夫何言!”恳纳陆儿,今译为坎纳诺尔(Kannur),印度喀拉拉邦北部沿海城市。1501年底至1502年初,坎纳诺尔附近海域爆发了坎纳诺尔之战,卡利卡特扎莫林王国的舰队攻打葡萄牙舰队,战败。此后坎纳诺尔全面倒向葡萄牙人,扩大了葡萄牙在印度西海岸的势力。作者指出印度被葡萄牙舰队打败,一个很大的原因是同一国家内“分崩离析,弗统辖之”,还有一个原因是印度人对于外来侵略者则是“初欲拒之,继欲媚之,至求媚之而不得”。印度灭亡的教训对于包括中国在内的一切黄种人无疑都是一个警示。

第二个故事标题为《陆治斯南极探险事》。陆治斯,今译为罗斯,即詹姆斯·克拉克·罗斯,苏格兰海军军官,1800年生于伦敦,英国南极探险家、航海家。他第一个发现了地磁北极,以及南极的罗斯海区域。本篇描写了罗斯1840年率探险队启程前往南极寻找南磁极的艰苦旅程。对此作者在末尾也有一段议论:“外史氏曰:陆氏在英国时,已任海军士官职,功成名遂。苟其左顾孺人,右弄稚子,悠悠以送此天年,岂不乐甚?何为乎冒万险不顾,一之不已,至于再?其性质固度越寻凡也。语曰:‘千金之子,坐不垂堂。’又曰:‘老死不相往来。’我国之学说如是,扬波吹焰迄于今,兹其效可睹矣。”作者称赞罗斯等探险家的进取精神和冒险精神,也反思了国人消极的人生取向,希望西方探险家的事迹能激励国人积极进取,勇于开拓,放眼看世界。

《浙江潮》《小说》栏目刊登的小说,不能完全用今天的标准来衡量,其中有些并非虚构的小说,而是编译的纪实作品、传记文学。《海上逸史》显然也是编译,同一期另一篇小说《苦英雄逸史》(署名“任克”),以及第五期鲁迅的《斯巴达之魂》都应属于编译的传记文学类。就袁文薮当时的外语程度而言,更有可能是根据英文传记翻译改写,但究竟根据哪个版本还有待考察。同时需要指出的是,《海上逸史》用富有文学性的语言讲述了两位探险家的故事,其涉及的探险家题材在当时并不多见,虽然1903年前后国内译介了不少科幻小说、探险小说,但介绍外国航海家、探险家的传记应该说尚属少见。就此而言,《海上逸史》在当时的小说题材中堪称独特,也算是一次开创。由此也使人联想到,鲁迅自言早年也曾翻译过一部《北极探险记》,这是他1934年在给杨霁云的信中提到的:

> ……我因为向学科学,所以喜欢科学小说,但年青时自作聪明,不肯直译,回想起来真是悔之已晚。那时又译过一部《北极探险记》,叙事用文言,对话用白话,托蒋观云先生绍介于商务印书馆,不料不但不收,编辑者还将我大骂一通,说是译法荒谬。后来寄来寄去,终于没有人要,而且稿子也不见了,这一部书,好像至今没有人检去出版过。⑬

鲁迅于30年后提到《北极探险记》,透露了一个重要信息,可惜仅寥寥数语。由于当时未能出版,译稿也不见了,后人也就无从了解这部译作的内容及翻译背景。但由袁文薮的这篇《海上逸史》,以及鲁迅1903年10月在东京出版的译作《月界旅行》,或许可以做些推测。

首先,关于《北极探险记》翻译的背景和时间。如我们所知,《月界旅行》同样也是叙事用文言,对话用白话。从周作人1902年日记可知,鲁迅到日本不久就开始练习用白话写作。周作人这年阴历六月十四日的日记写道:“夜至叔祖处乘凉,接大哥来信(西七月十号发,十八号到)。尽二纸,尽白话,拟即答。”⑭而周作人这一时期也开始看白话读物,如阴历四月十九日记载“看《白话丛书》一本”。[15]收到大哥用白话写的信后，他第二天就回了信：“上午睡少顷，作日本信，得五张，亦白话，至午始竟。”[16]不知兄弟俩用白话通信坚持了多久，似乎不长。鲁迅这时期热心于白话，应该是受到梁启超所译科幻探险小说《十五小豪杰》的影响，由此开始尝试用白话写作和翻译。在此影响下1903年出版的《月界旅行》也采用了章回体及文白夹杂的译法，这在鲁迅早期的翻译中是很特殊的，此后他留日时期发表的译作均用文言。《北极探险记》的翻译当与《月界旅行》时间接近，即1903或1904年，可惜这部书出版受挫，编辑并不欣赏这种文白夹杂的译法，鲁迅此后也就放弃了这种译法。

其次，关于鲁迅所译《北极探险记》的内容。从书名大致可以猜测，这部书跟他早年受梁启超等影响翻译的儒勒·凡尔纳的科幻小说有所不同，表现的不是人类对于探索宇宙的想象，而是描写人类真正进行北极探险的纪实性传记作品。当时这类题材的翻译作品并不多，鲁迅译介探险类题材的科学小说有可能受到友人袁文薮这篇《海上逸史》的影响和启示，当然也有可能是二人不谋而合，英雄所见略同。由于这部译作没有存世，自然也就无法考察鲁迅根据哪位外国作家的作品翻译了《北极探险记》，写的是哪位北极探险家的故事。尽管如此，在此还是做一点推测：

其一有可能是英国探险家约翰·罗斯的事迹。约翰·罗斯是苏格兰海军少将，也是《海上逸史》描写的第二位探险家詹姆斯·克拉克·罗斯的叔叔。他于1818年率探险队开辟了从大西洋到太平洋穿越北美水路的西北航道，在极地考察归途中考察巴芬湾，彻底修正了格陵兰岛西岸至北纬76°54′的海岸的轮廓，对海洋学的研究做出过重要贡献。1829—1833年，在对加拿大北极地区进行的第二次考察中，发现了布西亚岛、威廉王岛和布西亚湾，并发现北磁极。

其二有可能是挪威探险家弗里乔夫·南森的事迹。弗里乔夫·南森1861年出生在挪威奥斯陆，他由于1888年成功地横越了终年被冰雪覆盖的格陵兰岛，1893—1896年乘“弗雷姆号”横跨北冰洋的航行而闻名科学界。南森的北极之行，不但证实北极是一片海洋，还发现了洋底有3 000米深的海盆。他还写成一本名叫《爱斯基摩生活》的书，并于1891年出版。

鲁迅曾提到过这位探险家，1926年10月14日他在厦大的周会上演讲，10月23日出版的《厦大周刊》第160期曾记有讲词大要：“略谓世人对于好事之徒，每致不满，以为好事二字，一若有遇事生风之意，其实不然。我以为今之中国，却欲好事之徒之多，盖凡社会一切事物，惟其有好事之人，而后可以推陈出新，日渐发达。试观科仑布之探新大陆，南生之探北极及各种科学家之种种新发明，其成绩何一非由好事而得来。……惟各人之思想境遇不同，我不敢劝人人皆为甚大之好事者，但小小之好事，则不妨一尝试之。譬如对于凡可遇见之事物，小小匡正，小小改良便是，但虽此种小事，亦非平时常常留心不为功。万一不能，则吾人对于好事之徒，当不随俗而加以笑骂，尤其是对于失败之好事之徒云云”。[17]科伦布今通译为哥伦布，南生现译为南森。从这段演讲可知，鲁迅所说的“好事之徒”当指敢于尝试冒险的人，他鼓励学生们“好事”，就是倡导一种像哥伦布、南森那样的探索进取精神，而不是唯恐失败，遇事退缩不敢尝试。由这次演讲可见鲁迅对南森这位北极探险家印象深刻。

以上仅是对《北极探险记》内容所作的推测。由于这部译作早已遗失，后人也只能悬拟揣想了。值得一提的是，鲁迅后期在上海观看的电影中，有好几部是探险类的电影，如1929年6月10日记载：“夜同贤桢、三弟及广平往上海大戏院观《北极探险记》影片。”这是1928年美国拍摄的一部探险纪录片，1929年6月9日《申报》刊登的剧场消息称：“《北极探险记》为美国克司公司摄影师冒险所得之代价，万死一生，幸达目的。凡北极之鱼兽飞禽，奇奇怪怪，靡不尽情摄入；且有巨鲸白熊等希有之怪物，观之可增进不少见识……”1931 年 10 月 9 日鲁迅日记载：“夜邀王蕴如、三弟及广平同往国民大戏院观《南极探险》电影。”《南极探险记》系美国派拉蒙影片公司 1929 年出品。1934 年 6 月 23 日鲁迅日记载：“夜与蕴如及三弟并同广平往融光大戏院观《爱斯基摩》。”这是美国米高梅影片公司 1933 年出品的一部纪录片。[18]1936 年在致一位友人的信中，鲁迅指出青年不应该专看文学书而忽视常识、科学，关于友人询问的儿童读物，他推荐开明书店出版的通俗科学书，又指出：“其次是可以看看世界旅行记，借此就知道各处的人情风俗和物产。我不知道你们看不看电影；我是看的，但不看什么‘获美’‘得宝’之类，是看关于菲洲和南北极之类的片子，因为我想自己将来未必到菲洲或南北极去，只好在影片上得到一点见识了。”[19]可见鲁迅终其一生保持着对人类探险题材的热情和兴趣。

注释

① 鲁迅博物馆等编选：《鲁迅回忆录》专著上册，北京出版社 1999 年版，第 233 页。

② 单士厘：《受兹室诗稿》，陈鸿祥校点，湖南文艺出版社 1986 年版，第 29—30 页。

③ 邱巍：《钱玄同家族留学日本考述》，《西北工业大学学报》2005 年第 1 期。

④ 张静庐、李松年：《辛亥革命时期重要报刊作者笔名录》，中华书局编辑部编：《文史》第一辑，中华书局 1962 年版，第 112 页。

⑤ 单士厘：《受兹室诗稿》，陈鸿祥点校，第 29 页。

⑥ 1903 年 7 月 1 日、8 月 10 日致孙季穆书，《宋恕集》下卷，中华书局 1993 年版，第 718 页、721 页。

⑦ 周作人日记（阴历一九〇二年三月初九），《周作人日记》影印本上册，大象出版社 1996 年版，第 395 页。

⑧ 杨天石整理：《钱玄同日记》上册，北京出版社 2014 年版，第 9 页。

⑨《浙江同乡会简章》，《浙江潮》第三期，浙江同乡会杂志部发行，光绪二十

九年正月二十日。

⑩ 陈荣昌:《乙巳东游日记》,东京云南同乡会事务所刊,光绪三十一年,第7页。转引自严安生著,陈言译:《灵台无计逃神矢——近代中国人留日精神史》,生活·读书·新知三联书店2018年版,第116页。

⑪ 杨芾:《扶桑十旬记》,光绪三十三年(著者刊行),第10页。转引自严安生:《灵台无计逃神矢——近代中国人留日精神史》,第116页。

⑫《留学界记事》之《大阪博览会人类馆台湾女子事件》,载《浙江潮》第四期,第139—146页。

⑬ 1934年5月15日鲁迅致杨霁云信,《鲁迅全集》第十三卷,人民文学出版社2005年版,第99页。

⑭ 周作人日记(阴历一九〇二年六月十四日),《周作人日记》影印本上册,第340页。

⑮ 关于《白话丛书》的情况不详。

⑯ 周作人日记(阴历一九〇二年六月十五日),《周作人日记》影印本上册,第340页。

⑰ 1926年10月14日鲁迅致许广平信后的注释,《鲁迅全集》第十一卷,第161—162页。

⑱ 具体可参见李浩、丁佳园编著:《鲁迅与电影——鲁迅观影资料简编》,上海书店出版社2019年版。

⑲ 1936年4月15日鲁迅致颜黎民信,《鲁迅全集》第十四卷,人民文学出版社2005年版,第76页。

依附及游离：社团生产与《域外小说集》的合法化

黄英豪

1909年，由会稽周氏兄弟纂译的外国短篇小说选集——《域外小说集》于东京出版，两册分别于同年3月及7月在日本东京神田印刷所印刷，并于东京群益书店和上海广昌隆绸庄寄售。但是其销量却不尽如人意，东京的寄售处："计第一册卖去了二十一本，第二册是二十本，以后可再也没有人买了"，而上海的寄售处销量："听说也不过卖出了二十册上下"[①]。胡适曾分析过其之所以"十年之中，只销了二十一册"，这是"用古文译小说"的结果[②]。但是，彼时风行的林译小说也是"用古文译"的，为何会产生如此的差距呢？胡适作出此判断很有可能是为了说明其预设的结论："古文只配做一种奢侈品，只配做一种装饰品，却不配做应用的工具。"胡适认为小说可以用古文进行翻译，但是这仅仅只是"少数人赏玩"的文学，并不能进行普及[③]。

阿英亦觉初版《域外小说集》的失败遭遇是由两个原因导致的：一是"读书人看惯了一二百回的章回体，所以短篇便等于无物"[④]；二是周氏兄弟偏向于使用古文"直译"外国作品，但又缺少如林纾之意译的"一气到底"，反而"佶屈聱牙"，因此得不到欢迎[⑤]。前一个原因的分析看似合理，但早有研究者指出"那时已有短篇流行，如光绪三十二年灌文书社出版的《短篇小说丛刊》、鸿文书局出版的《短篇小说丛刻》，宣统元年时报馆出版的《短篇小说合璧》，宣统二年群学社《短篇小说十五种》；至于当时流行的各种侦探小说集，其中相当一部分是短篇小说。在晚清1 075篇有标示的小说中，标‘短篇小说’或‘短篇’的共178篇，占据首位，标‘侦探小说’‘社会小说’与‘言情小说’的依次列于其后”[⑥]。

阿英的第二个原因分析与胡适的解释有相通之处，实际上，无论是阿英还是胡适，都从读者接受的视角对出版《域外小说集》的失败现象做出解释，以往如廖七一、张婷婷、张惠、袁素平、付建舟等学者，或认为周氏兄弟的翻译背离了当时的主流趋势并与白话文趋向相悖，或认为《域外小说集》有其理念的超前性，因此无法为读者所接受，这是一种“曲高和寡”的现象[⑦]，叶依群亦对《域外小说集》初版的失败现象，从读者接受的视野出发做了系统的梳理[⑧]。

对读者接受视野预估的偏差是《域外小说集》失败的一个重要因素，但是将东京版《域外小说集》的销售情况与1921年群益版《域外小说集》进行比照，可发现后者“在1921年初印之后，1924年即重印，1929年又出了三印，说明有着持续的市场需求。”[⑨]况且，1920年，教育部就已发布通告：“定自1920年秋季起，凡国民学校一二年级，先改国文为语体文，以期收言文一致之效”[⑩]，自此，白话文运动取得完全之胜利。但是为何“佶屈聱牙”“以古文译小说”的《域外小说集》却能屡次重印呢？再如：张静庐回忆言及1925—1927年文学类的销路远远比不上政治类书刊：“每一家印刷所里的印刷机器上，全张的，对开的，甚至于四开的都一批又一批的印着《三民主义》或《中山全书》，哪有空余时间来印你的短版生意呢？……狂热的情形到十六年清党运动以后才一落千丈……”[⑪]张静庐所指“短版生意”就是文学类的书刊，表明在1925—1927年，文学类的书刊远不及政治类书刊受欢迎，在这样的市场需求大环境之下，重印之后的《域外小说集》却能再三版印，其吊诡之处如何解释？而在东京版《域外小说集》遭遇失败的

1909年,国内的翻译小说却颇受欢迎,如阿英就曾统计晚清翻译小说占小说总量的三分之二[12]。陈平原先生在考察后亦得出相类的结论[13]。由此可见,市场方面的需求状况,与前后版《域外小说集》的销量境况形成交叉错位现象。诸如王宏志先生并没有完全从“读者接受”出发探究失败的原因,而是认为周氏兄弟在文坛上寂寂无名亦是主要原因[14],张丽华先生也认为这与周氏兄弟缺少文化资本累积相关[15]。但是周氏兄弟如何“陷入”无名的状态?《域外小说集》与新青年社的关系为何?在周氏昆仲与新青年社疏离之后,为何《域外小说集》还能保持其重版热度?这些关键问题有必要从“社团生产”这一角度出发加以重新考量。

一

文学社团的建立是特定条件下的文人自发性行为,朱寿桐在其《中国现代社团文学史》中指出,现代文人社团不同于古代的文人雅集,文人雅集所必需的三大因素为:知识权威、经济权威、行政权威,但是现代文人社团却以“知识权威”最具决定性。所谓知识权威,意指共同的文学主张、倾向抑或“克服了闲情逸致,在思想上、文化上和文学上体现出比较强烈的‘有所为’”的要求[16]。但实际上,朱寿桐所归纳出的三大因素在现代文人社团的形成中,皆具有重要影响。如经济权威,在晚清,因科举制度的取消,众多文人被抛掷于自行谋生的境况,逐步形成了较大覆盖面的职业撰稿人以及作家群体,现代文人社团的成立之初自然需要依赖于同人们的集资或者其他方面的支援。而所谓的“行政权威”亦不同于古代被帝王贵胄支配的情形,但是同人们于政治机制之外的文化公共空间之形成的要求亦可视为另一种“政治”,布迪厄指出:“在权力场内部文学场自身占据了被统治地位。权力场是各种因素和机制之间的力量关系空间,这些因素和机制的共同点是拥有在不同场尤其是经济场或文化场中占据统治地位的必要资本。”[17]现代文学社团的概念界定是以传统的文人雅集为锚定点,前者更多是以现代传播媒体作为基本的运作载体,最为典型的报纸刊物则为文学社团的行政权威之塑成提供了必要条件。而在3个因素中,知识权威所占的比例最大。

鲁迅曾经回忆他在受到"幻灯片事件"的触动之后,认为"我们的第一要著,是在改变他们的精神"[18],于是鲁迅1907年意在提倡文艺运动:

> "此外又邀集了必须的几个人,商量之后,第一步当然是出杂志,名目是取'新的生命'的意思,因为我们那时大抵带些复古的倾向,所以只谓之《新生》。《新生》的出版之期接近了,但最先就隐去了若干担当文字的人,接着又逃走了资本,结果只剩下不名一钱的三个人。创始时候既已背时,失败时候当然无可告语,而其后却连这三个人也都为各自的运命所驱策,不能在一处纵谈将来的好梦了,这就是我们的并未产生的《新生》的结局。"[19]

鲁迅想提倡文艺运动,此时亦有成立"文学社团"之意,但夭折在"出杂志"这一步,其中颇为关键的点在于"担当文字的人""资本"等因素的离散。这表现在社团成立的重要因素之三已去其二:经济权威与行政权威。最终"不名一钱"的三人亦"不能在一处纵谈将来的好梦了",至此,最重要的"知识权威"消失。再之后,鲁迅便以"所感到者为寂寞"。在1909年出版的《域外小说集》可以说是鲁迅的又一次努力,从考察《域外小说集》1909年版的出版路径以及1921年重印的发行运作中可知,东京版本的《域外小说集》是周氏昆仲自费发行,在其东京版版权页上"标明出版日期为己酉二月(1909年)十一日印成,发行者周树人;印刷者长谷川辰二郎;印刷所神田印刷所;总寄售处上海英租界后马路干记广昌隆绸庄”[20]，而在重印之后的《域外小说集》版权页上标注印刷发行的皆为“群益书社”。东京版本受蒋抑卮赞助颇多，一二册共印 1 500 册，蒋抑卮共垫付 150 元，周氏兄弟本拟定出版一二册之后，资金回本了再出第三册，但在东京版寄售以来，却销售惨淡。

或许《域外小说集》初版的失败早在《新生》时期就已经注定了，在《呐喊》序言中，鲁迅提及：“在东京的留学生很有学法政理化以至警察工业的，但没有人治文学和美术”，鲁迅是感受到了东京“冷淡的空气”[21]，这与晚清甲午战争之后，留日学生的风潮相关。1902 年，周作人初至日本留学，但到了 1906 年，此四年间在此邦的留日学生数量已经“激增至 8 000 人以上”[22]，留日学生中又“以学文科的占多数，其中又以学政法和陆军为最热门”[23]。此时正是中日甲午战争之后，清国惨败，在日留学生对于战败后中日地位的转变更为敏感，因此留日学界偏重实用之学以求革命的风气尤甚，留日学界对文学艺术的轻视，周氏兄弟也有体会：“曾经有一个帝大工学部的同乡前辈问鲁迅，‘你弄文学做甚，这有什么用处？’鲁迅答云：‘学文科的人知道学理工科也有用处，这便是好处。’”[24]在日留学生更愿意关注政治、军事、工业领域的译著及理念，对于周氏兄弟试图加以推广的“本质”自然是不屑一顾。在日本的群益书社寄售点销量陷入低谷也是可以预料的。

周氏昆仲在《新生》创建失败之后，《域外小说集》的译介可以说是他们为推行自身主张的又一次努力，但是因缺少“文学社团”所必需的知识权威、经济权威以及行政权威即发表阵地等要素，周氏兄弟的译介作品长期处于被动状态。不只是《域外小说集》，周氏兄弟在 1909 年自费出版《域外小说集》之前就已初步尝试撰稿人工作，亦获取收益。周作人译《孤儿记》得到二十元报酬[25]。1907 年，商务印书馆出版了周作人译出的《红星佚史》，获稿酬 200 元[26]。但此时周氏兄弟亦对其稿酬标准有了不满：“那时的稿酬也实在是够刻苦的；平常西文的译稿只能得到两块钱一千字，而且这是实数,所得标点空白都要除外计算”[27]。也无怪周氏兄弟如此愤懑,同是译介外国文学的林纾“益以版税、版权,岁入巨万。版税者,著作稿书坊代印,每书分其价十之几,版权者,以著作稿售书坊,每千字价若干金,其丰歉一视其人之声誉以为衡,而版税、版权之所饶益,并世所睹记,盖无有及纾者”[28]。虽然林纾等人未曾建立“文学社团”,但是围绕在林纾周围的诸如王寿昌、魏翰、陈家麟、曾宗巩等人,掌握了此时译界的“知识权威”,以推行其“中体西用”的翻译思想(如他对西方文学原本进行较大幅度的改动和删减,使其符合中国传统小说的风格,如他将哈葛德的小说《蒙特祖马的女儿》译成《英孝子火山报仇录》,就带有明显的传统孝子传奇色彩)。

因此,周氏兄弟在试图组建《新生》团体失败之后,其译介的诸多翻译小说虽在日本与中国多次投稿,《域外小说集》亦设置了东京与上海两个寄售点,但是因缺失必要的“知识权威”与“相契合”的文学团体的推动,东京版《域外小说集》始终身处文学场的边缘地带,不能得到承认,以至于“非法化”。

二

晚清留日学界寻求革命之风尤甚,与周氏兄弟志趣不合。如安东尼·奥罗姆所说:“任何人都无法靠自己对别人施加更大影响,因而人们不得不共同参与各种形式的集体的社会和政治事业”,“学会为了他人的利益而放弃个人的意愿,努力服从于共同事业”[29]。周氏兄弟于晚清时期的译著从仰慕并效仿林纾逐渐过渡到具备“直译”特色的风格,并且游离于政治团体之外,就此无论是在迎合市民阶层的文学团体,抑或是主张工业及政治救国的团体中,周氏兄弟皆具有“异质性”。姜涛曾论述在新诗的产生中,“发生的空间与阅读的空间,往往是重合的”,譬如在胡适周遭形成独特的文人群体,无论是与胡适主张颇多龃龉的任叔永、梅光迪等人,抑或支持其主张的陈独秀等人皆有益于主张的传播与资本的攀升[30]。身处日本的周氏兄弟,因其“异质性”而游离于文学社团之外,使得无法有效建立自身的影响圈,更无法推行如《域外小说集》序言所说的志向。

及至回国,周氏兄弟各自有频繁的赠书活动,如在1917年《新青年》3卷6号与陈独秀的通信中,首次提及并推荐《域外小说集》的钱玄同便“很早是一位有心的读者”[31],鲁迅在其日记中记载了1913年9月赠书给钱玄同的事件:“午前稻孙持来中季书,索《或外小说》”,9月30日又云:“上午以《或外小说集》二册交稻孙,托以一册赠中季”[32],但鲁迅在1909年回国之后的赠书对象除钱玄同之外毫无反馈,周作人于1917年北上北京求职之后的赠书活动更有针对性,“北大教授、《新青年》同人”等新文化的倡导者们是重点关照对象。随着《域外小说集》在《新青年》群体中的宣传扩散,其重印的日程安排也逐渐趋近,与之紧密相关的是周氏兄弟日益攀升的文化资本,这一切始自鲁迅回国之后经钱玄同推动并为《新青年》“呐喊”。

周氏兄弟因留日期间,经受过失落的《新生》事件,与其说这仅是刊物破产风波,不如说这是他们试图成立“文学社团”以进一步推行其文学主张步伐的停滞。鲁迅曾言:“独有叫喊于生人中,而生人并无反应,既非赞同,也无反对,如置身毫无边际的荒原,无可措手的了,这是怎样的悲哀呵,我于是以我所感到者为寂寞。”[33]这种寂寞一直缠绕着他,而之后东京版本的《域外小说集》的销量惨淡,正好与这种寂寞相应。在新序中,他说:“我们的书和纸板,都连同化成灰烬,我们这过去的梦幻似的无用的劳力,在中国也就完全消灭了。”[34]鲁迅回国之后忙于生计以及“抄古书、抄古碑”,但钱玄同的拜访与《新青年》初始境遇使其产生与《新生》经验的同情之感,如《呐喊》中所说,“他们正办《新青年》,然而那时仿佛不特没有人来赞同,并且也还没有人来反对,我想,他们许是感到寂寞了"[35],"他们"正是《摩罗诗力说》中的"精神界之战士",这时候鲁迅决定来当"呐喊者",因此也就有了"最初的一篇《狂人日记》。从此以后,便一发而不可收"[36]。因此新青年社正是接续了周氏昆仲在日期间停滞下的步伐。

"新青年社"是否是一个社团性的存在,在学界一直都有多方面的探讨,但《新青年》曾于1920年刊登启事:

> 本报八卷一号准于九月一日出版编辑部同人照旧编辑事务仍由独秀担任以后关于投稿及交换告白杂志等事请与"上海法界环龙路渔阳里新青年社编辑部"接洽关于发行事件,请与"上海法大马路大自鸣钟对面新青年社总发行所"接洽报价邮费一切照旧惟特别号不另加价的权利以直接向本社总发行所定阅者为限特此预先声明以免误会此白[37]

由启事可见,自《新青年》第8卷第1号开始,编辑部同人即自行组建了"新青年社",但是不能忽视的是,《新青年》此启事的刊登时间正是原本战线统一的"新青年群体"遭受分裂之后,正如鲁迅所说:"'五四'事件一起,这运动的大营的北京大学负了盛名,但同时也遭了艰险。终于,《新青年》的编辑中枢不得不复归上海。"[38]而实际上,《域外小说集》在社团中主要的运行时间却是在《新青年》群体分裂之前,在此之前的《新青年》群体是否可以被命名为"社团"呢?

1918年1月,曾有读者在《新青年》四卷三号的通信中建议"在新青年社附设一个'文字函授学社'"[39],并且将上海函授的弊端进行改良,以推行"文学革命"的大事业。可见在大众读者的眼中,《新青年》群体已开始被公认为一个社团。按照"文学社团"的三要素进行分析,如知识权威,"凡是关心现代中国文学的人,谁都知道《新青年》是提倡'文学改良',后来更进一步而号召'文学革命'的发难者"[40],抑或有《新青年》提倡"德先生"与"赛先生"之说,可见《新青年》群体有共同的文学倾向、主张,且具较强烈的"有所为"要求。如经济权威,1915 年《新青年》创刊之始,群益书社便是其出版运营商,他们"作为一份自负盈亏、自主经营的民营性质的杂志,出版商群益书社与《新青年》编者一道用尽心力,苦心经营,他们重视发行,在发行网点建设以及发行推广策略方面作了很多努力"[41]。而作为以专有报刊《新青年》立社的"新青年社"在其文化交流空间的形成方面自然条件充足。因此,《新青年》群体在 1920 年发布成立"新青年社"的启事之前,其"社团"属性已然成熟,完全可以将其作为"新青年社"予以观视。正如张丽华所发掘的,这一时期《域外小说集》随着周氏兄弟在新青年社中的位置向"中心"靠拢,其影响力逐渐扩大,重印事宜亦提上了日程。

吊诡的是,恰恰作为得到广泛认可的、并且逐渐成为热点的《域外小说集》在此阶段,却未能如周氏兄弟所期待的那样,被发掘自身的"本质",很大程度上,此时的《域外小说集》与新青年社的关系更像是一种呈高低姿态的"依附"。从 1917 年《新青年》3 卷 6 号钱玄同与陈独秀的通信中所述:

> 若是不懂西文的,像胡适之先生译的《二渔夫》,马君武先生译的《心狱》,和我的朋友周豫才、起孟两先生译的《城[域]外小说集》《炭画》,都还可以读得。(但是某大文豪用《聊斋志异》文笔和别人对译的外国小说,多失原意,并且自己搀进一种迂谬批评,这种译本,还是不读的好。)[42]

再到 1918 年的"双簧戏"中,刘半农将林纾树立为反面素材,将周作人的《域外小说集》与"林先生""分外高古"的著作相对照,并认为:"这位周先生古文功夫本来是很深的,现在改做那一路新派文章,究竟为着什么呢?难道是全无意识的么?"[43]对王敬轩褒奖林译小说的来信内容进行讥讽。直至1919年,蔡元培在《蔡校长致公言报函并附答林琴南君函》中回应林纾的公开函中诸如"若尽废古书,行用土语为文字,则都下引车卖浆之徒所用之语"的指责,亦引用了《域外小说集》,认为《新青年》群体中,有擅作白话者,也有"周君所译之域外小说,则文笔之古奥,非浅学者所能解"[44],以此对林纾等人的"保守"倾向予以反击。

由此可见,《域外小说集》在重印之前的诸多现身,都是与"林纾"等保守派的论战紧密相关。换言之,《域外小说集》在与新青年社的紧密关联中,更多是作为一种工具性论战产物被使用、宣传,更是某种程度上对其内涵的摒弃。即使是重印之后的《域外小说集》在某种程度上,其作用仅局限于与"复古派"论战的工具之用,或者建构新文学自身的合法性。如胡适在1922年的《五十年之中国文学》中所言:"周氏兄弟辛辛苦苦译的这部书,十年之中,只销了二十一册!这一件故事应该使我们觉悟了,用古文译小说,固然也可以做到'信,达,雅'三个字,一如周兄弟的小说,但所得终不偿所失,究竟免不了最后的失败。"[45]胡适至此也未放弃将《域外小说集》作为与"守旧"文人进行论争的"擂台"看待。

三

1921年10月1日,《新青年》出至九卷六号之后宣告停办,新青年社也由此解散,但是鲁迅所期待的《域外小说集》"本质"的被发现恰恰是在与"新青年社"疏远之后,伴随着民国教育体制的变革,并且投入市场运作之后而逐步实现的。但与此同时,"新青年"社团标签依旧缠绕在《域外小说集》身上,并更进一步塑成其影响力与合法性。

1920年代大众读者的阅读趣味逐渐向政治性书籍转移,各大书局自然以趋利原则跟随读者择选发行书籍。而《域外小说集》在1921年重印之后于1924年、1929年又出了三版,此种反常现象也脱离不了中学教育市场的影响。据民国 20 年出版的《全国中等教育概况》，从民元至民国 18 年，全国的中学学校从 373 所激增至 715 所，且中学生人数由 52 100 人次增至 151 069 人次，其增幅之巨为文学公共领域提供了广阔的物质空间及市场[46]。在 1920 年教育部发布通告："自本年秋季起，凡国民学校一二年级，先改国文为语体文，以期收言文一致之效。"[47]而后在胡适、叶绍钧等人起草的《新学制课程标准：初级中学国语课程纲要》中赫然将《域外小说集》列为略读书目中的小说列表中。与之并列的还有周作人的《点滴》、胡适的短篇小说，以及鲁迅尚未出版的《呐喊》等白话小说集，同时也附有林纾以文言译的域外小说。

新文化人早在民元施行"壬子癸丑学制"之后意识到白话文一定能占优势，但"文言是否绝对的被排斥，尚是一个问题。照我的观察，将来应用文，一定全用白话。但美术文，或者有一部分仍用文言"[48]。胡适也意识到民元的教制改革虽然定的"标准是'通解普通语言文字'"，但"事实上中学校教授的并不是语言文字，乃是少数文人用的文字"[49]。周作人亦警觉：

> 因为各中学的国文教员几乎都是遗老（自然也有例外），不是复辟派，即是桐选派；他们的徒弟的知识当然是限于春秋大义与"谋生者"的文章了。中学的国文教育如不改良，这些的要求者层出不穷，供给者也就应运而生，不是单靠言论的力量可以遏制的。[50]

新文化人重新审视学制改革，觉察一蹴而就的改革是不易实现的，在中学国文教育的公共领域中，复古派与改革派都在争夺话语权。而《域外小说集》恰好作为双方在文学场中对垒的中选之作。简言之，白话文与文言并不是形式上的决绝二分关系，其本质上是"活"与"死"的区分。与此同时，在教育与文学场的社会化运作中,《域外小说集》的“文以怡情”的本质思想得以被重新挖掘,如鲁迅所称:“他的本质,却在现在还有存在的价值,便在将来也该有存在的价值。”[51]

叶圣陶曾在 1923 年的《初级中学国语课程纲要》中将《域外小说集》与《战国策》《古诗源》《史记、左传读本》等选文并列在“第三段落”,认为这些“参阅的书籍仍以兴趣为主”,并且“多研究文法”,以及“以整理思想为作文之助”[52],叶圣陶的课程纲要显示出《域外小说集》已初步脱离了“白话文”与“古文”之争的文学场论战模式,而逐步对《域外小说集》的“文法”“思想”进行发掘。曹聚仁 1920 年代任教于暨南大学之时,便“把国文教材作了变动,采用了鲁迅与周作人兄弟俩合译的《域外小说集》和林琴南译述的《拊掌集》……他曾对人说,选用古文体翻译的西洋文学名著,既可以养成青年对中国古典文学的欣赏能力,同时也介绍了西洋文学名著。”而在他 1950 年代定居香港之后,遇到暨南的学生,学生就提起《域外小说集》中的《灯守台》,并表示感人至深[53]。延至 1925 年,亦有读者在报刊上发表意见:“周作人先生的域外小说集,虽以文言译出,然而里面如乐人扬珂,月夜四日等篇,其幽美的情绪,描写战争的惨况,也足与原著媲美,近代是不多见的。”[54]在游离于社团之外,《域外小说集》的“文法”、思想内涵、“文以移情”的本质得以重新发掘。

四

鲁迅曾提及:“文学团体不是豆荚,包含在里面的,始终都是豆。”[55]此言得之,如果仅仅将《域外小说集》的“经典化”归因于文学社团及文化资本运作的结果,这是不全面的。纵观《域外小说集》在经历东京版的失败之后,对其的重新挖掘更有其“本质”与新青年社的符契之处。但从另一方面来看,当作为文学社团成员进入到自己所属的“豆荚”之后,受到文学社团“知识权威”的影响,“豆”本身的个性将被迫掩藏,并且呈现出对文学社团形势变化的配合趋势。郭沫若就曾经指出在创造社与文学研究会的对立“只是在封建社会中培养成的旧式的文人相轻,更具体地说,便是行帮意识的表现而已”[56],因此“一个人无论是怎样超脱的性格,入了一种团体也自会带着那个团体的意识”[57]。文人作家如此,作品也无法逃脱“团体的意识”。

在周氏昆仲译介《域外小说集》之前的《新生》事件往往被研究者单独提取出来进行观视,而未注意到《新生》事件本身隐含的建立“文学社团”之尝试,亦忽视了《域外小说集》东京版本的失败与《新生》之间的紧密牵连。当周氏兄弟进入新青年社的“场”之中,《域外小说集》的重新发掘在一定程度上对应了《新青年》社团“文学革命”的需求,并由此,《域外小说集》作为新青年社对林纾等保守派攻讦的“工具”,在此阶段,虽然周氏兄弟的文化资本累积愈厚,《域外小说集》与新青年社的关系也愈加紧密,但这种“依附”关系恰恰使得《域外小说集》之“本质”得以隐藏。而在《域外小说集》重印之后,新青年社解散,在与社团处于“游离”状态下的作品却获得了其“文以移情”本质上的重现。《域外小说集》在与社团的“依附”与“游离”过程中被“塑造”,获取“合法性”,最终呈现“经典化”趋向,对这一过程中的叠痕与遮蔽进行揭示、梳理,不仅有助于重新拆解新文化人自我经典化的叙述话语,也为重新考察社团与文学现象之间的复杂情态,释放出更具有弹性的阐释空间。

(西南大学中国新诗研究所研究生)

注释

①《鲁迅全集》第十卷,人民出版社 2005 年版,第 172 页。

② 胡适:《五十年来中国之文学》,《胡适学术文集》,中华书局 1998 年版,第

111页。

③《胡适全集》第2卷,安徽教育出版社2003年版,第261页。

④《鲁迅全集》第十卷,人民文学出版社2005年版,第178页。

⑤ 阿英:《晚清小说史》,人民文学出版社1980年版,第191页。

⑥ 徐萍:《从晚清至民初:媒介环境中的文学变革》,山东师范大学博士论文,2011年。

⑦ 参见廖七一:《周氏兄弟的〈域外小说集〉:翻译规范的失与得》,《外语研究》2009年第6期;张婷婷:《从诗学理论看〈域外小说集〉接受之失败》,四川外语学院硕士论文,2011年;张惠:《跨不过的文化与夭折的直译——以周氏兄弟〈域外小说集·安乐王子〉为例》,《鲁迅研究月刊》2013年第5期;袁素平:《生态翻译学视域下的鲁迅译介活动》,《安徽工业大学学报》2011年第4期;付建舟:《主体意识与失语症——评王晓元〈翻译话语与意识形态—中国1895—1911年文学翻译研究〉》,《文艺研究》2016年第3期。

⑧ 叶依群:《〈域外小说集〉的生成与接受》,浙江大学出版社2018年版,第181—200页。

⑨ 张丽华:《文学革命与〈域外小说集〉的经典化》,《文艺争鸣》2019年第5期。

⑩《本埠新闻·小学国文科改授国语之部令》,1920年1月18日《申报》。

⑪ 张静庐:《在出版界二十年》,江苏教育出版社2005年版,第86—87页。

⑫ 阿英:《晚清小说史》,东方出版社1996年版,第210页。

⑬ 陈平原:《中国现代小说的起点——清末民初小说研究》,北京大学出版社2005年版,第43页。

⑭ 王宏志:《民元前鲁迅的翻译活动:兼论晚清的意译风尚》,《鲁迅研究月刊》1995年第3期。

⑮ 张丽华:《文学革命与〈域外小说集〉的经典化》,《文艺争鸣》2019年第5期。

⑯ 朱寿桐:《中国现代社团文学史》,人民文学出版社2004年版,第33页。

⑰ 布迪厄著,刘晖译:《艺术的法则——文学场的生成和结构》,中央编译出版社2001年版,第263页。

⑱⑲《鲁迅全集》第一卷,人民出版社 2005 年版,第 439 页。

⑳ 于静:《钱玄同、林辰藏书中的〈域外小说集〉》,《鲁迅研究月刊》2005 年第 2 期。

㉑《鲁迅全集》第一卷,人民文学出版社 2005 年版,第 439 页。

㉒ 姜异新:《“百来篇外国作品”寻绎(上)——留日生周树人文学阅读视域下的“文之觉”》,《鲁迅研究月刊》2020 年第 1 期。

㉓ 王晓秋:《中日文化交流史话》,商务印书馆 1996 年版,第 209 页。

㉔ 周作人:《鲁迅的青年时代》,止庵校订:《周作人自编文集》,北京十月文艺出版社 2013 年版,第 140 页。

㉕ 周作人:《知堂回想录》,香港三育图书文具公司 1980 年版,第 164 页。

㉖ 周作人:《知堂回想录》,香港三育图书文具公司 1980 年版,第 209 页。

㉗ 周作人:《知堂回想录》,香港三育图书文具公司 1980 年版,第 207 页。

㉘ 钱基博:《现代中国文学史》,上海书店出版社 2004 年版,第 138 页。

㉙ 安东尼·奥尔克姆:《政治社会学》,张华青、孙嘉明译,上海人民出版社 1989 年版,第 281 页。

㉚ 姜涛:《“新诗集”与中国新诗的发生》,北京大学出版社 2005 年版,第 63 页。

㉛ 张丽华:《文学革命与〈域外小说集〉的经典化》,《文艺争鸣》2019 年第 5 期。

㉜《鲁迅全集》第十五卷,人民文学出版社 2005 年版,第 80—81 页。

㉝《鲁迅全集》第十卷,人民文学出版社 2005 年版,第 439 页。

㉞ 会稽周氏兄弟旧译,巴金、汝龙新译:《域外小说集》,岳麓书社 1986 年版,第 2 页。

㉟㊱《鲁迅全集》第一卷,人民文学出版社 2005 年版,第 441 页。

㊲《新青年启事》,1920 年 8 月 19 日《申报》。

㊳《鲁迅全集》第六卷,人民文学出版社 2005 年版,第 249 页。

㊴ 俞慧殊:《通信·新文学之运用》,《新青年》第 4 卷第 3 号,1918 年 3 月 15 日。

㊵《鲁迅全集》第六卷,人民文学出版社 2005 年版,第 246 页。

㊶ 谢明香、王华光:《〈新青年〉的广告运营及策略定位——从〈新青年〉广告

运营看群益书社的经营之道》,《编辑之友》2010年第11期。

㊷《通信》,《新青年》第3卷第6号,1917年8月1日。

㊸ 刘半农:《文学革命之反响·王敬轩君来信》,《新青年》第4卷第3号,1918年5月15日。

㊹《蔡校长致公言报函并附答林琴南君函》,《新潮》第1卷第4号,1919年4月1日。

㊺《胡适全集》第2卷,安徽教育出版社2003年版,第281页。

㊻ 参见罗廷光:《教育概论》,世界书局1933年版。

㊼ 黎锦照:《国语运动史纲》,商务印书馆1934年版,第110页。

㊽ 蔡元培:《国文之将来》,《蔡元培文集》,中华书局2009年版,第166页。

㊾《胡适文集》第2卷,北京大学出版社1998年版,第153页。

㊿ 周作人:《周作人文类编》,湖南文艺出版社1998年版,第371—372页。

51 周作人:《域外小说集》序(1920年),新星出版社2006年版,第1页。

52《叶圣陶集》第16卷,江苏教育出版社1993年版,第6页。

53 李伟:《曹聚仁传》,南京大学出版社1993年版,第74—75页。

54 闻国新:《整理国故与翻译外籍》,1925年9月29日《晨报副刊》。

55《鲁迅全集》第六卷,人民文学出版社2005年版,第264页。

56《郭沫若全集》第12卷,人民文学出版社1992年版,第140页。

57《郭沫若全集》第12卷,人民文学出版社1992年版,第165页。

引发成立“未名社”的《往星中》与鲁迅的“赞助人”身份考察

黄艳芬

关于未名社的成立背景，社团核心人物鲁迅在《忆韦素园君》中这样说过：“那时我正在编印两种小丛书，一种是《乌合丛书》，专收创作，一种是《未名丛刊》，专收翻译，都由北新书局出版。出版者和读者的不喜欢翻译书，那时和现在也并不两样，所以《未名丛刊》是特别冷落的。恰巧，素园他们愿意介绍外国文学到中国来，便和李小峰商量，要将《未名丛刊》移出，由几个同人自办。小峰一口答应了，于是这一种丛刊便和北新书局脱离。稿子是我们自己的，另筹一笔印费，就算开始。因这丛书的名目，连社名也就叫了‘未名’，但并非‘没有名目’的意思，是‘还没有名目’的意思，恰如孩子的‘还未成丁’似的。”①指出了源于对翻译文学的追求，他与韦素园等青年所自发形成的“同人”理想，因此，未名社是为翻译而起已成学界定论，并且，鲁迅在其中起着关键作用，也无可争议。

1983 年 9 月 23 日，李霁野在给宋锦海和李方仲的信中谈到对天津百花文艺出版社拟出的《李霁野文集》中的翻译卷的计划安排：“翻译可能有六卷，但几种俄文原文难找，我本拟不要了，但有友人说，《往星中》引起未名社，似可收，苏俄短篇也尚可看看。”②其中谈到他的翻译处女作——安特莱夫的四幕剧《往星中》，并以转述他人的话语“引起未名社”来描述它，这并非是夸大之词，如果说未名社的生成根源于同人对翻译文学的追求，那么

《往星中》则是体现这一追求的具体文学事件,因为正是这部译稿直接引发了鲁迅作为“赞助人”发起成立未名社。

勒菲弗尔(A. Lefevere)在《翻译、改写以及对文学名声的制控》中提出社会对文学系统的控制机制由两部分构成:一是来自文学系统内部,如评论者、学者和译者等所代表的专业力量,主要通过诗学(poetics)和意识形态(ideology)来制控;二是来自文学系统外部,如个人、媒体、出版机构和政党等为代表的“赞助人”,主要通过意识形态、经济资助和社会地位三种功能来实现制控,这三种功能可以是集中型的(undifferentiated),即由某个个人或机构同时行使三种功能,也可以是分散型的(differentiated),即由不同的人或机构行使不同的功能。勒菲弗尔将这一理论用在翻译研究上,认为翻译活动并不只是由译者一个人决定的,而是受到“赞助人”的控制或影响的,而“赞助人”的作用发挥又与社会的意识形态和诗学有关,影响和控制译者对译作的选择及其翻译策略等,以及为译者提供经济上的赞助,帮助译者改变社会地位,使他们融入某些机构组织。

1920年代,因视青年为文学事业的主体力量,鲁迅积极鼓励和引导青年开展创作和翻译。因对俄国作家安特莱夫的喜爱和对戏剧文学的倡导,鲁迅在翻译选材上形成特定的偏好。在鲁迅赞助李霁野的译稿《往星中》上,集中体现出他支持青年译者,追求俄国文学,以及扶持戏剧文学的多元倾向。本文通过对《往星中》这一被遮蔽的翻译文学文件的出版过程及其作为“引起”未名社成立因素的梳理和考证,揭示鲁迅以“赞助人”身份,在诗学、经济、社会地位和意识形态方面所发挥的影响译本出版和传播的作用。

一、“诗学”的契合:安特莱夫及其戏剧

在李霁野对《往星中》的翻译上,这部联结译者与“赞助人”鲁迅的译稿的特殊性在于从翻译选篇到翻译过程后者并没有参与进

来，鲁迅的赞助活动是发生在译稿形成后，即译稿在两者之间起着穿针引线作用，这说明当译者和“赞助人”在互不相识的情况下，也会存在着某种先期的观念契合，这种契合不仅能引发“赞助人”的赞助行为，甚至更能让他建立起对译者的好感和认同。

关于翻译《往星中》的背景，从李霁野自己的回忆来看，完全是一个文学青年的自发行为，“我翻译此书是在一九二四年夏季，那时候正和几个朋友同住着消磨困长的日子，拿翻译当作一种精神的游戏”[③]。1923 年春，李霁野在同窗韦素园劝说下去北京。同年秋天入崇实中学就读，并自修英文。1924 年暑假，李霁野中学毕业时，韦素园将英译本安特莱夫的《往星中》推荐给他，于是他着手翻译，韦素园同时还用俄文原版帮其校对。可以说韦素园是《往星中》的第一个“赞助人”，他对翻译文学的追求以及直接提供译本都给予了李霁野影响，这种初步的赞助是《往星中》译稿得以形成的重要基础，因此才会有接下来作为正式“赞助人”的鲁迅的出现。

1924 年 9 月 20 日，鲁迅在世界语专门学校的学生张目寒将《往星中》带来，他在日记中是这样记录的：“上午张目寒来并持示《往星中》译本全部。”[④]李霁野敢将自己的译作转给鲁迅审阅，是因为他曾听张目寒说过“鲁迅喜欢接近青年人，并觉得从事文学工作的青年太少。”[⑤]根据鲁迅日记来看，鲁迅在收到《往星中》译稿后的次日便开始校译，可见对青年翻译文学事业的重视。这既与新文化阵营分化后，鲁迅进化论文化视野下的青年文化本位观有关，也与 1923 年 7 月兄弟失和后，让他注重在普通译者中寻求“同路人”的心理有关。

李霁野对俄国文学的兴趣，尤其是对安特莱夫作品的认识，最初也与鲁迅的影响有关，他曾在回忆文章中谈论青年时代阅读鲁迅翻译的安特莱夫的短篇小说：“‘五四’以后，除鲁迅先生的创作外，我还很喜欢读他翻译的文学作品，其中有安特列夫的短篇小说。这些对我想作点文学翻译工作起了启蒙作用。”[⑥]既体现出他对鲁迅这位“赞助人”的尊崇,也体现出他对与鲁迅诗学契合的着重强调。

在鲁迅早期的翻译文学实践中,安特莱夫是重要对象。《域外小说集》第一集收入了他翻译的安特莱夫的两篇小说《谩》和《默》,前者讲述一男子将女人的言语都幻想成为“谩”,最终将女人杀害,但依然摆脱不了“谩”的包围。后者讲述神甫的女儿离家出走回来后自杀,于是家庭陷入了令人窒息的沉默。两篇小说的标题都具有独特的隐喻意义和风格特征。鲁迅当时选择安特莱夫此种类型的作品,体现出在精神情感上与翻译对象的接近。1921年,鲁迅又译出了安特莱夫的2个短篇小说《黯澹的烟霭里》和《书籍》,同时间,他的小说创作也受到了安特莱夫的潜移默化影响,他自述《药》“也分明的留着安特莱夫(L.Andreev)式的阴冷”[⑦]。

《往星中》讲述天文学家与其子不同的人生抉择,父亲寄情于“往星中”的科学追求,儿子却立志于革命往人间中,鲁迅认为在这部剧作创作上,安特莱夫“全然是一个绝望厌世的作家。他那思想的根柢是:一,人生是可怕的(对于人生的悲观);二,理性是虚妄的(对于思想的悲观);三,黑暗是有大威力的(对于道德的悲观)”[⑧],其实也是“阴冷”风格的体现。因此,尽管李霁野在这部译著的选材上具有偶然性,但却恰好与鲁迅的翻译诗学契合。1925年,鲁迅创作散文诗剧《过客》,剧中写到过客与老翁对于前面的路的理解全然不同,体现出“人们大抵住于这两个相反的世界中,各以自己为是”[⑨],剧本的人物关系结构和观念差异与《往星中》有相通处。对于《往星中》父子两人不同的人生方式,鲁迅认同的是儿子的选择,“但从我听来,觉得天文学家的声音虽然远大,却有些空虚的”,并且认为剧中父亲的空虚源于安特莱夫的“理想为虚妄”的思想因素[⑩]。而在《过客》中,鲁迅显然认同的也是选择继续前行的过客,又显示出他与安特莱夫思考的差异性。

“赞助人”的态度会直接影响到译者的选稿和翻译行为,因为

《往星中》获得鲁迅的青睐与赞赏。1925 年 2 月,李霁野很快译成了安特莱夫的另一个剧本《黑假面人》,并再次请鲁迅帮助审阅。1925 年 2 月 15 日,鲁迅在日记中记载:"收李霁野《黑假面人》译本一。"⑪在短短的时间内,李霁野接连翻译两部安特莱夫的剧本,形成小规模的体系性,是因为他想赢取鲁迅这位有利的"赞助人"的支持以提升他的译作影响。

因为李霁野的这种翻译热情,鲁迅 2 月 17 日在给他的信中建议他翻译安特莱夫另一部戏剧作品《人的一生》:"《往星中》做得较早,我以为倒好的。《黑假面人》是较与实社会接触得迫近些,意思也容易明了,所以中国的读者,大约应该赞成这一部罢。《人的一生》是安特莱夫的代表作,译本错处既如是之多,似乎还可以另翻一本。"⑫在《往星中》和《黑假面人》两部剧中,鲁迅作为专业人士自己更认可的是《往星中》,但他认为《黑假面人》更适合中国读者,体现出"赞助人"对影响剧本传播的读者因素的重视。

《人的一生》即由耿济之从俄语译出的安特莱夫五幕剧,由商务印书馆 1923 年出版。从鲁迅系统谈论安特莱夫的三部剧作来看,他也注意到了李霁野在翻译安特莱夫剧本上小有规模。并且他对现有的《人的一生》译本似乎不满,因此建议李霁野可再另行翻译。但李霁野并没有听从鲁迅的建议,原因是他觉得安特莱夫的这些"沉重压抑"的剧本已与新的时代精神相左,甚至希望《黑假面人》能被时代"抛弃":"这剧本是在 1907 年著的,正当俄国两次革命失败后,社会环境正沉闷的时候,所以不免很沉重抑郁。经过 1917 年的革命,俄国虽然还没有成功的新的文学发生,然而精神上已经积极地向新的将来奔驰了。安特列夫的精神早已和现在俄国的精神相左了。但是我们的新的将来在那里呢?似乎还很渺远。因此我还将这译稿印行,希望有一天能以接受这剧本的一样热诚的心情,将这剧本抛弃。"⑬可见,尽管鲁迅作为"赞助人"对李霁野翻译选稿产生了一定影响,但他的介入也并非是具有压倒一切的控制作用，正是因为如此，李霁野没有再翻译《人的一生》或是安特莱夫的其他作品。

并且，就鲁迅在信中对安特莱夫的3个戏剧所做的评价来看，显示出非常专业的眼光，源于他对安特莱夫的持久关注。李霁野还提到鲁迅曾指出过他的小说创作受到了安特莱夫的消极影响："就我所写的少数短篇小说，尤其是《微笑的脸面》，他（鲁迅，本文作者注）就曾指出，安特列夫对我的影响有好的一面，也有坏的一面。他说这会钻进牛角尖，最危险不过。"[14]鲁迅以专业眼光开展对李霁野小说创作审视的同时，其中或许也有对自己翻译诗学主张的自审，此后鲁迅也未再翻译安特莱夫，因此有学者认为："鲁迅对安特莱夫创作的精神及风格非常熟悉，且相当地喜爱。这种喜爱一直延续到鲁迅的20年代。"[15]

通过对《往星中》的审阅和修改，引发鲁迅成为"赞助人"的兴趣和关注，其根源除了有安特莱夫为代表的俄国作家因素，还有戏剧文体因素，因此，在对安特莱夫及其戏剧文学的选择上，体现出鲁迅与李霁野的诗学契合。并且，《往星中》也因此成为"引起未名社"的直接因素。

二、未名社的成立：鲁迅以社会地位和经济的赞助

"赞助人"对译者翻译活动的赞助自然不能只停留在观念的诗学层面，还要以实际的行动帮助译著出版。在为《往星中》寻求出版中，鲁迅起初是将之列入他当时在北新书局主持编辑的《未名丛刊》计划出版书籍之一。1924年12月，在北新书局出版的《苦闷的象征》封底广告中，宣称将拟出版3种丛书《苏俄的文艺论战》《往星中》《小约翰》。而《黑假面人》的译稿，鲁迅则在1925年3月14日寄给周建人，托其转交上海商务印书馆编译所。尽管鲁迅凭借自己的社会地位，如此为出版李霁野的这两部译著考虑和打算，但无论是北新书局还是商务印书馆，都未采用李霁野的翻

译剧本，原因则在于译者的身份和译著类型。

因此，鲁迅深切地感受到非知名青年译者从事翻译文学事业的艰难，以及出版机构不重视诗歌戏剧类文学的困难。实际上在1925年2月17日，他在给李霁野的信中便谈道："《黑假面人》稍迟数日，看过一遍，当寄去，但商务馆一个一个的算字，所以诗歌戏剧，几乎只得比白纸稍贵而已。"[16]尽管如此，鲁迅还是通过周建人尝试将《黑假面人》转交给商务印书馆，但结果的确如他所担心的一样。

面对当时出版界狭隘的文化意识形态，鲁迅萌生了借助于自己的社会地位和经济力量成立社团以赞助青年出版译著的念头，更深远的目的则是借此推动中国的翻译文学事业。李霁野写到社团成立背景："一九二五年夏季一天晚上，素园、静农和我访先生，先生因为一般书店不肯印行青年人的译作，尤其不愿印戏剧和诗歌，而《往星中》放在他手边已经有一些时候了，所以建议我们自己成立一个出版社，只印我们自己的译作，稿件由他审阅和编辑。"[17]李霁野在回忆中也谈到了当时出版机构以是否能够赢利来衡量出版物的偏见："但是北新书局正式成立之后，为图发展，不能不渐渐，对于新译作者的作品已经不甚欢迎，诗歌和戏剧更不愿译。"[18]因而，鲁迅发起成立未名社，确立社团以翻译文学为主导方向，并注重发展遭受市场冷遇的翻译文学类型，也具有对抗当时出版界不良风气的目的。

关于鲁迅在经济上的直接赞助，李霁野在《忆素园》一文中是这样书写的："我们当晚就决定了先筹起来能出四次半月刊和一本书籍的资本，估计约需六百元。我们三人和丛芜、靖华，决定各出五十，其余的由他负责任。"[19]鲁迅在未名社开办之初即拿出200元，在1925年10月18日的日记中，鲁迅有这样的一条记载："夜素园、静农、霁野来，付以印费二百。"[20]这是鲁迅交给未名社的第一笔筹款。

未名社成立后，《未名丛刊》便从北新书局正式移出，转由未名社负责，社团所印行的第一种丛书是鲁迅翻译的《出了象牙之塔》，出版于1925年12月，鲁迅以自己的译著作为未名社独立印行书籍的开始，是想借助于自己的声望和地位，为《未名丛刊》和社团制造声势，以便短时间内快速回收成本来出版青年译者的译著，李霁野在回忆中说："我们首先印行《出了象牙之塔》，因为我们希望较快地收回印费印行别的书籍。"[21]

《出了象牙之塔》初版3 000册，约一年多就卖完了，未名社的青年成员准备再版此书时，却遭到了鲁迅的拒绝。鲁迅在给台静农的信件中是这样解释的："《象牙之塔》出再版不妨迟，我是说过的，意思是在可以移本钱去印新稿。但如有印资，不必迟。"[22]见鲁迅有着明确的要赞助印行青年成员"新稿"的意识，因此，紧随《出了象牙之塔》之后，未名社推出的便是李霁野的《往星中》，作为《未名丛刊》的第二种，在译成后近两年的1926年5月得以问世。

未名社出版的青年成员译著共计16种，其中有4种戏剧翻译，除了李霁野的《往星中》和《黑假面人》之外，还有曹靖华的《白茶》（苏联独幕剧集）和《蠢货》（契诃夫独幕剧）。此外，还重新印行了鲁迅翻译的武者小路实笃的剧本《一个青年的梦》。这些剧作翻译在中国都是具有开创性意义的，看似巧合的背后正是鲁迅与青年们要在中国发展戏剧的"诗学"超前文学观念的明证。

在青年译著实现出版后，鲁迅的赞助意识便转移到推动销售上。1927年4月9日，在广州的他在给李霁野的信中讲到《往星中》已卖去3本，并嘱咐《黑假面人》一出版即寄20本到广州去为之帮助发售。同日，致台静农信中又关照"《白茶》，《君山》，《黑假面人》一出版，望即寄各二十本来"[23]。两封信中鲁迅除了谈到几种剧本，还提到了一部文集《君山》，这是社中青年成员韦丛芜创作的长诗集。

韦丛芜在未名社中共出版了2部诗集《君山》（1927年）《冰块》（1929年），体现出鲁迅依托社团对青年诗歌活动的赞助。除了《未名丛刊》之外，未名社还开创了一套新丛书《未名新集》，专收未名社成员的文学创作，《君山》《冰块》是作为该丛书两种正式出版的作品。《未名新集》共出版 6 种文集，诗集便占了 2 部。从出版青年作者的戏剧翻译和诗歌作品来看，体现出“赞助人”鲁迅想要在中国发展这两种文学类型的切实态度。

三、副文本：《往星中》和《黑假面人》的封面设计和译稿修改

众所周知，鲁迅非常注重出版物装帧设计的外在形态，在帮助李霁野的《往星中》和《黑假面人》出版中，他对两部剧作的封面颇为用心，两次托付他所信赖的同乡陶元庆为之设计。1925 年 9 月 30 日，鲁迅在给许钦文的信中附录了关于《往星中》的内容介绍，托他让陶元庆为该书设计封面：“《未名丛刊》已别立门户，有两种已付印，一是《出了象牙之塔》，一是《往星中》。这两种都要封面，想托璇卿兄画之。我想第一种即用璇卿兄原拟画给我们之普通用面已可，至于第二种，则似以另有一张为宜，而译者尤所希望也。如病已很复原，请一转托，至于其书之内容大略，别纸开上。”[24]

1924 年，陶元庆为《苦闷的象征》设计了封面画，获得鲁迅的赞赏。因此，当《出了象牙之塔》和《往星中》交付时，他通过许钦文发出设计封面的请求。但因为当时陶元庆抱恙在身，鲁迅只要求为《往星中》另行绘制一幅新封面，为此特地撰写了一篇介绍《往星中》的附信，包括文体、内容和作家介绍等，如上文谈到的鲁迅对安特莱夫创作《往星中》的评价等，也体现出他作为“赞助人”的另一面，即专业的知识背景。并且鲁迅对自己的意见介入是察觉的，因此他在信中也提醒陶元庆不要受到他的干扰：“以上不过聊备参考。璇卿兄如作书面，不妨毫不切题，自行挥洒也。”[25]

尽管鲁迅在信中表示为《往星中》专做封面的请求乃“译者尤所希望也”，然而事实上这只是他以“赞助人”身份越过受赞助者

所提出的诉求,李霁野对此并不知情。李霁野日后回忆:“为了托陶元庆画《往星中》书面,先生写了六七百字的长篇说明给许钦文。我读到这封遗函已在先生逝世数年之后了;我的感动是无法形容的。”[26]《往星中》是安特莱夫的第一个剧本,而李霁野又是当时中国极少的戏剧翻译尝试者之一,鲁迅对该译著的封面设计如此重视,是希望借陶元庆之助力促动译著的传播,体现出他想要在中国发展翻译文学,尤其是戏剧翻译的迫切心理。因此,在未名社打出的《往星中》广告中,首先便突出了作品的文体,“这是安特列夫的反映一个时代的名剧”[27]。

陶元庆对鲁迅发出的为《往星中》设计封面请求立即给予支持,鲁迅1925年11月19日日记记载:“晚得钦文信并《往星中》之书面画,十一日发。”[28]此后,当《黑假面人》付印时,鲁迅再次想到请陶元庆设计封面。1926年10月29日,他致信陶元庆,信中这样说:“很有些人希望你给他画一个书面,托我转达,我因为不好意思贪得无厌的要求,所以都压下了。但一面想,兄如可以画,我自然也很希望。”[29]并附上《黑假面人》的内容介绍,“内容大概是一个公爵举行假面跳舞会,连爱人也认不出了,因为都戴着面具,后来便发狂,疑心一切人永远都戴着假面,以至于死。”[30]对于鲁迅的请求,陶元庆再次予以支持,为《黑假面人》设计封面。

鲁迅通过借力陶元庆赞助李霁野两部译著的封面设计,体现出“赞助人”以自己的社会身份提升译著传播,因此,他给陶元庆的这两封附信,以及由陶元庆应鲁迅请求设计出的这两幅封面画都应成为译著文本之外的特殊的副文本构成,这些副文本既是鲁迅“赞助人”行为的具体体现,也增强了译著本身的丰富性。并且,从上述信件内容来看,鲁迅对自己的《出了象牙之塔》和《朝花夕拾》等作品的封面设计同样也很关注,可以看出他对作为文集副文本重要构成的封面的重视态度,显示出他作为“赞助人”在出版事业上的专业性。

此外，鲁迅对李霁野译著的赞助活动还体现在对译本的修改上，在对人物名字的翻译上，他有着自己的坚决主张，即反对以中国式的姓名来翻译外国人名字。李霁野如此回忆："《黑假面人》的人物译名，几乎全给先生改正了，他笑着解释说，以中国的名姓译外国人的名字也许在懒惰的读者看着很顺眼，但在译者是绝对不可以的。"[31]关于翻译人名采取正确的音译主张，即"凡有人名地名，什么音便怎么译，不但用不着白费心思去嵌镶，而且还须去纠正"[32]，是鲁迅翻译思想上的一个著名观念，体现出他对晚清以来中国翻译界不良倾向的纠正。早在1920年代，鲁迅便讽刺当时的翻译界，"但于外国人的氏姓上定要加一个《百家姓》里所有的字，却几乎成了现在译界的常习"[33]。

因此，译本手稿及鲁迅的修订文字也是文集副文本的构成，研究者据现存的《黑假面人》手稿考证，通过鲁迅的审阅修订，不仅纠正了李霁野的翻译错误，甚至大大提升了翻译水平，使得其得以出版："由现存的鲁迅为韦素园翻译的《外套》和李霁野翻译的《黑假面人》进行校稿的手稿，可以看出经过鲁迅的修改后，青年译者译作中的错误、含混和幼稚之处得到了校正，原著的本来面目更清晰了。青年译作的初稿远没有达到出版水平，经过鲁迅的指导、修改和润色，并提供了出版条件，终于成为出版的翻译作品。而这些青年也在鲁迅的指导下成为翻译家。"[34]

鲁迅1909年在东京作为译者出版《域外小说集》两集，开启自己的翻译事业，富有意味的是，《域外小说集》不同版本的先后出版便是多方"赞助人"支持的结果。最早在东京初版时，受到同乡蒋抑卮的经济以及其他方面的赞助，蒋抑卮不仅出资赞助印行出版，还依托他开设在上海的广昌隆绸庄寄售该书，以及依托浙江省立图书馆捐赠该书。此后，1920年上海群益书社将《域外小说集》两集合为一册，并增加新的篇章，以周作人之名修订出版，这是受到陈独秀等人赞助的结果，鲁迅假托周作人之名为新版作序，在序中便提到陈独秀为代表的“几个友人”的赞助作用：“到近年，有几位著作家，忽然又提起《域外小说集》，因而也常有问到《域外小说集》的人。但《域外小说集》却早烧了，没有法子呈教。几个友人，因此很有劝告重印，以及想法张罗的。为了这机会，我也就从久不开封的纸裹里，寻出自己留下的两本书来。”[35]此外，陈独秀在1920年3月11日给周作人的信中也谈到《域外小说集》的重版，可看出他在其中的牵线作用：“重印《域外小说集》的事，群益很感谢你的好意。”[36]

此后，通过翻译并出版《现代小说译丛》和《现代日本小说集》，鲁迅已成为具有影响力的知名译者，是译界的专业人士（the professional），拥有一定的资源和较高的影响力，他开始以“赞助人”身份帮助文学新人的翻译事业，对《往星中》的赞助和发起未名社是他对青年翻译事业的第一次赞助，并成就了一桩具有典范意义的文学佳话。此后在上海，他还联结柔石等青年发起旨在介绍东欧和北欧的文学的朝华社，以及鼓励和扶持青年译者孙用等。

本文采用文化学派勒菲弗尔的翻译理论，重评鲁迅作为“赞助人”对李霁野《往星中》译著的审阅和出版帮助，分析他在这一事件中在诗学、社会地位和经济等方面所发挥的作用，他以直接的经济资助发起成立未名社，依托社团机构赞助青年译者的译著出版，并对译者的翻译选材等产生诗学的影响。通过“赞助人”翻译理论对《往星中》如何“引起未名社”进行新的阐释，可以揭示现代文学翻译活动更为复杂的文化背景意义，开拓翻译文学研究的视野，为中国现代文学中的翻译文学研究提供一种新的思路。

（合肥学院语言文化与传媒学院）

［基金项目：2020年安徽省哲学社会科学规划项目“文学地理学视阈下的安徽现代作家研究”（AHSKY2020D147）］

注释

① 鲁迅:《忆韦素园君》,《鲁迅全集》第六卷,人民文学出版社 2005 年版,第 65—66 页。

② 宫立:《李霁野佚简九封释读》,《上海鲁迅研究》2017 年第 4 期。

③ [俄]安特列夫著,李霁野译:《往星中》,未名社出版部 1926 年版,第 143 页。

④ 鲁迅:日记十三[一九二四年],《鲁迅全集》第十五卷,人民文学出版社 2005 年版,第 529 页。

⑤ 李霁野:《鲁迅先生和未名社》,人民文学出版社 1984 年版,第 212 页。

⑥ 李霁野:《从第一本书联想到良师益友》,《李霁野文集》第一卷,百花文艺出版社 1991 年版,第 244 页。

⑦ 鲁迅:《〈中国新文学大系〉小说二集序》,《鲁迅全集》第六卷,人民文学出版社 2005 年版,第 247 页。

⑧⑨ 鲁迅:《250930 致许钦文》,《鲁迅全集》第十一卷,第 517 页。

⑩ 鲁迅:《250930 致许钦文》,《鲁迅全集》第十一卷,第 518 页。

⑪ 鲁迅:日记十四[一九二五年],《鲁迅全集》第十五卷,人民文学出版社 2005 年版,第 552 页。

⑫ 鲁迅:《250217 致李霁野》,《鲁迅全集》第十一卷,人民文学出版社 2005 年版,第 458 页。

⑬ [俄]安特列夫著,李霁野译《黑假面人》,未名社出版部 1928 年版,第 5 页。

⑭ 李霁野:《鲁迅先生和未名社》,人民文学出版社 1984 年版,第 204 页。

⑮ 王本朝:《回到语言　重读经典》,广西师范大学出版社 2017 年版,第 208 页。

⑯ 鲁迅:《250217 致李霁野》,《鲁迅全集》第十一卷,人民文学出版社 2005 年版,第 458 页。

⑰ 李霁野:《鲁迅先生和未名社》,第 8 页。

⑱ 李霁野:《鲁迅先生和未名社》,第 158 页。

⑲ 李霁野:《忆素园》,《李霁野文集》第一卷,第 41 页。

⑳ 鲁迅:日记十四[一九二五年],《鲁迅全集》第十五卷,第 588 页。

㉑ 李霁野:《鲁迅先生和未名社》,第69页。

㉒ 鲁迅:《270409致台静农》,《鲁迅全集》第十二卷,人民文学出版社2005年版,第28页。

㉓ 鲁迅:《270409致台静农》,《鲁迅全集》第十二卷,第28页。

㉔ 鲁迅:《250930致许钦文》,《鲁迅全集》第十一卷,第516页。

㉕ 鲁迅:《250930致许钦文》,《鲁迅全集》第十一卷,第518页。

㉖ 李霁野:《鲁迅先生和未名社》,第215页。

㉗ 李霁野译《往星中》广告,刘运峰编:《鲁迅全集补遗》,天津人民出版社2018年版,第588页。

㉘ 鲁迅:日记十四[一九二五年],《鲁迅全集》第十五卷,人民文学出版社2005年版,第591页。

㉙ 鲁迅:《261029致陶元庆》,《鲁迅全集》第十一卷,人民文学出版社2005年版,第592页。

㉚ 鲁迅:《261029致陶元庆》,《鲁迅全集》第十一卷,第593页。

㉛ 李霁野:《鲁迅先生和未名社》,第177页。

㉜㉝ 鲁迅:《不懂的音译》,《鲁迅全集》第一卷,人民文学出版社2005年版,第418页。

㉞ 陈洁:《鲁迅为青年校稿》,《上海鲁迅研究》2014年第4期。

㉟ 鲁迅:《〈域外小说集〉序》,刘运峰编:《鲁迅序跋集》上卷,山东画报出版社2004年版,第203页。

㊱ 水如编:《陈独秀书信集》,新华出版社1987年版,第250页。

鲁迅1929年5月15日致许广平信诸版本比较

向敏艳

鲁迅与许广平之间的通信，是两人感情发展的见证，也是丰富深刻、细致入微地体现鲁迅个性、心理特征、为人品德和当时环境等丰富信息的珍贵史料。从现存原件看，通信集中在4个时间段：一是1925年3月—7月，在北京"一城两地"的鸿雁传书；二是1926年9月至次年1月，鲁迅在厦门而许广平在广州；三是1929年5月14日—6月1日，鲁迅第一次赴北平探视母亲期间；四是1932年11月11日—26日，鲁迅第二次赴北平探视母亲期间。[①]通信时间与两人生活中实际聚散大致相合。前三个时间段的通信大部分被编入《两地书》公开发表，基本完整、连续，往返衔接，"纪事本末"又因果呼应。被编入《两地书》后，分散的信件成为完整的作品，富于深意，被鲁迅作为传家之宝，正如鲁迅在《两地书》序中所说："我们以这一本书为自己纪念，并以感谢好意的朋友，并且留赠我们的孩子，给将来知道我们所经历的真相。"[②]又据周海婴回忆："父亲极珍视这部稿子，亲手编定付印以外，还特地用精致的宣纸亲笔誊录一部，留贻于我。迫于当时的政治环境，出版时对原信作有删改……"[③]因此，这些信件就有了原件、《两地书》编定稿本、《两地书》鲁迅誊录本、《两地书》排印本共4种版本，因"作有删改”,各版之间自然有别;了解这些区别,对于分析理解鲁迅的用意、当时的环境无疑有所帮助。

我们选鲁迅1929年5月15日自北平遥寄上海许广平的信(以下简称“本信”,《两地书》序号116)为例。该信是第三时段即《两地书》第三集开篇鲁迅写的第一封信。当时的特殊情况是许广平有孕在身,因此字里行间并非如《两地书》整体上的深沉内敛,而更添关切、温情和憧憬,此外,信中还记有鲁迅在北平所遇所见之事及随想。总之,其内容具有特别意义,为深化解读而生发开去看其前因后果,则更能以小见大,耐人寻味。

由于上述4种版本里,“《两地书》编定稿本”即送交出版付印的底本并未存世,我们只能就通信原件(原信)和《两地书》鲁迅誊录本、《两地书》1933年青光书局初刊本这三种版本,分别从不同角度作一番解读。④

一、称　谓

称谓是人际关系中因职业、身份、血缘等区别而起的名称,清代梁章钜有专著《称谓录》,解说各种称谓5 000余个,可见汉语称谓相当复杂与讲究;反之,通过称谓,也可以观察彼此关系、其人其事。鲁迅和许广平由师生、友人到情侣、伴侣的变化,在私信称谓中有所体现,而在编为公开作品的《两地书》中,又有适当调整。

鲁迅和许广平书信往来中,于对方称谓及署名自称,总体看是随着时间推移、关系密切而升格,实际上同时存在着表面平静、内里热烈这一明一暗两条线索的平行发展。在前两个时间段即1925年、1927年,鲁迅基本称呼许广平为“广平兄”“广平仁兄”,自署“鲁迅”“迅”。《两地书》第一集收1925年3月—7月北京期间书信35通,另有7通存世但未被收入。在35通信中,鲁迅信16通,称谓及署名“广平兄—鲁迅”组合11通,“广平仁兄—迅”4通,“广平仁兄大人阁下,敬启者—‘老师’谨训”1通,且原信与初刊本均一致。在存世7通信中，鲁迅信3通，称谓及署名分别是“愚兄呀”（无署名，按此信为剪报并短笺留言）“愚兄”（无署名）“景宋‘女士’学席—师鲁迅谨订”。《两地书》第二集收1925年9月—1927年1月厦门—广州期间书信81通而实际改写为77通（另有1通许广平信存世而未收），其中鲁迅信40通，称谓及署名原信与初刊本一致的有34通，即“广平兄—迅”组合，另1通开头原信称“‘林’兄”而初刊本改“广平兄”，再有5通原信署名H.M.（“害马”外文名首字母）而初刊本改为L.S.（“鲁迅”外文名首字母）。

而许广平信中对鲁迅的称呼，在短时间内经历了很大变化。从第1封信的“鲁迅先生”起，依次为“鲁迅先生吾师左右”“鲁迅师”（自3月26日—6月30日）“嫩弟手足”（7月13日）“嫩棣棣”（7月15日、17日）。许广平自署，从初刊本第一集第1封信“受教的一个小学生”（3月11日）开始，第2封信为“小学生”（3月15日），第3封为“你的学生”（3月20日），第4、5封是“学生”（3月26日、4月6日），到第6封则变为“小鬼”（4月10日），且“小鬼”前用括号特地声明“鲁迅先生所承认之名”；原信基本与之相符，不同处为“谨受教”“鲁迅先生的学生”“鲁迅师所赐许成立之名”等，倒稍显拘谨，初版更加平和。四月之内，称呼从“鲁迅先生”到“嫩弟”；在一月之中，自署由“小学生”到“小鬼”。由此可说，许广平对鲁迅的态度升温较快。

在上述表面高比例“广平兄—鲁迅（迅）”称谓下，稍作解读，便可看出鲁迅对许广平外“冷”内热的端倪。其一，“愚兄（呀）”这称呼，体现了鲁迅的诙谐，尤其这“呀”字，不能不令人联想起1923年12月他题赠章廷谦《中国小说史略》时所写：“我所敬爱的一撮毛哥哥呀，请你从‘情人的拥抱里’，暂时汇出一只手来……”两个“呀”字异曲同工，体现出双方非常熟识而亲密的关系。其二，在1925年7月16日给“愚兄”但未署名的信末，鲁迅写“中华民国十四年七月十六日七点二十五分八秒半”，这是对许广平前一天(7月15日)自署"愚兄泐"而称鲁迅"嫩棣棣"的来信的"调皮"式呼应。其三,鲁迅1926年11月1日致许广平即第二集总第66封信原信称许为"'林'兄",初刊本改为"广平兄",背后寓意,是许广平曾经在1925年12月12日《国民新报》副刊上发表过一篇署名"平林"的文章——《同行者》,文中热烈赞扬鲁迅的同时,更表示要毫无畏惧,"一心一意向着爱的方向奔驰",因而"林兄"(林字特加引号)应该是对此作出的拥抱式的呼应,而发表时觉得不足为外人道也,否则初刊本可以不加改动,留给读者做考据也未尝不可。其四,原信中鲁迅自署"害马"(H.M.),原是他自己以北平女子师大开除许广平等学生公告中"以免害群"字样而起的对许"害群之马"简称化作的爱称,而挪为己用,是一种"装小"式的亲昵表现,也是对许广平称他"弟弟"的回应。另外,"广平仁兄大人阁下,敬启者——'老师'谨训"组合称谓,也是鲁迅于严肃中透出的诙谐。

总之,透过前两个时间段即北京和厦门—广州时期的通信称谓,我们不能简单认为在双方关系发展进程中,鲁迅慢热而许广平炽烈,实际应该是严肃而活泼,平淡而热烈,平常而亲昵平行发展,双方感情几乎同时触发,在短时间内升温、孕育出热烈;只是鲁迅出于环境、年龄、阅历、地位、品质等关系,显得比较克制和适度,并且在构思、编辑《两地书》时,强化和调整了这种克制和适度。鲁迅的感情是同步热烈的,但对于确定两人关系则是慎重而渐进的。

当我们了解鲁迅许广平关系里以往的这种态势,再来看定居上海后二人间的本信称谓,以"乖姑! 小刺蝟!"双昵称开篇,顿觉顺其自然,并无不妥。

本信原信中,鲁迅对许广平的称谓全部用昵称:乖姑4次,刺猬1次,小刺猬2次,害马1次,几乎包括了所有昵称。可是这些昵称在初刊本中一律删去,换成"你"或"她",开头的双昵称改为"H.M.D"(亲爱的害马)。虽然"她"用在深夜对爱人的思念似乎比直接用“你”更胜一筹:“此刻是夜十二点,静得很……我不知道她睡了没有?我觉得她一定还未睡着……”但还是无法和“乖姑”相比。这些昵称,在后面相近日期的信件中也一律删除。可见虽然时至1929年,二人已共同生活数年,但鲁迅的克制和对环境的敏感依旧,在出版物中必须“去言情化”。鲁迅在5月19日信中(《两地书》序号118)删去了一句重要的话:“看现在的情形,我们的前途似乎毫无障碍,但即使有,我也决计要同小刺猬跨过它而前进的,绝不畏缩。”[⑤]可知当时环境的严峻险恶。一个是世俗方面,“在一个有着四千年悠久的文明历史的民族中,人们为自己的爱情和婚姻建立了怎样的社会条件啊?一代哲人如鲁迅,又是怎样息息相关地感受着这样的世态人情,艰苦地走着改革的道路?”[⑥]另一个是政治方面,鲁迅说过:“和朋友谈心,不必留心,但和敌人面对,却必须刻刻防备。我们和朋友在一起,可以脱掉衣服,但上阵要穿甲。”[⑦]有学者试图从法律角度诠释鲁迅和朱安、许广平的关系,以民国初年沿用的《大清律例》和1931年5月5日实施的《中华民国民法·亲属编》中有关婚姻的条文作为判断鲁迅与许广平共同生活是否合法的依据,显然是没有意义也无必要的。对于反封建糟粕的鲁迅,怎么可以用多处泯灭人性且包含允许纳妾内容的《大清律例》去衡量?对于本身是旧式婚姻受害者,在追求自由真爱的同时,又履行孝道、尽赡养义务的鲁迅,又怎么可以用新颁布的民国民法去评判?[⑧]实际上,鲁迅、郭沫若等一批“五四”新文化运动先进分子所面临的正是矛盾的现实:一方面,“五四”时期的婚恋自由观否定了封建礼教婚姻,倡导建立以爱情为基础的婚姻家庭,它对现代婚恋自由观念的形成有着积极的推动作用;同时,新思想新观念一时尚未触动社会政治经济基础、社会结构的改造,女性新人格和经济独立尚未完成,婚姻制度有待改革,所以“五四”时期提倡婚恋自由的意义主要在于思想层面,而在现实生活中必然体现新旧婚姻交替存在的复杂性和矛盾性,这正是我们叙述鲁迅—许广平情感史时不能脱离当时社会环境的理由。⑨鲁迅于1934年冬,作《题〈芥子园画谱三集〉赠许广平》诗:“十年携手共艰危,以沫相濡亦可哀。聊借画图怡倦眼,此中甘苦两心知。”险恶的政治环境,加上容不得自由相爱的世态人情,使得如今看信中称谓以及透露出的二人关系,不由对此“艰危”和“以沫相濡”心生敬佩,这也应该是解读的重点。

二、叙　事

本信叙述的事情,主要有3件。

先是在火车上和渡江的船上,遇见的熟人。原信“马幼渔的侄子”“齐寿山的朋友”初刊本改作“幼渔之侄”“寿山之友”更显亲切。“未名社的一伙”改为“未名社的人物”,“一伙”稍显随意,此处“人物”用法相当于“人”,而无“角色”之类讥诮的意思(17日信说下午“访了未名社一趟”,又去看马幼渔未遇)。下面删去“那么,我的到北平,昨今两日,必以为许多人所知道”,这句讲给许广平听,发表出来似略高调,也显得冗长。

谈到71岁母亲的现状,虽然精神形貌如同三年前,但见闻范围越来越窄,而且总提起八道湾旧事,这应该是年老体弱,爱怀旧、担忧不在眼前的小辈等的表现。删去“她总是和我谈八道湾,这于我是毫无关心的……”改为“谈的都是邻近的琐事,和我毫不相干的”。八道湾兄弟失和是永久的痛,也是隐私,所以规避。原信提到母亲一见面主动问起许广平怎么没有一同来,鲁迅答身体不舒服,这段问答初刊本移到17日信中,和告知母亲“火车震动,不宜于孩子的事”合在一起,属于技术处理;母亲反应是“很高兴,说,我想也应该有了,因为这屋子里早应该有小孩子走来走去了”。借母亲之口,委婉表达了得子之喜,实际也能起到堵住闲言碎语的效果。

再一件就是车耕南翻看日记。原信“连我的日记本子也都打开过了,这非常可恶”,初刊本改为“连我的日记本子也都翻过了,这很讨厌”,并加了一句:“莫非他以为我一定死在外面,不再回家了么?”“很可恶”改为“非常讨厌”是语气淡化,但是加上“打开”改为“翻”及“死在外面”,鲁迅的态度就可见一斑了,不过最后原信又说“我倒并不气,也不高兴”,初刊本作“并不气恼,自然也不喜欢”,可见鲁迅也还是原谅这位“姓车的男人”的。下文“他的女人,廿六七又要来了,那自然,这就使我不能多住”删去,不牵涉他人。按车耕南(1888—1967)是鲁迅姨表妹夫,即鲁迅二姨父母郦拜卿、鲁莲的女婿,鲁迅日记里也作“耕男”。此人从上海南洋公学毕业后,长期在京沪及杭州、南京、天津等地铁路部门工作。鲁迅日记等提及两人自 1913 年起来往达 38 次之多,其中车耕南看望鲁迅有 21 次,给鲁迅写信 11 封,曾向鲁迅借钱,也送茶叶、饼干和《余哀录》等。鲁迅也给他回信 2 封,送他《绍兴教育会月刊》等书刊。[10]鲁迅南下后,北平房子经常接济来此办事的亲戚暂住。但这位车先生非常的不识相,其实没到“廿六七”就被鲁迅撞见,鲁迅 19 日致许广平原信说:“车家的男女又来了,见我已回,大吃一惊,男的便到客栈去,女的今天也走了。我对他们很冷淡,因为我又知道了车男寓客厅时,又曾将我的书橱的锁弄破,开开了门。”[11]初刊本(序号 118)改为“乱翻日记”“并书籍也查抄了一通”,足见鲁迅“不高兴”“不喜欢”的地步。即便这样,鲁迅 6 月 8 日日记依然有“清晨耕南夫人回天津”。8 月 1 日日记有“车耕南来,饭后去”的记录,又可见鲁迅重乡情,与人为善,礼数周到。

三、隐　私

本信涉及个人隐私主要有两处:火车上的餐费和许广平怀孕五月。

原信中说:“渡江上了平浦通车,也居然定着一张卧床……吃过一圆半的夜饭,十一点睡觉……”初刊本改为:“吃过夜饭,十一点睡觉……”,删去“一圆半的”四字。有研究者认为这是比较贵的饭食,但也猜测可能是份饭(盒饭、定食)[12]。排除火车餐价高于饭馆的因素,具体的餐车和份饭价格有待研究比较,可以稍稍引申开去说几句的是鲁迅的收入与消费观。有人根据鲁迅日记做过估算,称鲁迅 1912—1926 年在北京时期总收入是银洋 41 024 圆,月均 245 圆;1926—1927 年厦门、广州一年间收入 5 000 圆,月均 417 圆;1927—1936 年在沪期间收入 70 142 元,月均 674 元。[13]也有人估算了鲁迅 1912—1936 年 15 年间(缺 1922 年)的逐年收入,本信所涉 1929 年收入为 14 923 圆,月均 1 244 圆;它和 1930 年收入 15 390 圆是 15 年中最高的两个过万数字,这两年的“巨款”收入应该和鲁迅—北新书局依据请律师商定的和解协议所支付的欠款有关,属于特例,而鲁迅的一般收入月均在数千圆。[14]上述收入统计单位基本是银圆,虽然从 1935 年开始用法币,但起初也能一比一兑换,对鲁迅影响不大。单纯从数字看,鲁迅收入“颇丰”,但他要尽赡养义务,也曾在经济上帮助二弟三弟,资助年轻人的木刻活动甚至代为支付年轻作者的作品出版费用,还有社交活动,礼尚往来,还要买书、就医,所以一旦结合了支出情况,可以说鲁迅是“大进大出”的文人,而且其支出也不全是“一己之私”。鲁迅个人生活中,肯定是精神胜过物质的;即使是物质上,不讲究穿着、香烟的品质,只保留了些许爱吃糖果、黄酒、荤菜如火腿等小小的爱好,而且也有限度,相对于他的收入来说应该算节俭。鲁迅倡导“幸福地度日,合理地做人”,既不为清贫所迫,又不为物质所累,且时时乐于助人,体现了他的理性和自律。[15]了解到上述信息,对于“一圆半”也就基本释然了。总之,个人收入及消费是隐私内容,应当删去。

关于许广平怀孕,原信有:“母亲精神形貌仍如三年前,她说,害马为什么不同来呢?我答以有点不舒服。其实我在车上曾想过,这种震动法,于乖姑是不相宜的。”初刊本删去“害马”及以下所有文字,似乎隐去了“不舒服”“车上震动”“不相宜”等与怀孕有关的敏感信息;但这段话被移到初刊本的鲁迅 17 日信中(序号 117),删去了原信中“但小白象(指海婴)之出现,则可见世界上已以为当然矣”这句安慰许广平的话。其实,鲁迅这封 5 月 15 日信前,许广平 13、14 日(二合一)有一封至关重要的来信,信中附有许致好友、在黑龙江工作的常玉书信的抄件,信中对常(也是首次对外)披露自己的婚育近况:“周先生对家庭早已十多年徒具形式,而实同离异,为过度时代计,不肯取登广告等等手续,我亦飘零余生,向视生命如草芥,所以对兹事亦非要世俗名义,两心相印,两相怜爱,即是薄命之我屡遭挫折之后的私幸生活。今日他到北平省母,……以前我本打算同去,再由平往黑看看你们,无奈身孕五月,诚恐路途奔波……。”⑯这番令人动容的肺腑之言,即使出于《两地书》的体例原因,也是不可能被收入的,连带许广平原信第一句“今天是你头一天自从我们同住后离别的第一次”在初刊本中也改为“今天是我们到上海后,你出门去了的第一天”,由于这是第三集“北平—上海”部分的第一封信,这样一改,正好把时间、地点交代清楚了,适合读者理解,也不落痕迹。鲁迅的婚恋、婚育,一直是攻击者、说三道四者的目标。鲁迅在《两地书》序中写:“回想六七年来,环绕我们的风波也可谓不少了,在不断的挣扎中,相助的也有,下石的也有,笑骂诬蔑的也有,但我们紧咬了牙关,却也已经挣扎着生活了六七年。”⑰又在《从孩子的照相说起》里说:“因为长久没有小孩子,曾有人说,这是我做人不好的报应,要绝种的。”⑱而有了孩子之后,鲁迅在 1930 年 3 月 27 日致章廷谦信里这样说:“有几种报章,又对我大施攻击,自然是人身攻击,和前两年‘革命文学家’攻击我之方法并同,不过这回是‘罪孽深重,祸延’孩子,计海婴生后只半岁,而南北报章,加以嘲骂者已有六七次了。”⑲这也是鲁迅言行中,既顺从内心,又讲求策略,顾及前后左右的由来。

这通篇幅简短、信息丰富,连笺纸都那么美观、带有寓意的信件,上面一页画着枇杷、另一页是莲蓬,枇杷是许广平爱吃的夏令小果，莲蓬则是多子的象征，透露着鲁迅对许广平一种折射于小事、浸润于细节的浪漫。许广平也是收到这封信件后，在1929年5月21日的回信中，字里行间都表达了喜悦的心情，并特意回应了鲁迅的用意："你是十分精细的，你这两张纸不是随手捡起就用的。"[20]真是情意绵绵；而在从"信"到"文"的增删变化之间，让我们读到了鲁迅、许广平的平凡而深刻。鲁迅不是迂腐的书生，不是殉道的清教徒，他言行中充满智慧的亮点和人性的光华，贯穿着爱憎分明和真善美，集"大仁"和"悲悯"于一身，永远值得后人学习敬仰。

附：信文原信（底本）、鲁迅誊录本（简称"鲁"）、《两地书》中的初刊本（简称"初刊"）释文比较

乖姑！小刺蝟！（鲁、初刊作"H.M.D."）

在沪宁车上，总算得了一个坐位；渡江上了平浦通车，也居然定着一张卧床。这就好了。吃过一圆半的（鲁、初刊删）夜饭，十一点睡觉，从此一直睡到第二天十二点钟（鲁、初刊删），醒来时，不但已出江苏境，并且通过了安徽界蚌埠，到山东界了。不知道刺蝟（鲁、初刊作"你"）可能如此大睡，我怕她鼻子冻冷（初刊删），（鲁增"我恐怕"，初刊增"恐怕"）不能这样（初刊增"罢"）。

车上和渡江的船上，遇见许多熟人，如马（鲁、初刊删）幼渔的（鲁、初刊改"之"）姪子（鲁、初刊删），齐（鲁、初刊删）寿山的（鲁、初刊改"之"）朋（鲁、初刊删）友，未名社的一夥（鲁、初刊改"人物"），还有几个闊人，（鲁、初刊增"自"）说是我的学生，但我不（鲁、初刊增"认"）识他们（鲁多一"也"字并点示笔误衍文）了。那么，我的到北平，昨今两日，必已为许多人所知道（鲁、初刊删）。

今天午后到前门站，一切大抵如旧，因为正值妙峰山香市，所以倒并不冷静。正大风，饱餐了三年未吃的灰尘。下午

发一电，我想（鲁作“电”），倘快，则十六日下午可达上海了。

家里一切（鲁、初刊增“也”）如旧，母亲精神形（鲁、初刊改“容”）貌仍如三年前，（鲁、初刊增“但关心的范围好像减小了不少，谈的都是邻近的琐事，和我毫不相干的。”）她说，害马为什么不同来呢？我答以有点不舒服。其实我在车上曾想过，这种震动法，于乖姑是不相宜的。但母亲近来的见闻范围似很窄，她总是同我谈八道湾，这于我是毫无关心的，所以我也不想多说我们的事，因为恐怕于她也不见得有什么兴趣（鲁、初刊删）。平常（鲁、初刊改“以前”）似（鲁、初刊增“乎”）常常有客来住，多（鲁、初刊改“久”）至（鲁、初刊增“三”）四五（鲁、初刊删）个月，连我的日记本子也都打开（鲁、初刊改“翻”）过了，这非常可恶（鲁、初刊改“很讨厌”），大约是姓车的男人所为。（鲁、初刊增“莫非他以为我一定死在外面，不再回家了么？”）他的女人，廿六七又要来了，那自然，这就使我不能多住（鲁、初刊删）。

不过这种情形，我倒并不气（鲁、初刊增“恼”），（鲁、初刊增“自然”）也不高兴（鲁、初刊改“喜欢”）；久说必须回家一趟，现在是回来了，了却一件事，总是好的。此刻是（鲁、初刊增“夜”）十二点，却很静（鲁、初刊改“静得很”），和上海大不相同。我不知乖姑（鲁、初刊改“道她”）睡了没有？我觉得她一定还未睡着，以为我正在大谈三年来的经历了。其实并未大谈，（鲁、初刊增“却在写这封信”）我现在只望乖姑要乖，保养自己，我也当平心和气，渡过豫定的时光，不使小刺蝟忧虑。（鲁、初刊删）

今天就是这样罢，下回（鲁、初刊改“次”）再谈。

（鲁、初刊将小白象符号改“EL.”）

五月十五夜。

注释

① 王得后:《关于鲁迅〈两地书〉及其原信手稿(上)》,《鲁迅研究月刊》2013年第11期。

② 鲁迅:《〈两地书〉序》,《鲁迅与景宋的通信·两地书》,青光书局1933年版,第4页。

③ 周海婴:《书后说明》,载《鲁迅景宋通信集:〈两地书〉的原信》,湖南人民出版社1984年版,第383页。

④ 原信和鲁迅誊录本参考《两地书真迹(原信手稿)》,上海古籍出版社1996年版,以及黄乔生:《鲁迅信札珍赏》,辽宁美术出版社2019年版;排印本参考《鲁迅与景宋的通信·两地书》,青光书局1933年版;王得后先生曾对此4种版本有解析,参见王得后:《〈两地书〉原信读后记》,《博览群书》2005年第1期。

⑤《鲁迅景宋通信集:两地书〉的原信》,第334页。

⑥ 王得后:《〈两地书〉研究》,天津人民出版社1995年版,第198页。

⑦《350313致萧军、萧红信》,《鲁迅全集》第十三卷,人民文学出版社2005年版,第408页。

⑧ 孙永兴:《鲁迅与许广平关系的法律解读——对一桩学术公案的回顾与反思》,《前沿》2014年第5期。

⑨ 叶雅风、邓利群:《浅论五四时期知识分子婚恋的矛盾性——以鲁迅、郭沫若为例》,《长春教育学院学报》2015年第11期。

⑩ 裘士雄:《鲁迅与他的乡人〈十三〉》,《绍兴鲁迅研究》2015年10月。

⑪《鲁迅景宋通信集:〈两地书〉的原信》,第335页。

⑫ 王得后:《〈两地书〉研究》,天津人民出版社1995年版,第194页。

⑬ 陈明远:《鲁迅一生挣多少钱》,《读写天地》2007年第2期。

⑭ 吴建华:《鲁迅收入与消费考据》,《求索》2006年第9期;顾音海:《鲁迅北新书局版税收据所见欠款事件》,《博物视野里的鲁迅》,上海辞书出版社2019年版,第107—112页。

⑮ 施晓燕:《鲁迅的家庭食品及其零食嗜好》,《鲁迅在上海的居住与饮食》,上海书店出版社2021年版。

⑯《鲁迅景宋通信集:〈两地书〉的原信》,湖南人民出版社1984年版,第

322页。

⑰ 鲁迅:《〈两地书〉序》,《鲁迅与景宋的通信·两地书》,第3页。

⑱ 鲁迅:《从孩子的照相说起》,《鲁迅全集》第六卷,人民文学出版社2005年版,第82页。

⑲《3003027日致章廷谦信》,《鲁迅全集》第十二卷,人民文学出版社2005年版,第227页。

⑳《两地书真迹(原信手稿)》,原信第339页。

20世纪80年代鲁园中的一株小草：《鲁迅学刊》(下)

——谨以此文纪念鲁迅先生诞辰140周年，《鲁迅学刊》创刊40周年

李春林

五、鲁迅与美术研究

“鲁迅与美术”也是《学刊》的一个重要栏目，这或许与曾亲聆鲁迅教诲的美术家张望在沈阳鲁迅美术学院任院长、最早参与本刊创办和编辑工作的王观泉以及本刊后期编辑马蹄疾都曾研究鲁迅与美术的关系相关联。

创刊号即发表了张望的《中国版画界的良师益友——记内山嘉吉二三事》，文中不单讲述了作者本人与日本版画家内山的关系，更是勾勒了鲁迅对青年一代版画家的关怀和培养以及鲁迅与内山嘉吉的关系。小野田耕三郎的《中国现代版画特写之十八》以介绍张望的两幅版画为中心，解说鲁迅对张望的培养，进而折射鲁迅对中国新兴木刻运动的重大贡献。

王观泉的力作《中国创作版画“史前期”探微》(第2期)是应小野田耕三郎之邀而作，收入其编印的《鲁迅收藏中国木刻集》一书。学界公认中国现代创作版画运动始于1931年。王观泉先生认为鲁迅将外国新兴版画移植到国内则在1929年。而在1928年6月《奔流》(鲁迅与郁达夫合编)创刊号出版时，既已与版画艺术

发生了关联:刊印了外国版画作品。以后每期均如是。在 1929 年 6 月出版的《奔流》2 卷 2 期的《编校后记》中,鲁迅正式肯定和推介了木刻艺术。然而当时中国尚无这样的艺术家。后来方善境成为第一个与鲁迅联系的版画作者,在鲁迅主编的《文艺研究》上刊出了他的版画作品,时为 1930 年。这些发生于 1931 年前的版画艺术事项,被作者认定为属于中国现代版画的"史前期"。

李允经是一位致力于鲁迅与美术研究的学者,他在《学刊》发表了多篇这方面文章:《韩白罗访问记》(第 4 期)记载了韩白罗在鲁迅的支持和鼓励下为新文艺运动和新兴木刻运动所做的宣传和普及工作。《鲁迅先生准备编印而未及出版的木刻画册介绍》(第 6 期),拾遗补阙,很有意义。《鲁迅论陶元庆的绘画艺术》(第 7 期),叙述了鲁迅与陶元庆的交往,认为鲁迅对陶元庆艺术的评价,也体现了他自己的创造既不落后于世界新潮,又不失民族血脉的中国民族新艺术的理想。《〈无名木刻集〉出版史实正误》(第 3 期)是对《无名木刻集》出版经费来源问题的辨析。

关于鲁迅与美术的综合性研究还有唐诃的《鲁迅先生与〈全国木刻联合展览会专辑〉》(第 5 期),作者作为《全国木刻联合展览会专辑》的收集、出版事宜的亲历者,较为周详地回忆了此书的酝酿、操作和夭折的全过程,尤其是鲁迅在其中所付出的操劳和贡献。

关于鲁迅对青年美术家的培养方面的文章尚有谢海若的《纪念鲁迅先生　回忆木刻运动》(第 3 期),张望的《忆鲁迅先生的好学生——写在谢海若遗作后面》(第 3 期),伊之美的《甘作"里方"与蜷局土地——介绍一幅内山嘉吉的手迹》(第 3 期)等。

关于鲁迅与美术的文献研究有吴步乃《新发现的"上海木刻研究会"宣言和简章》(第 3 期),介绍了相关文件产生的背景、内容等情况,认为这两个文件的再现于世,"无论对于中国现代美术史,还是鲁迅倡导的木刻运动都是一件重要的事"。

六、鲁迅与同时代人研究

《学刊》很重视鲁迅与同时代人关系研究，这或许与彭定安和马蹄疾在这方面都有重量级的研究成果问世有关（彭定安、马蹄疾编著《鲁迅和他的同时代人》上卷，马蹄疾编著《鲁迅和他的同时代人》下卷；彭定安著《突破与超越——论鲁迅和他的同时代人》）。

虽说《鲁迅和他的同时代人》专栏自第5期开始设置，但在此之前就已发表此类文章。

陈子善、王自立的《〈鲁迅与郁达夫〉补遗》（第4期）其实文题应为《"鲁迅与郁达夫"补遗》，因此文并非对《鲁迅与郁达夫》文章或著作的补遗，而是就这一课题已有成果的补充，挖掘出两人交往史上尚未或很少被提及的几个片段：鲁迅与郁达夫在对待林语堂和《论语》态度上的不同；鲁迅名句"横眉冷对千夫指，俯首甘为孺子牛"是郁达夫无意中促使鲁迅吟出，并首先书赠达夫；郁达夫曾将鲁迅与但丁、歌德、雪莱、易卜生、雨果、托尔斯泰、屠格涅夫、陀思妥耶夫斯基相提并论；还曾将鲁迅与萧伯纳、志贺直哉、契诃夫进行比较。以陈、王此文观之，郁达夫堪称鲁迅与外国文学比较研究的先驱者之一，虽说郁达夫并未展开进行系统的论说，但他指出的方向无疑是正确的。今日我们在这些领域都取得了相关甚至是丰硕的研究成果。王映霞的《〈鲁迅日记〉中与我有关的二三事》（王映霞口述，元珠整理）（第4期）事实上说的是她个人视角下的鲁迅与郁达夫的亲密关系和深厚友谊。在该刊所发表的鲁迅与同时代人研究中，关于鲁迅与郁达夫的研究（尤其是陈子善、王自立的文章），最有价值。

胡今虚的《关于鲁迅先生二三事》（第7期），梳理了鲁迅与温州籍多位人士的交往，系《学刊》中诸多关于鲁迅与同时代人关系研究中，可谓所涉人物最多的一篇。

主要交往在绍兴时期的同时代人研究:张能耿的《鲁迅〈父亲的病〉与绍兴的三个中医》(第8期)介绍了与鲁迅一家发生过关联的冯医生、姚芝轩、陈莲河(何廉臣)的医术医德,有助于我们更好地理解鲁迅的相关作品尤其是他对中医的认识与评价。范莲子口述、谢德铣整理的《略讲鲁迅和范爱农的一些事情》(第6期)系范爱农之女对父亲生平和鲁迅与范爱农友谊的回忆。王德林、谢德铣的《范爱农死因探索》(第5期)提出范爱农既非自杀亦非酒醉失足落水而死,而是被仇人谋杀——这仇人就是当年绍兴自由党的重要人物、曾任教育科长、范爱农的顶头上司何几种。

主要交往在北京时期的同时代人研究:

川岛先生于1981年5月13日逝世。学刊第2期特设《纪念川岛先生》专栏,发表了孙玉石的《怀念川岛先生》和陈漱渝的《忆川岛先生》两文以资纪念与鲁迅友谊深厚且在宣传、捍卫鲁迅方面贡献良多的川岛先生。作为《野草》孜孜不倦的长期研究者的孙玉石所记载的鲁迅写作和发表《野草》时与川岛的交往,弥足珍贵;陈漱渝先生对于《语丝》的亲历者川岛关于《语丝》的种种回忆的梳理更是难得的史料。魏守忠的《鲁迅与宫竹心》(第6期)介绍了鲁迅与武侠小说作家白羽(宫竹心)的交往,昭示出鲁迅对文学青年的热心扶植,坦诚相见和殷切培养。

主要交往在厦门和上海时期的同时代人研究:冯明、王文达、陈和伦的《鲁迅与崔真吾》(第4期)梳理了鲁迅与厦大学生崔真吾的长时期的关系。

主要交往在上海时期的同时代人研究:第8期设有《纪念萧军同志》专栏,刊发了齐广文《萧军、萧红与鲁迅交往资料辑要》和乔彩娥的《萧军萧红纪念鲁迅诗词辑录》,对于我们进一步研究鲁迅与两萧关系很有裨益。赵帝江、周芾棠、赵德鲲、陈立民等人编的《柔石研究资料索引》(第5期)辑录了从1931年至1982年50

年间的柔石研究资料目录，内含鲁迅的《柔石小传》、《为了忘却的记念》，更有“鲁迅与柔石”的专题论文。穆立立《关于我的父亲穆木天和鲁迅先生》（第5期）梳理了两人的关系，鲁迅对穆木天的一度误解，穆木天对鲁迅的探望和悼念，以及对鲁迅著作的珍爱等。

强英良《鲁迅与沈钧儒》（第3期）虽然篇幅不长，却爬梳了两人从绍兴到杭州再到北京上海几乎贯穿一生的关系，两人有着共同的价值取向和奋斗目标。

尚有鲁迅与日本同时代人研究：山本初枝《鲁迅先生的信》（陈秋帆译）（第6期）简介了鲁迅先生给她的信的情况，其中有对日本风俗画家的评价，对日本诗人学习汉文的看法（不以为然）等。

七、鲁迅研究之研究

最典型的文章是徐光明的《冯雪峰在鲁迅研究上的主要贡献》（第6期）。此文认为，冯雪峰对鲁迅研究的贡献表现在这样几个方面：最早奋起维护并捍卫鲁迅的历史地位；运用科学的世界观和方法论，深刻地阐述鲁迅思想及其发展；高度评价鲁迅作品的战斗意义，努力扩大鲁迅著作的社会影响。陈山的《评八十年代的〈野草〉研究》（第5期），是对诸多研究《野草》的学术著作的研究。

鲁迅研究之研究更多的是书评。首先是对本土学者著作的评介。代表作有：

陈山的《无花的硕果——评〈鲁迅和他的同时代人〉》（第6期），王建中《宏观地、立体地认识和理解鲁迅——评〈突破与超越——论鲁迅和他的同时代人〉》（第7期），奚纯（马蹄疾）的《鲁迅思想探索的新收获——杜一白〈鲁迅思想论纲〉读后》（第6期），沙坨（李林生）的《精心结撰　自出机杼》（第8期，评说杜一白《鲁迅的写作艺术》),蔡尔楚(马蹄疾)的《评〈鲁迅教育思想研究〉》(第8期)等。

其次是对省外学者的著作的评介:

锡金的《读〈书叶集〉》(第3期),是作者致《书叶集》作者姜德明的一封长信,对《书叶集》所涉内容多有补充和丰富;锡金与薛绥之的《关于〈鲁迅生平史料汇编〉的通信》(第5期)中,锡金先生肯定了是书的成绩,也指出了某些不足,薛绥之先生则对锡金的批评表示感谢,同时介绍了成书的经过与艰辛;小兵的《中日文化交流的一个新成果》(第3期)系对《鲁迅生平史料汇编》第二辑《鲁迅在日本》的介评;蔡尔楚(马蹄疾)《〈鲁迅史实求真录〉读后》(第7期)认为陈漱渝此书有着重大的史料文献价值;潘颂德的《〈野草〉研究的新收获》(第5期)是对李国涛的《〈野草〉艺术谈》的评说;公望《研讨作家文艺思想必须联系其创作实践》(第5期)对王永生《鲁迅文艺思想初探》一书给予了高度肯定;华铭、陆文采的《港台出版的四本现代文学史著作中的鲁迅研究》(第6期)谈的是港台相关书籍中的鲁迅研究;锡金的《"EL"和"ELEF"是不是鲁迅的笔名?》(第2期),认为李允经《鲁迅笔名索解》一书中所说"EL"和"ELEF"是鲁迅的笔名的说法值得商榷;小航、陶凡的《一本粗制滥造的〈人名索引〉》(第2期),直言不讳地对《鲁迅著作索引五种·人名分册》进行了尖锐批评。

此外,研究者本人写的序跋亦有鲁迅研究之研究的意义:

彭定安的《〈鲁迅评传〉增补本序言》(第8期),陈漱渝的《沿着鲁迅开辟的路——〈当代作家谈鲁迅〉编后》(第6期)堪称代表作。

鲁学著作编目亦应属于鲁迅研究之研究:

纪维周的《纪念鲁迅诞辰百年专著编目》(第4期),将1981年以来所出的有关鲁迅图书分为10类予以编目,对有些图书还作了一些简要的附注说明。纪维周还在本刊发表《解放后国内鲁迅研究期刊简介》(第5期)介绍了14种鲁学和包含鲁学内容的期刊。

八、争鸣与商榷

鲁迅博大精深,鲁迅学亦如是。因之,学术观点、资料鉴别等方面有不同意见乃至争论,均属正常,甚至不可或缺。有鉴于此,《学刊》创刊伊始,即设置《百家争鸣》专栏。后来更名为“争鸣园地”“鲁学争鸣”。

在本刊发生的争鸣与商榷主要有这样几个问题:

关于《铸剑》的出典。

萧军曾在本刊发表一篇旧作《〈铸剑〉篇一解》(第1期)。文中说《铸剑》的出典是曹丕的《列异传》。陈梦韶读后发表《写在〈《铸剑》篇一解〉后面》(第2期),认为《铸剑》的出典不是《列异传》,而是晋干宝《搜神记》。赵英随后发表《〈铸剑〉出处再谈——就教于陈梦韶先生》(第3期),提出《铸剑》的出处并非只有《搜神记》,而是包括《搜神记》在内的几种古籍,并加以罗列,以为最接近《铸剑》者是《列异传》《搜神记》《孝子传》等篇。陈梦韶接着又撰写《再略谈〈铸剑〉的出典》(第5期)对赵英的观点进行反驳。赵英《关于鲁迅〈铸剑〉出典的再讨论》(第6期)是对上述陈梦韶的文章中对自己批评的反批评,认为陈文对自己文章多有歪曲之处。

关于鲁迅在“左联”第二次全体会员大会上的演讲。

潘颂德《鲁迅在“左联”第二次全体会员大会上演讲考略》(第2期)认为茅盾的相关回忆的某些细节“欠准确”。潘振铎的《〈鲁迅在“左联”第二次全体会员大会上演讲考略〉的一点史略补正》(第4期)认为潘颂德此文提出的茅盾的相关回忆“欠准确”不符事实,鲁迅并未参加1930年4月29日的“左联”第二次全体会员大会,当然也就无从讲演;鲁迅参加的是同年5月底的另一次会议，并作了演讲。茅盾的相关回忆是准确的，而是潘颂德将两次会议拉在一起了。

关于鲁迅在致增田涉信中对“尾闾”的解释。

沈倬《关于“尾闾”》（第1期）认为鲁迅1935年10月25日致增田涉信中将“尾闾”解释为“‘尾骶骨’的骨”“不确切”，他据庄子和嵇康的文章认为“尾闾”之意，“实是海水所归之处，亦即江河下游之意”。《孙用先生来信》（摘要）（第2期）认为鲁迅说的并无错误，可查中华书局1947年版《辞海》。沈倬的《关于〈关于“尾闾”〉》（第4期）是对孙用先生的商榷之再商榷，坚持自己的观点。

以上的争鸣与商榷双方的文章均发表于《学刊》，就是说论辩是在《学刊》上进行的。

更多的是争鸣与商榷的对方文章是在其他处发表的。这显示出本刊对学术歧见的探讨和求索的积极参与意识。

关于鲁迅是否见过毛泽东的问题，学术界争议很大。沈鹏年认为见过，陈漱渝认为未见过。王观泉《也谈“鲁迅见过毛泽东”》（第4期）根据自己的考索，也认为鲁迅并未见过毛泽东，倒是周作人见过。

伊之美的《两点意见》（第1期）是对茅盾《答鲁迅研究年刊记者的访问》一文提出了不同意见：茅盾认为没有必要将鲁迅致党中央的贺电当作“天大的事”，作者意见恰相反；茅盾认为鲁迅治丧委员会的名单最初有毛泽东的名字是由于冯雪峰的“感情用事”，作者给予了驳斥。

更重要的《争鸣》则是对某种学界不正常现象的发声。

如第6期《鲁学争鸣》栏目，针对当时贬鲁风潮的兴起，编辑部组织了几篇批驳文章：其中有张望的《答李不识》，王建中的《坚持马克思主义学习鲁迅》，田水（陈山）的《也来“重新认识”》，尹权宇的《如何看待鲁迅的艺术观和艺术成就》，陶秋竹（李春林）的《尊孔贬鲁思潮刍议》等。

九、纪念鲁迅诞辰忌辰

每逢鲁迅诞辰忌辰整数周年时,《学刊》都出专刊或设置专栏予以纪念,往往发表鲁学界重量级学者的著述。

第2期作为"鲁迅诞辰一百周年纪念特刊"刊发了老一辈鲁迅研究家《唐弢同志给我刊编者的一封信》、黄源的《在鲁迅身边》和李何林的《从国民性问题谈〈阿Q正传〉》。唐弢的信前文已作介绍;黄源的《在鲁迅身边》是作者1979年在哈尔滨省市文艺界座谈会上的讲话,主要讲叙鲁迅对他的教诲、支持和帮助;后篇是作者在天津纪念鲁迅百年诞辰学术讨论会上的讲话,由张杰整理,并经作者审定。主要内容是关于《阿Q正传》的主题,作者认为是批判国民性。[①]他从以下几个方面展开了论说:一、鲁迅所说的国民性,是指国民的劣根性;二、鲁迅所揭露的国民性在空间上具有普遍性,在时间上具有一定的永久性;三、鲁迅揭露批判国民性是与揭露批判黑暗社会联系在一起的。最后作者从6个方面对阿Q的精神胜利法进行了具体解说。

特刊其他方面内容已分列于前面的各个专题中做了介绍。

第6期设置的《纪念鲁迅逝世五十周年》专栏,头题系彭定安的《鲁迅逝世半世纪以来的命运》,是一篇理论思辨色彩浓烈的论文。文章提出,鲁迅已经列入我们民族不朽者的光辉名册之中,"不过,半个世纪以来他的命运却是曲折的,复杂的,跌宕的。这不仅是他个人的命运,而且反映了我们民族的、人民的和文化发展的运命"。作者回顾了50年来鲁迅和鲁迅研究的命运,阐发了种种曲折跌宕的深因,批判了当时出现的贬鲁风潮。而同栏中的凌月麟的《鲁迅逝世后历年纪念情况补编》和杨志和的《东北纪念鲁迅的两次盛会》则从时空两个方面对彭文给予了丰富和具象。这一大栏目下,又设有《鲁学争鸣》这一子栏目,所刊6篇文章(前面已作介绍)恰成为彭定安这方面的论说的呼应和展开。要之,这一专栏的整体安排,体现出刊物的学理性与资料性的紧密结合。

十、理论研究

《学刊》固然“以资料和动态为主”,但亦刊发了一些偏重于理论色彩的文章。其实关于建立“鲁迅学”的探讨主要即是在学理层面进行的。

在作品研究方面,首先应予提及的当是萧军的《〈铸剑〉篇一解——鲁迅先生历史小说之一》(第 1 期)。它原刊于延安 1942 年《解放日报》,此处属于旧文重登。此文认为《铸剑》主题是复仇和如何复仇,如今已经成为学界的共识;然而有些提法今日读来仍觉得新鲜,如说“眉间尺的影子就是伍子胥”。张芬的《〈狂人日记〉在当年》(第 3 期)也很重要。文章爬梳了《狂人日记》发表后的强烈社会反响,认为“《狂人日记》一发表,就受到进步文化界的广泛注意,鲁迅的‘狂人’的思想,在当时新文化运动的参加者中引起共鸣,得到他们的赞同和响应,甚至把‘狂人’或者视为导师,或者引为同道,‘狂人’就这样成了反对封建家族制度和礼教的精神界的战士,并在现实斗争中起了先觉者的作用”。作者此处的论说,使得我们清楚地认识到,“狂人”的反封建精神界战士之定位,乃是在作者的创造与读者的接受的整个过程中得以完成的。这恰符合接受美学的观点。

臧恩钰的《鲁迅修改文章种种》(第 7 期)从鲁迅对修改的高度重视,构思过程中即进行修改,写成后的增、删、改、移,适当调整和补充主题,修改观点,适当增删材料,调整结构,润色语言等若干方面进行了阐释。曲彦斌《鲁迅著作中的歇后语浅探》(第 7 期)以为鲁迅在发掘运用歇后语方面有这样几个特点:选择严格适宜;运用灵活自如;修辞效果明显。此二文论说角度在当时看来较为新颖。

较有理论深度的是张毓茂的《新颖独创　变化多样》(第 7

期）和李万庆的《论〈故事新编〉的象征性结构》（第6期），均系对鲁迅作品结构的深度探究。而杨有业《七斤的烟管和七斤嫂的骂声》（第6期）是一篇作品细读，是较有深度的微观研究。

陈元胜《〈绛洞花主〉剧本与鲁迅的〈小引〉》（第6期）考索了陈梦韶根据《红楼梦》改编的剧本《绛洞花主》及鲁迅为之写的《小引》问世的坎坷曲折，并从《小引》中剔挖出鲁迅对《红楼梦》的基本认识。

旧体诗研究方面有一文值得注意：师金成、陆雨村的《关于毛泽东同志对"千夫指"的解释》（第5期）中说1944年1月24日山东省文协曾致电中央总学委，对毛泽东在《在延安文艺座谈会上的讲话》对鲁迅诗句中的"千夫指"的解说提出疑义，并"请问明毛主席电示为盼"。毛泽东在1944年2月8日的回电中说："鲁迅虽借用'千夫指'古典的字面，但含义完全变了。"此文剔挖了鲁迅在其他处所（1931年2月4日致李秉中信）使用"千夫指"的含义，认为毛泽东的解释符合鲁迅诗的原意。徐元济《鲁迅诗本事》（第5期）也谈了此一问题，以为"横眉冷对千夫指"中的"千夫"并非泛指一般的阶级敌人，而是指称造谣中伤鲁迅的杨邨人之流的无聊"文学家"，"俯首甘为孺子牛"本意则是"俯首甘为海婴牛"。而后来的关于诗句是表现鲁迅对阶级敌人和人民大众的不同立场和态度的解说则是一种引申。旧体诗研究尚有夏明钊《对鲁迅绝句〈《赠日本歌人》新解〉的质疑》（第4期），张晓生《也谈〈赠日本歌人〉》（第5期）等文。

鲁迅思想专题研究论文较少。仅在第8期设有"鲁迅思想研究"专栏，发表三文：李春林的《自觉地承受"无爱"与"无所可爱"的痛苦和悲哀——论鲁迅的牺牲精神之一》，此文主要阐释鲁迅的前期爱情婚姻观。陶跃生的《从〈祝福〉到〈肥皂〉——谈鲁迅反理学思想之三》，阐释鲁迅对理学的批判。另一文是董兴泉的《砥砺正气　振兴中华——赞鲁迅的硬骨头精神》。此外，黄继持的

《鲁迅与佛教》(第4期)勾勒了鲁迅一生与佛教关联的轨迹,认为“他与佛教的关系,虽则只占他整个人生观与文化思想次要的一部分,然而总是有机的一部分。”郝铭鉴的《中国左翼作家联盟理论纲领说略》(第4期)阐发了鲁迅对这一纲领的微词:无疑这属于鲁迅思想研究。

同时担任辽宁鲁迅学会会长和辽宁比较文学学会会长的彭定安先生非常重视鲁迅与外国文学的比较研究。这在《学刊》上也有反映,发表了一些这方面的研究成果。以鲁迅与俄罗斯和苏联文学的比较研究居多。

最重要的一篇文章自是戈宝权的《鲁迅和爱罗先珂的友谊》(第5期)。此文爬梳了两人的事实性联系,属于比较文学中的影响研究。文章指出,鲁迅是爱罗先珂作品在中国最早和最主要的翻译者与介绍者,梳理了鲁迅对爱罗先珂作品的译介情况,叙说了鲁迅与爱罗先珂本人的密切交谊。任国杰的《试论鲁迅〈狂人日记〉的审美机制》(第8期)则是一篇关于《狂人日记》与果戈理同名小说及尼采《察拉图斯特拉的序言》、安特莱夫《墙》的比较研究论文。作者提出了“审美知觉差异性原理”这一概念,认为由于“审美知觉差异性”的存在,使鲁迅的《狂人日记》增强了迷人性。李春林的《陀思妥耶夫斯基对鲁迅的影响》(第4期)、《〈地下室手记〉主人公与阿Q》(第6期)均在《学刊》首发。

鲁迅与日本文学方面有包子衍《〈现代日本小说集〉琐记》(第6期)。作者指出,该书是鲁迅和周作人合译的;对鲁迅所译作品的时间、鲁迅与周作人对所译篇目的商定、续集出版情况等进行了考索。鲁迅与美国文学方面有钦鸿《鲁迅对惠特曼的介绍》(第2期)。

彭小苓《鲁迅和瓦茨的〈希望〉》(第4期)探求了鲁迅与英国19世纪画家瓦茨的关系,认为瓦茨的艺术观与鲁迅的某些思想有共同之处,此文已经带有跨学科比较研究的素质了。

刊物是个“小刊”，在编排上务求充沛、饱满，不浪费空间，保持尽可能大的容量。空余之处一律补白，内容有对封面鲁迅肖像的说明，他人对鲁迅的论说警句（郁达夫、闻一多）、书讯、动态等。显得活泼而灵动，得到了好评。

（此文写作过程中张小鼎先生曾提出很好的意见，谨在此处致谢！）

注释

① 笔者1979年冬跟随导师田仲济先生访问了李何林先生，他在与我们进行学术座谈时，就强调《阿Q正传》是批判国民性，而不是什么批判辛亥革命。并说罗曼·罗兰喜欢《阿Q正传》的原因也在此，他也不懂什么辛亥革命。——当时认为《阿Q正传》主题是批判辛亥革命尚在学界居于主导地位。

鲁迅、罗振玉与富晋书庄

薛林荣

富晋书庄是王富晋先生于1912年开办于北京前门大栅栏西街的一家书店。

王富晋（1888—1956），字浩亭，河北冀县人，受业于琉璃厂文明斋书局姜士存先生。

富晋书庄多藏版本书及各省地方志，并经售上虞罗振玉刊印的金石考古类书籍，以及上海各书局印行的珂罗版书帖画册等，且喜集配大部头书，如《四部丛刊》《四部备要》《万有文库》《四库珍本》《丛书集成》等，以供有关学术单位之需。[①]

富晋书庄所售之书较贵，为一般读书人所却步，周作人对此即有记录："在星期日，鲁迅大概一个月里有两次，到琉璃厂去玩上半天。……富晋书庄价钱奇贵，他最害怕，只有要买罗振玉所印的书的时候，不得已才去一趟，那些书也贵得很，但那是定价本来贵，不能怪书店老板的了。"[②]

鲁迅第一次到富晋书庄买书，是1917年12月30日，日记云："星期休息。午前同二弟至青云阁富晋书庄买《古明器图录》一册，《齐鲁封泥集存》一册，《历代符牌后录》一册，共券十九元。"[③]

鲁迅此处把富晋书庄的位置交代得很清楚，即开在大型综合性商场青云阁内。

青云阁是清末民初北京四大商场之首，位于北京前门大栅栏西街，1905年重新翻建，是一座典型的轿子楼建筑，也是北京迄今为止保存最完整的轿子楼建筑。楼有3层,中庭为跑马廊。“青云阁”三字是晚清何绍基之孙、官内阁中书何维朴于宣统元年(1909年)题写,取平步青云意。早年的青云阁集购物、娱乐、饮食、品茗于一体,相当于当时京城最高档的“中式沙龙”,甚至还引进了台球这一时尚运动,人气极旺,叶祖孚文章中曾引用过清末许愈初《肃肃馆诗集》中的一首诗,这么描述青云阁:“迤逦青云阁,喧腾估客过。珠光争闪烁,古董几摩挲。栋栋书场满,家家相士多。居然好风景,堪唱太平歌。”[④]

青云阁内有普珍园菜馆、玉壶春茶楼、步云斋鞋店、富晋书庄等众多的老字号,是康有为、梁启超、谭嗣同、沈尹默、刘半农、钱玄同等众多知名学者常常光顾的地方,鲁迅也不例外,在京14年间,他逛大栅栏西街的记录有400余次。逛完琉璃厂,正好顺路到青云阁购物、理发、喝茶、吃点心,周作人已经把路线介绍得很清楚:“从厂西门(应为厂东门)往东走过去,经过一尺大街,便是杨梅竹斜街,那里有青云阁的后门,走到楼上的茶社内坐下,吃茶点代替午饭。”[⑤]

最吸引鲁迅的莫过于青云阁里的玉壶春茶楼,他喜欢在此吃春卷、虾仁面等名点,顺便到楼下的小百货店中买些日用品。兹依鲁迅日记顺举几例,如1912年5月26日,“下午同季市、诗荃至观音寺街青云阁啜茗,又游琉璃厂书肆及西河沿劝业场”。1916年9月12日,“午后同三弟出游,遇张协和,俱至青云阁饮茗,坐良久,从留黎厂归”。1917年11月18日,“午同二弟往观音寺街买食饵,又至青云阁玉壶春饮茗,食春卷”[⑥]。

青云阁中也有不少书铺,其中富晋书庄最突出的特点,是专卖罗振玉的书,可以称作是罗振玉的“御用书店”。

罗振玉(1866—1940),字叔蕴,号雪堂,浙江上虞人,清末曾任学部参事官等职。辛亥革命后以遗老自居,长期从事复辟活动;“九一八”后在伪满洲国充当汉奸。他同时还是民国有影响的考古学家、金石学家、敦煌学家、目录学家、校勘学家、古文字学家，著述宏富。

鲁迅1917年12月30日第一次到富晋书庄所买的《古明器图录》《齐鲁封泥集存》和《历代符牌后录》这三册书都是罗振玉所辑。明器即冥器，即陪葬物品。鲁迅对《古明器图录》（四卷）的评价是“惜价贵而无说”：“罗遗老出书不少，如明器，印鉩之类，俱有图录，惜价贵而无说，亦一憾事。”⑦意思是价格高，也没有说明文字，当然更不存在什么创见了。

此后，周作人也在富晋书庄买过书。1918年1月4日鲁迅日记云：“上午赴部茶话会。二弟往富晋书庄购得《殷虚书契考释》一册，《殷虚书契待问编》一册，《唐三藏取经诗话》一册，共泉券十一元。”⑧鲁迅把周作人买的书记录在自己的日记中，一方面可能是委托购买，另一方面可能是两人共用。

上述三书都是罗振玉的著作。辛亥革命爆发后，罗振玉携眷逃亡日本京都，其间著述《殷墟书契》前编、后编及《菁华》等，并由王国维协助，撰成《殷墟书契考释》。此书与《殷虚书契待问编》是甲骨学研究领域的奠基之作。《唐三藏取经诗话》旧藏日本高山寺，后归大仓喜七郎。鲁迅所购是罗振玉1916年影印的巾箱本，该本有王国维、罗振玉跋。稍后影印的《取经记》，遍查鲁迅书账，似未购得。可能正因为如此，鲁迅借了一本加以抄录，以便研究。

鲁迅此后几次在富晋书庄买书的情况如下：

1918年2月10日，“星期休息。午后往留黎厂买《曹续生铭》、《马廿四娘买地券》拓本各一枚，二元。又至富晋书庄买《殷文存》一册，七元。”⑨

《殷文存》也是罗振玉所编，1917年石印出版，收录了有铭文的青铜器755件，但没有考释。这是最早关于商代金文的专门著录，在青铜器研究史上地位重要。罗振玉认识到商代人以日为名的特征，遂以此及图像文字作为商代青铜器的断代标准，开启了对商代青铜器的断代研究。

1918年2月24日,“星期休息……午后游厂甸,在德古斋买《元纂墓志》、《兰夫人墓志》各一枚,券七元。在富晋书庄买《碑别字》一部二本,二元。”[⑩]

《碑别字》是一部采录古代碑刻中俗体别字的专著,作者罗振鋆,字佩南,罗振玉的长兄,24岁病殁。

此后5年间,鲁迅日记中一直没有出现富晋书庄,直到1923年2月3日,“直隶官书局送来《石林遗书》一部十二本,四元五角;《授堂遗书》一部十六本,七元。午后往富晋书庄买书,不得。下午收去年十月上半月分奉泉百五十。买大柜两个,二十三元。”[⑪]

这一天,鲁迅在直隶官书局买书28册11.5元,又买了两个大柜,23元,可谓出手阔绰。笔者认为,正是这两笔大额支出,影响了鲁迅在宣晋书庄买书的欲望,所以这一天再没有买书。

富晋书庄卖的都是殿堂之作,价钱昂贵。鲁迅在富晋书庄前后4次买了8册罗氏兄弟的著述,这也印证了周作人所言——鲁迅最害怕去富晋书庄,“只有要买罗振玉所印的书的时候,不得已才去一趟”。

鲁迅对罗振玉的著作是很重视的,据其日记,从1915年至1935年,鲁迅通过多个书店、多种渠道,购买了罗振玉编印的甲骨文、金石铭文、汉简、古镜、玺印、明器等金石图录,以及罗氏的丛书、丛刊、丛刻和单行的辑校古籍,约有37种之多,此处略去书目。1915年,鲁迅借到一部罗振玉编印的《秦汉瓦当文字》后,曾用一个月时间影写此书,后来又买了一部寄给周作人。鲁迅还手录过罗振玉所编《唐风楼金石文字跋尾》,共计64页,不可谓不精勤。

但应当指出的是,鲁迅对罗振玉著作的重视,事实上是对于金石、器物等学术材料的重视,至于学术观点,鲁迅的态度是:“但我却并不尽信奉”,并每从罗氏所辑金石文字中看出问题。无论在作品中还是在致友人的信件中,提及罗振玉,鲁迅均或明或暗露出不屑之色,甚至嘲讽有加。

笔者认为,罗振玉以遗老自居,又是古董商,商人习气甚重,故为鲁迅所轻。诚如学者所言,“在中国的近代史上,罗振玉是以清朝遗老和附日汉奸著称的,这是就其政治方面的作为而言,如果从文化的角度来看,还应该为其加上考古学者、书商和古董商人等等称号。总之,罗振玉是可以算得上是政客兼‘学商’的。”⑫

1913 年 1 月 18 日,鲁迅日记中第一次出现罗振玉,鲁迅即称之为“罗叔蕴辈”:“午后往留黎厂书肆,见寄售敦煌石室所出唐人写经四卷,墨色如新,纸亦不甚渝敝,殆是罗叔蕴辈从学部窃出者。每卷索五十金,看毕还之。”

1909 年,法国人伯希和将在敦煌盗买的经卷运回北京向一些官员展示,引起官方和学界注意,罗振玉为将甘肃剩余的 8 000 卷经卷运到北京作过一些努力。但经卷运到北京后,遭到学部官员的盗劫,对此,罗振玉是知情的,属于间接当事人。罗振玉的长孙罗继祖后来引述罗振玉之言,对此进行过辩解,称“予箧所储方所售者外无有也”⑬,此处的“方”指一个盗劫经卷的姓方者,罗振玉说他所藏经卷是从姓方的人手里购得的。鲁迅 1912 年到北京,自然听说过敦煌经卷被盗劫的传言,但他在日记中并没有肯定是罗振玉所为,而是说“殆是罗叔蕴辈”,一个“殆”字,一个“辈”字,鲁迅笔下是有分寸的,认为只有像罗振玉这样的学部官员才有条件接触到敦煌经卷。客观地讲,罗振玉处瓜田李下,自己也乐于此道,被人怀疑再正常不过。

罗振玉所藏金石、书画、古籍、甲骨等均极富,他通过自己的墨缘堂收购古文物,考校研究后便卖掉,然后再买一批,如此反复。特别值得一提的是,罗振玉还染指著名的八千麻袋“大内档案”。所谓“大内档案”,指清朝存放于内阁大库内的诏令、奏章、朱谕、则例、外国的表章、历科殿试的卷子以及其他文件,内容庞杂,是有关清朝历史的原始资料,存放于内阁大库,占了六大间。

鲁迅说，这些东西“在清朝的内阁里积存了三百多年，在孔庙里塞了十多年，谁也一声不响。自从历史博物馆将这残余卖给纸铺子，纸铺子转卖给罗振玉，罗振玉转卖给日本人……”。[14]

鲁迅所言不虚。清末修缮库房时，这批档案被醇亲王下令销毁，罗振玉奉张之洞之命行其事，发现档案至为珍贵，遂由张奏请保存在学部（后来为教育部）图书馆，成为教育部所属历史博物馆的基本珍藏，乱世之中，被分两次出卖。其中，同懋增纸店用4 050元买到了这批被装入8 000只麻袋内的档案，其后又由罗振玉以1.2万元买得。罗振玉将其整理后，编印了《史料丛刊初编》，相当部分以高价卖给了清朝另一遗老、早有前科的文物档案贩子李盛铎，李又将部分大内档案高价卖给了当时的北京历史语言研究所。尤有甚者，罗振玉还将40余箱大内档案出卖给日本人松崎，一时舆论哗然。

在作于1928年的《谈所谓“大内档案”》一文中，鲁迅多次嘲讽罗振玉，比如：

> 罗振玉呢，也算是遗老，曾经立誓不见国门，而后来仆仆京津间，痛责后生不好古，而偏将古董卖给外国人的，只要看他的题跋，大抵有“广告”气扑鼻，便知道“于意云何”了。

> 最近的是《北新半月刊》上的《论档案的售出》，蒋彝潜先生做的……蒋先生是例外，我看并非遗老，只因为sentimental（感伤的）一点，所以受了罗振玉辈的骗了。你想，他要将这卖给日本人，肯说这不是宝贝的么？

> “大内档案”也者，据深通“国朝”掌故的罗遗老说，是他的“国朝”时堆在内阁里的乱纸，大家主张焚弃，经他力争，这才保留下来的。[15]

从事古董生意之余，墨缘堂还是一个出版机构，罗振玉的《贞松堂吉金图》、王国维的《三代秦汉金文著录表》、丁辅之的《商卜文分韵》、罗福颐的《内府藏器著录表》等一些重要学术著作，均由墨缘堂整理刊行，获利不少。加之一些学术观点并不一致，所以鲁迅提起罗振玉，均视之为“罗遗老辈”而加以嘲讽。

1926 年 12 月，鲁迅作《关于〈三藏取经记〉等》一文，反驳日本作家德富苏峰（曾任参议院议员、东京国民新闻社社长）纠正《中国小说史略》“谬误”的一些说法。《三藏取经记》即《大唐三藏取经记》，旧藏日本京都高山寺，后归德富苏峰成篑堂文库。鲁迅在小说史略中说这本书“或为元人之作”，德富苏峰则说是宋椠，论据有三：纸墨字体是宋；宋讳缺笔；罗振玉氏说是宋刻。对此，鲁迅一一加以反驳。针对罗振玉的说法，鲁迅说：“罗氏的论断，在日本或者很被引为典据罢，但我却并不尽信奉，不但书跋，连书画金石的题跋，无不皆然。即如罗氏所举宋代平话四种中，《宣和遗事》我也定为元人作，但这并非我的轻轻断定，是根据了明人胡应麟氏所说的。而且那书是抄撮而成，文言和白话都有，也不尽是‘平话’。”又说：“我的看书，和藏书家稍不同，是不尽相信缺笔，抬头，以及罗氏题跋的。”⑯

由此可见，鲁迅买罗氏之书，侧重于学术材料，绝不迷信罗的观点，他有自己独立的价值判断。

宣晋书庄后期生意大兴，与收购扬州吴氏测海楼之书大有关系。1931 年，扬州吴氏（引孙）测海楼藏书出售，为富晋书庄 4 万元购得，共 589 箱，8 020 余种，如明弘治刻本《八闽通志》《延安府志》，明嘉靖刊本《广西通志》，皆为极罕见孤本。王氏将其分别售于北京图书馆、上海涵芬楼、中华书局图书馆等，加之沪上出售之书，累计获利 5 万余元。于是在上海、汉口开设了分店，委其三弟富山主持店务，为北方势力南渐之先声。王氏又在琉璃厂西街筑楼一座，1935 年富晋书庄自青云阁迁移琉璃厂营业，请著名书法家铜山张伯英(勺圃)题写了匾额,生意更加兴隆,遂与比邻来熏阁、邃雅斋两大书肆鼎足而三。[17]不过这都是鲁迅离开北京之后的事情了。

注释

①⑰ 雷梦水:《富晋书社与测海楼》,《文物》1987年第4期。

②⑤ 周遐寿:《补树书屋旧事》,《鲁迅的故家》,人民文学出版社1957年版,第210页。

③《鲁迅全集》第十五卷,人民文学出版社2005年版,第305页。

④ 肖复兴:《青云阁》,2005年11月24日《北京青年报》。

⑥ 鲁迅日记,《鲁迅全集》第十五卷,人民文学出版社2005年版,第3页、第241页、第301页。

⑦ 鲁迅书信180104致许寿裳,《鲁迅全集》第十一卷,人民文学出版社2005年版,第357页。

⑧⑨⑩⑪ 鲁迅日记,《鲁迅全集》第十五卷,人民文学出版社2005年版,第315页、第318页、第320页、第460页。

⑫ 强英良:《关于鲁迅所记的罗振玉数事》,《鲁迅研究月刊》1990年第2期。

⑬ 罗继祖:《枫窗脞语》,中华书局1984年版,第136页。

⑭⑯《谈所谓"大内档案"》,《鲁迅全集》第三卷,人民文学出版社2005年版,第585—586页。

⑮ 鲁迅:《关于〈三藏取经记〉等》,《鲁迅全集》第三卷,人民文学出版社2005年版,第404页。

鲁迅外婆家史口述史拾遗与考辨

杨晔城

相对鲁迅家世,绍兴孙端安桥头村鲁迅外婆家鲁氏家史的史料则非常有限。一方面,安桥头老台门中只有朝北台门因与鲁迅关系密切而得以保留下来,其他如鲁氏宗祠、鲁氏家祠、鲁氏族谱这些第一手的实证实物均已在1960年代作为“四旧”销毁消失;另一方面,由于年代久远,许多当事人和知情人已过世。1970年代以来有关部门虽对安桥头鲁氏家史和村落文化开展过普查,但目前相关史料尚处完善之中。

近期笔者通过寻访鲁瑞曾孙辈的鲁振东、鲁振权等鲁氏后人,结合鲁迅文化的田野考古,对新发现的鲁氏家史进行整理和辨析,以期抛砖引玉,引起学者对鲁迅外婆家鲁氏家史更多的关注。

一、鲁氏起源:一村双姓,鲁丁同亲

鲁振东老人收藏着其父鲁元松1980年代历时5年写成的《绍兴安桥头村鲁氏家史》(简称《鲁氏家史》)手稿和鲁元松手绘的《安桥头地域位置图》。鲁元松继承祖父董事之职管理宗祠20余年,“曾亦查看过家谱甚详”①。《鲁氏家史》全文约3万字,多用毛笔小楷,仿王羲之《十七帖》行书,字体清俊洒脱,全文未加断句,有些地方使用繁体字和方言文,是一份较为珍贵的家史资料。

总览《鲁氏家史》,既有讲述始祖迁徙、会稽止步、驿站奇遇、路救难童、家族发迹、定居安桥、发族建村、一村两姓、建祠修谱、鲁丁同亲、地籍演变、安桥兴衰等一桩桩家史往事,也有记录保家卫国、婚丧嫁娶、耕读传家、艰苦创业、忠孝节义、断嗣承继等一代代传奇故事,从北宋末年到民国初年,读之泱泱大观,如品三国越千年。

有关安桥鲁氏起源,开篇如下(句读笔者加):

> 鲁氏第一世祖兰谷公,原籍山东省,学历进士,能舞剑,略识拳术,在州衙为书吏及县丞等职,至四十余岁,始升任为山东沂水一带为县令。北宋末期,金兵进犯,城池失陷,带百姓数百人,退过长江,曾逗留在海盐县候职,后转至杭州,而久未起用。为生活所迫,拟走避宁波,因门客丁嵩(字仁泰)原系宁波人,闻海口亦多游弋,故至皋埠镇乃止。翌年春季,为解忧闷,而偕嵩公游皋埠南山,即会稽山脉腰鼓山,风景秀丽,乐而忘返,投宿农家。该村四十余农户,皆小康人家,但全是文盲,亦愁小孩们无法读书为忧。经村人相邀,全家迁居山中,赁屋设账启蒙,从此舌耕十年左右。兰谷公为县令,有十余年之久,而秉心廉洁,避难一路而来,只有千斤书箱,两袖清风,在山虽如过隐士自由生活,但家人众多,平时全靠刺绣、织布、卖书画度日,后承村人鼎力帮助,开荒种地,始成耕读传家。公生有三子一女,一女出嫁海盐张氏,公落户十余年后,在山病逝,夫人是州官之女,亦善诗词,经离乱后疾病缠身,故同年亦逝世弃养,夫妻同庚,享年均六十四岁,葬腰鼓山。公长子(名忘)是文弱书生,博学未仕,继父业教书到老,列代子孙称其谓山里大太公,因事亲至孝,后世亦称孝太公。直系子孙,列代农业为主,大多数小康人家,也有数户中民之家,一户大贾,亦曾出仕三人,皆七、八品之官,只有一人归族,家谱上有士人出仕栏内记载,先后两代有两人游宦未回,一房挂线多子孙,一房挂线空白,大概远游无从查究,有百数户,住

三、四村，三十余世未建祠堂。二太公(名亦忘)，至小皋埠，亦教书为业，子孙传农商，苦乐不匀，出大贾二人，均迁走，列代出仕文武五人，游宦四方，亦只多一人还族，两房下落不明，两房迁山阴，在清朝始建祠堂，产业也不多。三太公名澂端，有特别的乳名，惜已忘，兰谷公在世时，已由仁泰公共同挑盐，贩运经营，以维持家庭，因起路一日难到山家，故在安桥营设站头，三间草屋，作为转运之所，兰公去世后，就安家于安桥……

以上信息告诉我们：安桥鲁氏始祖鲁兰谷北宋末年因兵燹由山东辗转来到绍兴，先到皋埠。次年迁居皋埠南面的腰鼓山。兰谷公有3个儿子，长子、次子教书为业，长子随父定居腰鼓山，次子小皋埠，三子鲁澂端和门客丁嵩结伙贩盐为生，因到腰鼓山一天无法来回，便在安桥头临时搭了几间草屋，“作为转运之所”。鲁兰谷去世后，鲁、丁两公就定居在安桥头。

由此推断，安桥头开发的历史最早可以追溯到南宋初年，距今约900年。尤其是最初“贩运盐货起家”这段并不光彩的历史，须知古代食盐由政府统一管理，严禁私盐贩卖，但巨大的利润空间还是让不少人铤而走险。绍兴就有俗语：“一分本事一分钿，十分本事卖私盐”。侧面也是绍兴盐业发展史一个见证。如距安桥头不远的镇塘殿位于曹娥江畔，对岸是南汇盐场，1901年5月16日《周作人日记》就有去镇塘殿“看盐舍烧盐”的记载。

关于安桥头村当时的地理环境，《鲁氏家史》记载：“南宋以前豆疆村落北[②]为埯头村。村后是泥塘。上有放水闸，闸好造屋，而称闸绞楼，出水过碧波潭横江，过吴融南江，约于南宋四五十年时淘汰此闸改称为闸交头。此塘东由青山来，过孙端南一横到马山，向马鞍山、头蓬一带去接萧山塘，现在之安桥村即那时此塘之北一大片海沙地，近塘落北，有东西横向小丘小塘，其时埯头村北，许家埭、乐巷及东首碧波潭村、赵暮村、吴融村已属高地,已有渔牧民少数人口之村落。"可见当时安桥头还是一片茫茫海涂,并不适合居住,这块海沙地最初是两人挑盐途中"随遇而安"的歇脚之地,鲁瀓端和丁嵩是"岛"上第一代的原住民,安桥头一村两姓由此而来。值得一提的是,附近高地却散布着不少小村落,给安桥头的地域发展带来了一定的社会经济保障。笔者认为,无论是相互通婚还是货物流通、人口流动都起到了积极作用。推断也是鲁、丁两公当初选择定居安桥头的主要因素之一。

在鲁元松手绘的《安桥头地域位置图》里,安桥头和镇塘殿两村相邻,紧靠曹娥江,正如鲁迅小说《社戏》中所描写的确是"一个离海边不远,极偏僻的,临河的小村庄"。周近分布着马山、碧波潭、吴融、埯头、赵暮、王老湾、皇甫庄、寺东等10余个村镇,在随图附文里,还有地域位置、相互距离、村庄特色等解读。如赵暮村主要为安桥头提供做酒缸酒坛的补坛沙,为安桥鲁氏做酒经商提供了佐证。

门客丁嵩是《鲁氏家史》中一个重要人物。《鲁氏家史》有关丁嵩的生平介绍颇为详尽。他是兰谷公父亲逸太爷机缘巧合收留的一名难童。比鲁瀓端小2岁。两人自幼同师读书,胜如同胞,非常和睦。"寄养后既不作义子,亦不为奴仆,只以伯侄称呼,并因事成在泰山脚下,故赐名为丁仁泰。"也就是说,鲁家人一开始就平等相待,连赐名也不改其姓,最终成为兰谷公创业和治家的"黄金搭档"。兰公习文,嵩公习武,家史上记载鲁丁两姓三代同家,丁嵩四次救主、惊心动魄忠孝节义的事迹。有"修身励志、律己守德、忠勤事业、孝亲睦邻,礼族人血缘有序,待丁姓情同手足"鲁氏族训为证。丁仁泰也是安桥丁氏的始祖,如《鲁氏家史》载"八世孙在明前期为四品武官,建造丁大房台门",至今安桥头村仍有不少丁姓族人。

靠贩运私盐毕竟非长久之计,鲁、丁两公还是安桥头这块"北大荒”的拓荒者。《鲁氏家史》载:“丁嵩、澂端二公到安桥落户,挑卖海盐度日。并向县承包开荒一大片,计 1 100 余亩。”

南宋奖励耕织,鼓励围垦海涂,造好湖税减免,对于安桥头“这样的年轻高地,政府已允许百姓承扳划圈,领官契开荒,三年后纳粮,永远业权为己产”,但这是项浩大的工程,没有贩运私盐一夜暴富来得容易,附近村庄虽然也有人开荒,却不到一半的土地可以种植,鲁、丁两公投资兴修水利,同时贡献治沙良策,带头与大自然开展艰苦卓绝的斗争,“经过八年苦工,全畈皆能耕种”。相关内容在《鲁氏家史》中有详介。

关于安桥头村名的来历,《鲁氏家史》中有“说起安桥本宅从草屋发展瓦屋乌记台门。即原草屋基。门前约距六丈即是板桥头。当时修塘筑坧所掘大横沟,直到里赵西溇底,由竹板桥改造为单眼木桥,取名为安桥。表示从此得以安居乐业”。可见,“安居乐业”是安桥头村村名本义所在。

据安桥头鲁氏宗谱记载,安桥鲁氏的源头可追溯至公元前 256 年的战国时代,秦昭襄王五十一年鲁被楚所灭,姬姓国君流放莒地。为纪念故国,姬姓子孙及部分异姓公侯、大夫被赐国号为姓,世代相传,鲁氏族人则尊奉周公姬旦为得姓始祖。鲁姓有“复兴”的意义,不排除鲁迅在安桥头看到听到过相关内容,而心有戚戚,在 1918 年 5 月发表《狂人日记》时作为笔名的依据之一。

另据《鲁氏家史》,在官方土地册籍中,安桥村被编为会稽七都四图,地名岳墅镇。曾有一岳姓官商来安桥开设埠头,运盐米至浙东上八府,“安桥即是货运会集之所”。后造“岳氏之别墅。正门额上大书岳墅两字。是端公长子手笔”。又如“安桥多拳师,遐迩有名,故盗窃绝迹方圆之境内”,“拳场设在朝北台门东首。鲁丁两姓爱武成风”等,可见安桥习武之风古已有之,《鲁氏家史》很多内容鲜为人知,具有丰厚的文化价值和独特的教育作用。

二、世系寻根:两个台门,一脉相承

寻访中新发现2份《绍兴安桥头鲁氏世系表》(简称《世系表》)手稿,记录第二十七世到三十六世最近十代安桥头鲁氏的延续情况。前者1989年由鲁元松回忆整理,每世有姓名、子女、功名、从业、生卒等人物生平简介,内容相对繁冗。后者2003年由鲁振东根据其父鲁元松手稿修补完善,从二十七世到三十四世对应增加了"廷字辈""兆字辈""思字辈""安字辈""嘉字辈""占字辈""寿字辈""振字辈"等族人所属辈分,功名、从业等人物生平多数从略,内容简明扼要。因新中国成立后移风易俗,鲁氏后人不再严格按辈分取名,故第三十五世和三十六世辈分空白。两份《世系表》经过父子两代人的修订,化繁为简,流传有序,相互呼应。为便陈述,以下分称"1989版鲁氏世系表"和"2003版鲁氏世系表"。

《世系表》反映了鲁氏两个相近房族的亲缘谱系。一个是以鲁迅外祖父鲁晴轩为代表的朝北台门一脉;一个是以鲁迅小说《祝福》鲁四老爷人物原型鲁安玖为代表的宝记台门一脉,有鲁氏后人寻访考辨和宝记台门原址为证。

鲁安玖与鲁迅外祖父鲁安馀(又名"晴轩")同属鲁氏30世"安字辈"。两个房族在26世时还是一个祖宗,在27世时才有兄弟分开,到31世鲁迅母亲鲁瑞时,尚属传统"五服之内"的宗亲。照《世系表》辈分排,鲁迅先生要称鲁安玖为"四外公"。

"1989版鲁氏世系表"这样记述鲁安玖的生平:"安玖公,字连宝,私塾数年,公系思源公第四子,过继思明公为子,在家种田酿酒,生育一子三女,不留祭田,后由锡坤公补祭二十亩,享年□"。"2003版鲁氏世系表"注明鲁安玖生于清道光二十七年,亦即1846年。与鲁思明建造宝记台门同年。而朝北台门由鲁思清建造于清道光二十三年,比宝记台门早几年。鲁振东、鲁振权是鲁安玖的四世孙。鲁振权至今仍留守在祖居宝记台门残存的建筑遗址上。这是利用老台门东西两侧厢房改造的一片平房,中间一条笔直宽阔的中轴线通道,鲁振权夫妇住在靠近台门口东西的几间小屋里,门前铺着青石板,过道屋顶有楼板相接。据介绍,这里原是台门进来总堂,本来都通,直接到河头,方便取水和船运。宝记台门原先大门就有 8 扇,还有雕花门楼,四进后面带花园。当时安桥头乌记、羊记、洪记、宝记和朝北 5 座台门中,宝记台门最大。在鲁元松 1989 年手绘的一份《安桥头老宅分布图》上:乌记、洪记、羊记等 3 座老台门在最上面一字排开,中间是朝北台门,下面祖居位置是原宝记台门,前面有块道地。笔者现场目测,宝记台门仅现存侧厢的建筑规模就远远超过了朝北台门,朝北台门不仅矮小而且只有两进,不带门楼。

鲁安玖在宝记台门先是开作坊做老酒,发家致富后,又在孙端镇上和绍兴城里开起老字号鲁永盛酒店、鲁永盛酱园、杭州瑞泰祥绸庄等实业,成为安桥头村的大户人家。当地习俗,把上了一定年纪读过书或做过官且家境殷实的人加上姓氏和排行后称为“某某老爷”,鲁安玖排行老四,读过私塾又富甲一方,在乡人中,“鲁四老爷”的称呼由此而来。

逢年过节“祝福”“请菩萨”“迎神赛会”这些鲁镇民间传统习俗是宝记台门必做的。但和小户人家比,规格礼数要高得多,如盛放“五牲”的礼器用的是全铜,粗大的蜡烛台需要几个人抬得动,主楼旁还有 3 间偏房专门用来堆放龙角铳、仪旗、专用衣服这些祭祀用品。

鲁振权儿时去看电影《祝福》,回来讲给爷爷鲁仲和听,鲁仲和说这部电影就在放自己家,还告诉他祥林嫂是一个叫赵婉珍的女佣。在朝北台门展厅一块“抢亲”的展块上,有“鲁迅在《祝福》中祥林嫂被婆家所抢的场景就有他在安桥头所亲见的翠姑被抢的素材为根据而创作的”文字说明。赵婉珍是否翠姑,经历了怎样的悲惨人生，是否与鲁迅见过面，她的后人何在，这些有待进一步考证，但可以肯定，鲁迅童年随母亲到过宝记台门，见过鲁四老爷家“祝福”的排场，留下了深刻印象，在小说《祝福》中有了生动的描述。

鲁迅小说《祝福》中说鲁四老爷“他是我的本家，比我长一辈，应该称之曰‘四叔’”，显然是鲁迅经过艺术加工的人物形象。小说写于1924年2月，描写作者在家乡流离失所后暂寓在亲友鲁四老爷家发生的故事。其实鲁迅1919年12月返乡处理完周家新台门售后事宜就再没回去。在人物原型的基础上加以艺术虚构，符合鲁迅在《我怎么做起小说来》所说的：“所写的事迹，大抵有一点见过或听到过的缘由，但决不全用这事实，只是采取一端，加以改造，或生发开去，到足以几乎完全发表我的意思为止。”值得注意的是，《祝福》描写的无论祝福场景、鲁四老爷、祥林嫂等，还是鲁四老爷的家——文中并未出现的宝记台门，又确有其人其事，使得作品本身具备了纪实类散文的一些特点。可见，这是一篇小说散文类的鲁迅作品。以真实的鲁氏家史为背景，然后加以生发，还可以看作是一部生动的“鲁氏家史演义”。

三、十代质疑；田野考古，同音异义

有关多年来涉及安桥头鲁氏家世的一些学术观点，如《绍兴村落文化全书》（孙端卷）其中《鲁迅外公家世简述》（下称《简述》）一文里“据老农反映，……。祠堂虽早已毁圮，但十代歌诀‘定绍世恩嘉佩德达旺祖’流传至今，鲁迅的外太公鲁世卿属第三世（世字辈）”等，鲁振东提出了质疑。

鲁振东表示，安桥鲁氏第二十九世祖公中，有思慎、思清、思源、思明、思吾、思身、思广等，唯独没有鲁世卿，还整整少了二十六世。

据介绍，安桥村的鲁氏宗祠是第十四世祖宣龄公州官任上告老还乡后于明正德元年(1506 年)出资牵头建造,并组织族内多人内查外调,拾遗补缺,历时九年才完成安桥鲁氏宗谱的编纂。内按各代子房、名讳、学历、功名、职业、娶续、嫁醮、赘婿、招子、生育、品德、贫富、寿享、丧葬及大事记等,详细记录,排列有序。宗谱开篇“百代歌诀”,从清乾隆三十一年(1766 年)开始,第二十七代到三十六代的歌诀为“廷兆思安嘉佩德达光祖”,凡鲁氏子孙取名,中间一字即为辈分。也就是说,较《简述》“十代歌”有 5 个辈分“音同字异”,即“定绍世恩旺”依次对应为“廷兆思安光”,破析第二十九世鲁迅外太公是“思字辈”还是“世字辈”,起到关键作用。

由于无法利用鲁氏宗祠、鲁氏宗谱等一手资料还原史实,得知安桥头村党支部原书记鲁月明是鲁振东“佩字辈”的族公,还保存着曾祖父思广公的墓碑,而碑记是家族的历史记录,能为还原家谱提供精确的史料,是“思字辈”还是“世字辈”,鲁思清还是鲁世卿,只有见到此碑才能真相大白。笔者再次赴安桥头寻访。

沿着往镇塘殿的一条泥泞的小道,在朝北台门西北方向一块田畈上,笔者见到安桥头老坟集体迁移后合葬在此处的一处公墓。裸露的草皮下面尚能看出一座座石棺,只有几座石棺封土前竖着墓碑。在最里面的一个封土前,笔者找到这块近 2 米长、0.5 米多阔的石碑,与多数墓碑采用直碑不同,这是一块横碑。历经百年风雨,碑文漫漶不清。

经过技术处理,碑文从右到左、从上到下竖排,“民国”“鲁氏”“考思广公”“妣徐孺人”“男安□□孙□□□”(□字不清)等几个字依次显露出来。“安”字应是指墓主的“安字辈”后人,“孙”字应为墓主的直孙。由此推断,这是一块民国年代的夫妻合葬碑,墓主为鲁思广和徐孺人夫妇,由“安字辈”鲁氏后代子孙所立。

鲁思广的墓碑坐实“思字辈”而非“世字辈”的事实,为鲁氏宗谱“十代歌”提供了有力的依据,同样表明鲁迅外太公是鲁思清而非鲁世卿,推断“卿”“清”亦属同音之误,鲁思清是安桥头第二十九代始祖。鲁迅先生是安桥头鲁氏“佩字辈”的表亲。

基于鲁氏家族历史久远一手史料欠缺,也提醒学界,利用家族墓碑碑记这一“无声的族谱”,相对不易引人注目、免遭人为破坏的物证,验证鲁迅家史结论是否真实可靠,相关的二手实物或史料如本文中鲁元松所撰的《鲁氏家史》)手稿等,同样值得重视。由此延伸,仍需发现其他年代更早的鲁氏先人墓碑或其他实物,为鲁氏“百代歌诀”和《鲁氏家史》提供实物史料。另外这类物证本身也要引起重视,日常妥加保护。如鲁思广这块墓碑或作碑拓存档或新旧替换收藏保管,等等。

值得一提的是,在寻访过程中最好直接和熟悉家史的鲁氏后人面谈,并且当场校对口述记录稿,避免因文化、方言、发音等而引起的遗憾。

鲁振东还解释了宝记台门和朝北台门在安玖公后不照宗谱排辈的原因。原来鲁思清在京做官,未经族长同意娶了个小妾返乡过年祭祖,被拒之宗祠门外,最后族里公议,按族规,擅自纳妾、目无尊长裁定“安”字以后其后代不准到家谱去排辈分,当时堂兄鲁思明表示同情受到牵累。“鲁思清赌气要面子,就在鲁氏宗祠西首建造五架小屋一间,辟为朝北台门一系的家祠,俗称‘小祠堂’的鲁氏家祠,在‘文革’中与宗祠同时被毁。”这是“2003版鲁氏世系表”十代歌“廷兆思安嘉占寿振□□”的来历。

谨以本文纪念鲁迅先生诞辰140周年。

注释

① 鲁元松1985年致二子鲁振中的回信。

② 落北:以前。绍兴方言。

口述与笔谈(十四)

裘士雄

一、庄文城谈蔡元培、赵汉卿、范文济

(一) 关于赵汉卿的情况

赵建藩,字叔屏,号汉卿,毕业于上海吴淞中国公学,它是清末创办的中国最早引进西方科学文化的大学。赵的原籍在浙江萧山县临浦镇。

赵出生于1889年。他是我的大姐夫,生有一女三子。长女赵政,小名蕊儿,在上海红十字会医院做医师。长子赵敷早夭。次子赵教,在上海发电厂做工程师。幼子赵铁在吴淞农业机械厂做技术员。闻赵教最近因引进美国设备,奉政府派遣出国,去美国学习并接收设备,尚未回国。我大姐庄文瑞1892年生,现尚健在,居于上海。

汉卿于1950年死在上海,葬于虹桥公墓。

赵与鲁迅先生的关系,过去我一无所知。我只知赵与陶焕卿(即陶成章烈士,绍兴陶堰人)的关系十分密切。清朝末年,民族革命兴起,东南的光复会、中原的兴中会(头头名黄兴,湖北人)[①]以及华南与海外华侨一路孙中山的组织,由孙中山联合组成为同盟会,即国民党的前身。

光复会的头头陶成章,其机要秘书即赵汉卿。当时南洋一带华侨多是绍兴人(南门外紫红山村一带即很多),其捐献革命经费

皆直接汇至陶成章。而上海一路的陈英士(后为沪军都督)其走狗即蒋介石,经常至赵汉卿处索取捐款。陶成章因他们常常花天酒地挥霍一空,故常要向蒋训诫,引起了陈英士的嫉忌,致陈派蒋在上海法租界广慈医院病房中,将医病中的陶成章用手枪暗杀后逃走,侍病在侧的陶夫人盖仁志②目睹此情。后我在东北抚顺市工作时,曾在市立图书馆一册长篇历史小说《前驱》中,看到亦曾有此记载。

陶死后,由赵为他在绍兴南街(即今延安路)购地营造校舍,创建成章女学校以资纪念。首任校长即盖仁志,末任校长即我大哥。并在杭州西湖宝石山麓建立陶社。蒋介石窃国当权后,即下令封闭陶社,并命成章女校改名,但校董会抗拒不改。

抗日战争中,杭州沦陷后,我在迁丽水的浙江省立英士大学任统计学讲师时,同事间闲谈中,以我名文瑊中的"成"字加"王"边,以为奇特而相询问。我答系因父亲为了纪念陶成章而取此名的。我们兄弟姐妹十五人名的第二字皆为"文"字,第三字皆为"王"边,我有一姐即名文璋。事闻于兼校长的浙(江)教育厅长许绍棣,即将我解聘辞退说:"英士大学是纪念陈英士的,故不能有纪念陶成章的人!"

绍兴原有《越铎日报》,是推翻满清后创办的绍地唯一最大的日报。此报即系赵汉卿等所创办的,最初并自任编辑。在这段时期里,可能常去鲁迅先生处请教。唯事隔半世纪,详细情况,我大姐也说记不起了。当时报社地址设在上大路即今大庆路,曾因严厉批评绍兴都督王骏(金)发行同盗匪,苛捐暴敛,掠夺人民,而被王派兵一度捣毁,并打死一适在报社的来客。后王终因暴虐无道而遭到枪决。

在孙中山与袁世凯之间,经岑春煊调解而举行南北和谈时,赵汉卿曾担任南方和平谈判代表团的秘书。蒋介石专政后,赵不能再参加政治活动,只得在上海银行工会里做工会工作,以维持生活直至去世。

光复会员秋瑾是被绍城金斗桥河沿的劣绅杜海生(上海开明书店资本家)向满清绍兴知府贵福(满族)告密而被捕杀的。我就在这年春节诞生的。据说秋瑾尚来我家吃了我的弥月剃头酒。我过去曾保存有我父亲为她在我们家中拍摄的一帧女扮男装的西服照片,“文革”中已被横扫去了。

秋瑾牺牲后,有一住在上海租界的吴姓女光复会员,出资在杭州西湖西泠桥北营葬,墓顶盖一石亭。这位姓吴的女光复会员还派遣一刺客来绍,于次年春节在府台衙门举行团拜,我父亲利用举人身份去参加团拜时,这个刺客混在随役群中,潜入衙内,伺机将贵福用手枪击毙后逃逸,为秋女侠报了仇。[③]

(二)关于范文济的情况

范文济,字伯昂,系我岳父范越卿公的长子。绍兴范家住在府山后、古贡院前锦鳞桥南的黄花弄西一带。其朝北台门口原有范仲淹的一块匾额“清白世家”字样。其内聚族而居,房屋甚多。越卿公一家系属老六房(共有老十房),越卿公与夫人鲍氏生有二子二女:范文澜,字仲云,即其次子;长女文澂,字芸英,系日本奈良美术专科学校留学生,嫁江西南昌人高轼方,亦系日本留学生,曾任杭州武林造纸厂、上海沪东造船厂及西北与台湾某厂的总工程师,生子高利可。次女范文溆,字镜明,即我的元配,系日本东京早稻田大学的留学生,生子庄元建,原在复旦大学化学系学习,抗美援朝时参加了军事干校,由国家培养在清华大学深造后,派在化学兵团任化学武器技术教官,现转业在金华浙江师范学院化学系做主任讲师。

我在绍兴府山上浙江第五师范学校求学至16岁时(当时同学董秋芳已毕业)由范文澜介绍,于1923年加入中国共青团为cy,参加“五四运动”。18岁入上海大夏大学理工预科,年末与范文溆结婚,结识了上海地下党组织干事朱义权(绍兴人)及其弟朱义本(原绍兴地下县委常委,“清党”后转移日本,与我妻相识),我在沪参加了“五卅”冲击老闸巡捕房的惨案,及工人纠察队第三次武装起义中率一敢死小组冲入老西门反动警局夺枪,去北站参加消灭军阀毕庶澄卫队的火线战斗,并参加党、团小组在南市九亩地大舞台民众大会上,与蒋介石本人展开面对面的说理斗争。

我与文澜接触较多,而文澜的妻子儿女因长住北方,未曾回绍见过面。相反,与文济未见过面,而与文济的妻子儿女却很熟悉。因文济很早就在西北杨虎城处做文职工作,未曾回绍,而其妻子儿女则长住在绍兴老家与公婆同居。

闻文济在西北已另娶有妻室。在绍之妻生有二子二女:长女元绥,小名阿升;次、三均为儿子,大的名茂如,小的名茂兴;最幼的亦为女儿,名未详,我只叫她“小妹”。文济夫人死于抗战之前,死后,两个儿子由文济招往西北培育,两个女儿留绍。抗战前,我岳父母相继去世后,时我妻文溆亦早已患瘫疾卧床六年而死。两女孤苦无依。蒋匪帮抽壮丁时,追查茂如兄弟去向,将阿升押交。我只得代阿升函致其堂叔范文治求援,才获释放。范文治系越卿公胞弟鼎卿公(曾任南京道尹)之子,曾是共产党员,因被捕关在杭州反省院,后变节投敌,出任浙江民政厅秘书长,后又出任嘉兴县长。

绍城沦陷后,阿升姐妹经济困难,时常要我周济,后不知与谁结了婚,从此情况不明。茂如在西北宁夏花马池参加了八路军,当了连级干部。绍兴解放初,曾到我家中来看望过我,当时我住在上海未能遇见,他把他的小妹带走也参了军。以后听我长子庄元建谈起,曾在解放军队伍中和他见过几次面。

范文济曾在杨虎城处任过秘书,死后,他的继任者听说就是《红岩》小说中之小萝卜头的爹爹宋绮云。

大革命前夕,我妻范文溆任绍兴县立第二小学校长时,高级部校舍与成章女校为毗邻,初级部校舍在河对岸现县委地址上。当时高级部主任是邹楚青(解放后绍兴二中的模范教师)。体育教师周柏堂(共产党员)及周光舜均系鲁迅先生的族侄。初级部主任张履政是共产党员(他的党证还是第三国际瞿秋白签字的,但后来变节投国民党做了浙江财政厅的秘书长,并出任绍兴箔税局长),初级部绝大多数教职员都是共青团员,是当时的绍兴地下团机关。某一次夜间,军阀部队曾包围学校搜捕共产党,但因得不到确证,只好不了了之。其时,周柏堂已踰墙向禅法弄逃出,不再返校。

关于范乐山的情况,我因从未听说过有这一名字,故无从回忆。据我的主观猜想,或可能是文济的亲叔范鼎卿公的别号。因为文济父亲越卿公,原先曾在京汉铁路河南段供职,后因患了严重痔疾,每大便一次后,须二、三天不能起床,而起床后又即须大便了,致不能再服务工作,而长期在绍兴老家休养。故文济、文澜在成年后,均系随侍亲叔鼎卿公在外地游学的。我娶范文溆时,鼎卿公即去世,我只看见鼎卿夫人携子女回老家来过一次。其长子范文治行七,我叫他老七;次子我叫他老十,名已忘。其余均系女儿。

(三)关于蔡元培的情况

我幼年听父母谈起,蔡元培,字孑民,青年时代曾在我家寄宿多年。那时我父亲在家聘请了一位王老师教书,共有 8 位同学,包括蔡先生及与蔡先生联襟的薛朗轩(阆仙)在内。蔡先生进京应考时是与父亲两人做伴同行的。当时侍候他们的书僮王升,在我 18 岁结婚时,尚来帮过忙。据王升谈,一路上在旅店内夜静后,常听到蔡先生独自饮泣。他说笑话,猜测是因为想念夫人之故。曾有一次在河南碰上黑店,我父亲在饭食中发现有一片人的指甲,不敢再吃,亦不敢声张,只得假作失手打碎了碗,赔了钱,与蔡先生及王升立即离店转移。考试结果,蔡中了翰林,我父亲只仍然是个举人。在我五六岁时,蔡尚到我们家中来做客,因此我知道他是茹素的,但对无生命的食物如牛奶、鸡蛋等类则仍照常吃食,名曰卫生素。到我10岁丧父后,蔡始不再来。

我家受秋瑾的影响,故我父亲、大哥及大姐均成了光复会员,闻(鲁迅)先生亦曾加入过光复会。

蔡任北京大学校长期间,薛朗轩(阆仙)和我三哥文琳(均已故)均跟随蔡先生在北京,薛任职而文琳为学生。后教育部迁南京改称大学院,我适在南京国立中央大学求学,曾到大学院去见过大学院长蔡先生。后我在上海中央大学商学院毕业前曾到法租界蔡先生家中去过。其时,其原妻已早去世,续娶一原系他的女学生者为妻。毕业后,我在上海市教育局工作时,他尚寄一信给我,以后不再有过往来。

我父亲坟墓的墓碑,曾是蔡先生给题写的,“文革”中已完全被毁。我过去曾保存有蔡先生青年时期在我们家中由父亲为他拍摄的照片一帧,“文革”中已被横扫去了。蔡先生在我们家中读过书的书房4间,现尚存在,唯已由房管会分配给4户人家居住。我对王太老师已毫无印象,唯我父亲在杭寓病故时,王太师母曾从湖州赶来吊唁,我曾拜见过。

(整理者附笔:我大学毕业,分配到绍兴工作后不久,就听说庄文城先生书香门第出身,庄家与蔡元培、范文澜、赵汉卿等均有世谊、戚谊,了解情况较多,于是,我于20世纪70年代末、80年代初多次登门拜访求教。当时,庄文城先生住在解放南路与钱王祠前交叉口的东南角,是一石库台门,现翻建为钱王阁商务楼,底层有玫瑰花苑、民生银行等营业场所。他当时已年逾古稀,曾按我的要求,将赵汉卿、范文济和范文澜兄弟以及蔡元培等人情况写成上面的书面材料,原件无题,现拟题为《庄文城谈蔡元培、赵汉卿、范文济……》,特作此简要说明。)

二、朱国华谈长兄朱自清及其原籍问题

一直以来,对于朱自清的籍贯问题存有不同说法。1987年4月某日(确切日子已记不清),《解放日报》发表了张以帆《朱自清弟弟谈〈背影〉》一文,我以为这是释疑的极好机会,但不知道朱自清弟弟的通讯地址,于是冒昧地将信投寄给松江县政协,请他们转给他。4月20日,我欣喜地收到了朱自清幼弟朱国华先生的复信,全文如下:

裘世[士]雄同志:

松江县政协秘书处转来大函,敬悉。

承询各节,简复如下:

我家原籍绍兴山阴县,我家大门门楣上钉有"鉴湖朱第"铁皮门牌。

我们同胞兄妹四人:

大哥自华,考取北大预科,为了当时家庭经济困难,就改名"自清",直接报考本科,缩短了肄业年限。

二哥物华,考取庚款留美,获得博士学位,曾任上海交大校长,现退居二线,改任教授兼学校顾问,仍带博士研究生。全国政协委员,中科院学部委员。

四妹玉华,原住台湾,因病暂住美国,依附子女疗养。

我们兄妹四人在扬州市报考中学时都填写绍兴籍,但在中学毕业后,为了适应生活环境才逐渐改填扬州籍。大哥自清从幼年直到青少年时代的生活,与扬州关系更为密切,故自称"我是扬州人"。

鲁迅原配夫人朱安和我家同族,但不很近。大哥生前曾去访问过。

另外,我的母亲周氏绮枬是绍兴人,和鲁迅同族不同宗。

外公周明甫是逊清时知名的刑名师爷，两个舅舅都住在绍兴城内，已去世。表兄弟们早已失去联系。

顺颂

进步！

朱国华谨复（印） 1987年4月

17日于上海市松江县中山东路白云新村21号208室

三、余子的《秋先烈成仁二十二周年纪念刊集录》

1980年某日，我在朱仲华先生家里看到署名“余子”所写的《秋先烈成仁二十二周年纪念刊集录》一篇文稿，文字不多，但真实记录秋瑾佚闻佚事和秋瑾殉难后友人纪念她的史实，似未见其他书刊披载，所以当即要来一张白纸抄录下来。当时，我曾询问朱仲华先生和在座的其他老人：《秋先烈成仁二十二周年纪念刊集录》有否印成书？众人议论纷纷，没有一致意见。因为如能找到这册《纪念刊》印制品或书稿，肯定对纪念和研究秋瑾大有裨益。我也请教大家：“余子是谁？”众人曰：余子，就是大名鼎鼎的王子余先生。《秋先烈成仁二十二周年纪念刊集录》全文如下：

女侠好为诗，时时吟咏，稿不自存。女侠又长于演说，每遇集会，登台侃侃，听者无不动容。贵福尤敬慕之，慕之而终杀之。种族问题与抑禄位问题。

女侠就逮，贵福亲讯，予之坐，啖以鸡蛋，所鞫询者不过搜获演说稿中文字而已。贵福决杀女侠，命山阴令李氏县谳词，李拒之，贵乃据去李官。以府中谳员余氏摄县篆狱始成。将杀女侠，令女侠画供，女侠书“秋雨秋风愁杀人”七字。隶前缚女侠，斥之曰：“毋。”遂从容徒步至轩亭口，引颈受刃，无惧色。余友何素萱时充警局巡官实观见之。

女侠好骑马，服男子装，市人咸怪之。可侠死，道途间皆曰:“骑马女子死矣!”

与女侠同被逮者,有皖人程毅,后毙狱中。闻其在狱颇有著述。死后,予挽人求之,终不能得。盖狱卒不识文字,已弃之矣。

女侠既死,是秋八月十八,孙王德卿邀予至新埠观潮。不至有诗云:“白马银鞍转瞬遥,沼吴霸气已全消。之江从此无颜色,秋雨秋风潮暗潮。”又九月朔,偕周王觉夫、张王琴孙饮于万卷书楼,赋诗云:“秋雨秋风又举觞,书生结习未全忘。将军气慑南山虎,京兆着描汉代妆。豪饮淳于情锐减,论交鲍飞胆同尝。丈夫报国知何日,且唱新诗学楚狂。”又题私藏女侠男子装遗像及……

四、姚霭庭谈关于秋瑾被捕后的审问情况

1980年5月5日午后,笔者去朱仲华先生家,遇姚霭庭老人,他主动为我们讲述了秋瑾烈士被捕后审讯情况:

1930年我在绍兴烟酒分局任职,有一位名叫黄介民的老先生是同事,他亲口告诉我有关秋瑾被捕后审问情况。黄老先生是当事人,在绍兴知府衙门里任承事(即值堂房)。光绪丁未年旧历五、六月间,徐锡麟在安庆刺杀安徽巡抚恩铭,也株连到绍兴。六月初四,大通学堂被包围,王金发本事大,逾墙而遁,秋瑾急忙销毁党人文件,被捕后迨至午夜,有四个清兵将秋瑾押到绍兴府署候审。主审者三人,即三堂会审,上座是绍兴知府贵福(满人),左右两人,一是山阴知县李钟岳,可能是江苏人或山东人;一是会稽知县李瑞年,号介荪,福建人。贵福先开口,面带奸笑说:“秋先生,我们都是黄种人,造反是要被白种人见笑的。”秋女侠答道:“我不懂你的大道理,我只

晓得我们是汉人,你是满人,为啥满来治汉?所以非排满不可。"她的话音刚落,会稽知县李瑞年露出帮凶嘴脸,大拍惊堂木道:"你还不跪下!"而山阴知县李钟岳较有正义感,一言不发。审问秋瑾花了不少时间,也动了刑,但秋瑾只写了"秋雨秋风愁煞人"七个字。贵福他们人弄得吃力煞,有用的东西(口供)一点也得不到,天未明就把她押到轩亭口杀头哉。

事后,贵福调任安徽宁国府知府,结果去不成。会稽知县李瑞年当帮凶有功,得到清廷嘉奖。而山阴知县李钟岳因"办事不力"被撤职查办,年终在杭州自缢身亡。辛亥革命后,李瑞年为浙江都督朱瑞(介人)所器重,想委派他到绍兴这个大县当知事,最终被邑人所拒绝。

注释

① 疑为1904年2月湖南黄兴与刘揆一、宋教仁等在长沙组织的华兴会。兴中会则是孙中山为首,创建于檀香山,他于1905年联合光复会、华兴会,共建中国同盟会。

② 盖仁志,疑为孙晓云之误。但盖氏确系光复会会员,亦为成章女校首任校长。

③ 关于贵福被人暗杀一事,显系误记。庄文城先生可能与暗杀胡道南事混为一谈。

读书杂谈

以鲁迅结文缘

——序裘士雄《远方吹来鲁迅的风》

陈漱渝

世事多巧合。2021年8月20日上午，北京领读文化传媒公司的老总到寒舍探访，建议我编一本书信选，把文坛前辈及文友的来函集为一书，他认为会很有学术价值。我感谢他的好意，但觉得搜寻整理都很麻烦，不知今生能否了此心愿。不料当晚就看到裘士雄发来的微信，说他刚编完了一本《远方吹来鲁迅的风》，选收了10个国家共68位学者的来函，内容多是探讨鲁迅研究的问题。我觉得，这是中外鲁迅研究交流史的一个侧影，一个不可或缺的部分，确有出版的价值。他跟这些通信者都是因鲁迅而结文缘的。

作为一种敬辞和礼貌用语，我应该称裘士雄为"兄"；但按实际年龄，我则应该称他为"弟"——因为他比我整整小2岁。刚相识时我记得是叫他"小裘"，后来又随众叫他"老裘"。他当"官"之后，一般人都称他为"裘馆"。眼下准确地说，应称他为"裘前馆"。为了行文统一，我在这篇序言中干脆直呼他为"士雄"吧。我跟士雄也是因鲁迅而结文缘的。

掐指一算，我跟士雄相识应该有46年了。大约是1975年的某一天，绍兴鲁迅纪念馆的几位专家来北京办事，下榻于北京市文化局的一个招待所。当时我正在北京一所中学教语文，出于对鲁迅的爱好，专程到他们的住所去求教，士雄也是我的求教对象之一。1976年4月，我调到北京鲁迅博物馆研究室工作，第二年终于也有了跟同事们一起出差的机会，主要目的当然是参观绍兴鲁迅纪念馆。按行政级别，绍兴鲁迅纪念馆的地位并不高，但在全国的鲁迅纪念机构中，他们接待的观众人数最多，接待的中外领导人也最多。他们的陈列最具地方特色，还有鲁迅的新台门故居，三味书屋，百草园等文物景点，成为了中外鲁迅崇敬者的"圣地"。

然而，那时的绍兴还没有繁华的街道、绚烂的霓虹。我们初去时吃了不少苦头。首先是我们住的县政府招待所，那里的蚊子太欺生。当地人光腿赤脚偏不去咬，我们穿着袜子长裤却被咬起了一个个大包。那兰亭当时还没成为景区，只留下一些"文革"遗迹。记得那刻有"（小）兰亭"二字的巨碑因天灾人祸成为两截，周边是一片泥沼。我们一位同事陷进泥沼，猛拔出腿，只剩下了一只鞋。参观鲁迅外婆家所在的安桥头时，导游是绍兴馆一个姓杨的女士，她健步如飞，身轻如燕，而我气喘吁吁，双脚被那石板路磨出了血泡，一度瘫在地上赖着不想走了。但学术交流还是有收获的。当时士雄也在场。他少言寡语，只用现在业已消失的蘸水钢笔不停地做记录，给我的印象是谦虚而好学。

后来才了解到，士雄原本是工科毕业，学的是丝织专业。除开经商之外，其他行业他几乎都干过。直到1972年才调进绍兴鲁迅纪念馆。南北朝时代有一首诗歌《作蚕丝》，写的是："春蚕不应老，昼夜常怀丝。何惜微躯尽，缠绵自有时。"士雄就是像春蚕贪婪吃食桑叶一样，求知若渴，很快就成为了鲁迅研究专家。而后笔耕不辍，又像春蚕一样不分昼夜地吐丝，终于在鲁迅研究的画廊中织出了一片花纹瑰丽的云锦。从1982年至2003年，士雄出任绍兴鲁迅纪念馆副馆长、馆长、名誉馆长，历时20余年。他在行政岗位上的贡献，也是有目共睹的。

在中国鲁迅研究会服务期间，我跟士雄也有过十分愉快的合作。特别是2001年在绍兴举办的鲁迅国际学术研讨会，更是士雄跟我在绍兴市政协、浙江省政协和全国政协多次呼吁的结果。这次活动除以“鲁迅的世界，世界的鲁迅”为中心展开了学术讨论之外，还举办了全国鲁迅文学颁奖典礼，纪念文艺晚会，“鲁迅风”全国精短文学大奖赛、书画展、风情游、影视展，等等。这次会议中外学者“群贤毕至”，仅论文集就厚达1 039页。有人在一本《鲁迅文化史》中说这次会议“以失败告终”，世上哪有这种“失败”的学术会议？要说有什么败笔，仅限于选举学会秘书长时产生了分歧。但时过境迁，是非愈益分明。当时学会秘书长的两位候选人中，究竟哪位比较合适，在大多数鲁迅研究者心目中不一清二楚了吗？

说实在话，我虽然也厕身于鲁迅研究队伍数十年，但一些名师大咖的著作却几乎从来没有读过，更谈不上进行批评。这丝毫也不包含“文人相轻”的因素，只是因为自己精力有限，学术兴趣又偏重于史料。士雄的著作虽然不能说是观点前卫，文采灿然，但无论长短，每篇都跟他这个人一样实实在在，解答了不少或大或小的具体问题。在研究鲁迅绍兴时期的史料方面，虽然还有其他研究专家，但士雄已经独树一帜，卓然一家。有人可能觉得士雄的考证有些琐细，比如他调查研究的鲁迅乡人前后累积多达536人，其中有些人跟鲁迅相交甚密，如许寿裳、宋紫佩、范爱农、陶成章等，但大多是鲁迅的族人、学生或作品中偶尔提及者，对研究鲁迅的作品、生平和思想发展直接意义不大，然而这些都是绍兴文化史，地方史上不可或缺的史料。除了士雄这样的文化人，很难设想今后还会有人来做这种既不能博得大名又不能赢得厚利的工作。

鲁迅是属于中国的，同时也是属于世界的。但外国读者阅读鲁迅作品必然存在很多障碍：除开语言文字障碍、社会历史背景障碍，还有地域文化方面的障碍——如方言俚语，风土习俗，乡邦人物。尤其是周氏家族的兴衰，跟鲁迅思想发展和创作历程相关，自然更会引起外国研究者的关注。士雄不但是这方面的“大家”，还一贯乐于助人,所以驰函咨询者必然众多。跟士雄有书信来往的外国友人中,有学术泰斗型的人物,比如丸山昇,竹内实,还有第一流的学者,比如丸尾常喜,木山英堆,北冈正子,伊藤虎丸,岸阳子,山田敬三,卜立德,全寅初,冯铁……也有业余研究者,如马来西亚的吴天才。从这些信件中,我们可以遥想二十世纪八九十年代鲁迅研究的盛况。再想到这批来信者中有不少人先后去世,包括去世不久的友人横地刚,又不禁悲从中来,为生命的短暂和脆弱而痛惜。

相对于1980年代和1990年代,当下国外鲁迅研究相对沉寂。这其中既有非三言两语可以道明的社会政治原因,又跟中国当下鲁迅研究的状况不无关联。坦率地讲,除2005年新版的《鲁迅全集》、2009年出版的《鲁迅大辞典》和即将于鲁迅诞生140周年之际出版的《鲁迅手稿全集》之外,其他有分量的鲁迅研究新成果确实不多。这既表明"鲁迅学"这门综合性学科已经日趋成熟,要大幅度跨越前人的成果难度日增,也因为当下学术界的确存在某些不良风气,如高等院校评估体制的僵化,有人热衷生吞活剥域外时髦理论,或片面渲染鲁迅的非本质方面而有意淡化鲁迅的本质特征,等等。不过,任何事物都是波浪式发展、螺旋式上升的。宋人周邦彦在《浣溪沙》一词中写道:"新笋已成堂下竹,落花都上燕巢泥。"我跟士雄这代人即将"零落成泥碾作尘"了,但鲁研界的新生代正不断涌现。所以,只要学习和发扬士雄"不辞劳苦,孜孜以求"的精神,鲁迅研究的前景仍然是乐观的。

我脱离鲁迅研究的中心已久;当下又正值疫情期间,足不出户,更加孤陋寡闻。但士雄仍然不弃,要我作序。友命难违,便勉为其难,拉拉杂杂说了这些不着边际的话,不妥之处务乞方家指正。

把握鲁迅及其中国

——丸尾常喜的《明暗之间:鲁迅传》

薛　羽

1931 年 12 月 2 日,鲁迅作诗送别日本青年增田涉,“却折垂杨送归客,心随东棹忆华年”,既传递了离别之情,又展露出对自己留日“青春”的回眸。两人的师弟情谊,始自当年 3 月鲁迅邀请增田到家中,为其讲解《中国小说史略》等作品,每天约 3 个小时,一直持续了 10 个月,其间还亲自改阅了他用日文所写的《鲁迅传》初稿。增田涉归国后,与鲁迅保持书信往来,也是其身后第一套全集——改造社《大鲁迅全集》的编译者之一。作为中国文学研究者,增田涉培养了众多后学,内中翘楚便有在大阪市立大学跟随其攻读硕士、后来成为东京大学教授的丸尾常喜。关于鲁迅和中国,丸尾亲承乃师教诲,深受两代人的精神影响。他著有《鲁迅:“人”与“鬼”的纠葛》《鲁迅〈野草〉研究》等研究专集,开创诸多独到的阐释议题及方法;也参与翻译学研社 20 卷本的《鲁迅全集》,对鲁迅的小说及小说史研究注解甚勤;同时,他还向大众读者描绘了真切可感的鲁迅肖像,也就是新近译介到中文世界的《明暗之间:鲁迅传》。

该书日文版于 1985 年出版,是集英社“中国的人与思想”丛书之一,该系列集结了沟口雄三、林田慎之助、三浦国雄等中国研究领域的一时之选,为孔子、司马迁、王安石等 12 人作传,鲁迅则是当中唯一的现代中国人。其传记原副题“为了鲜花甘当腐草”,

腰封称作“黑暗中寻求光明,终而不屈的灵魂记录”,均传递出写作者对传主的基本认识。“序章”中更表达了全书把握鲁迅上述生存方式的立足点:“作为一个将过渡性中间物视为自身命运并加以承担的人,他是如何在仅此一回的生命中活下去的。”[①]这句话稍嫌拗口,却提示了写作的关怀及线索:传统与现代之间的鲁迅,如何面对一次又一次的挫败和绝望,不断挣扎和反抗,构成独特的生活方式、文学特征和思想形态。

传记依鲁迅生平展开叙述,以经历的城市空间编排章节,勾勒出他在中日两国九城的生命轨迹。故乡短暂的欢乐童年,转而从小康人家坠入困顿,走异路,逃异地,去寻求别样的人们。虽说也有着获取新知的震撼和欣喜,更多则是旧日阴影的重现、现实生活的碾压:留学的忧烦屈辱,鼓吹文艺的乏人响应,教育部公务生涯的寂寞无聊,大学教职的失落幻灭,再加上旧式婚姻的苦痛,兄弟怡怡的破灭,重获爱情的犹疑,同侪后辈的攻讦……这些百年前“小镇青年”的郁闷,“人到中年”的迷惘,似乎离今天的每一个中国人也不那么遥远。按照传记对鲁迅生活、思想与文学相互关系的把握,传统社会、文化所给予他的旧教养与感觉,现实生活使他背负的精神创伤、罪与耻的意识,如毒蛇一般纠缠不休的爱憎的执着,进而还有“个人主义与人道主义起伏消长”的生存方式所内含的激烈矛盾,这一切作为“鬼魂”使他深受其苦,从中形成了他的思想,影响着他的行动,并将历史与现实化为他独特的文学世界。他在明与暗,生与死,过去与未来之际,友与仇,人与兽,爱者与不爱者之前,绝望反抗。这便是该书从动荡大时代的背景之中,洗练裁出的鲁迅剪影。

丸尾常喜认为,自己对鲁迅及其文学的理解至少要“超越时间与民族这两重障壁”,故而“就事论事”予以接近,即“顾及全篇,并且顾及作者的全人,以及他所处的社会状态”。[②]因此研究对象既是鲁迅及其文学,也是文学内外的中国。具体而言,“尽可能地将鲁迅作品所展现的事项返回到鲁迅生活的时空,加深对鲁迅作品作为前提的那些事项的历史、社会、宗教、民俗等意义的理解,从而更加深刻地理解他的文学与中国相”[③]。这种研究方式和姿态,倒让人想起增田涉问学于鲁迅的情境:“两人并坐在书桌边,我把小说史的原文逐字译成日文念出来,念不好的地方他给予指教,关于字句、内容不明白的地方我就彻底地询问,他的答复,在字句方面的解释,是简单的,在内容方面,就要加以种种说明”[④]。身为外来研究者,需要了解异国的情状,又要把握文字的内涵,不得不采取看似笨拙的办法,从而也构成了丸尾研究和写作的“注疏学”特色:对构成鲁迅生活与文学之背景的中国的深入了解,对鲁迅文学字句意思和互文意味的深究把握。

传记颇为注重呈现鲁迅与中国传统的关系,以大量科举、戏曲、宗教、民俗材料为基础,读入鲁迅小说、散文里的绍兴/中国,读出民间“小传统”或乡土世界之于鲁迅的重要意义。丸尾略费笔墨爬梳鲁迅的房族世系、科考的制度、目连戏的因缘,深入触及传统/乡土在鲁迅心灵投下的长影,对其创作形成的影响。“从鲁迅多年后谈论绍兴戏剧世界的《无常》《女吊》等散文,可以看出他的民众观深深扎根于绍兴戏剧中的人物形象,及其身上凝结的人的喜怒哀乐中。鲁迅的小说大多以鲁镇及其周边地区为舞台。而鲁镇是一个以绍兴及其周边为原型的虚构城镇。频繁选择鲁镇作为作品的舞台,让鲁迅的文学坚实地屹立在中国大地之上。”[⑤]学术的意义上,这一探索后来扩展成独具特色的有关鲁迅与“鬼”的阐释系统,补充、完善了中日学界对于鲁迅和传统中国关系的理解。对于大众读者来说,通过丸尾的挖掘和复原,得以重访鲁迅笔下看似远去的鬼魂世界,或许仍能感受到它们对当下的深远影响。

传记也重视在严复、章太炎等现代中国早期思想及以日本为媒介的世界文艺思潮语境下勾勒鲁迅思想的形成脉络:“《天演论》不仅是第一本系统地向中国介绍进化论的书籍,也是一本清晰展现欧洲学术鲜活生态的书。鲁迅获得的感动亦在于此。”[⑥]“‘国民性’问题成为鲁迅思想轨迹中最大的支柱性论题。不过这绝不仅仅只是革命派的论题。毋宁说,这反倒是写出《中国积弱溯源论》《新民说》等文章的梁启超等更热衷探讨的问题。不过,鲁、许二人在考察国民性的缺陷时,着眼于汉民族被统治的奴役状态,认为有必要通过‘革命’从这种状态中实现自我救赎,这表明他们的思想与章炳麟、邹容已十分相近。”[⑦]“章炳麟是鲁迅自觉尊为师长的人物……章炳麟最重视的是人作为革命承担者的主体形成。”[⑧]而述及鲁迅东京时期的文艺实践,丸尾除了精练分析他的早期论文,从“材源”角度展示它们与欧洲新知的互文,更强调了鲁迅面对新世界的“主奴辩证”方式:“在这一时期的评论中,鲁迅提及的欧洲书籍约有80种之多,仅凭这一点便可窥知他的学习是多么充满干劲。……在至今被视为阐述了鲁迅独创思想的文字中,显然有很大一部分是以日语、英语、德语写作的介绍、研究、概论书籍为材料,裁剪贴合而成的。但与此同时,鲁迅能够一边收集、翻阅这些文献,一边用剪刀加浆糊的方式构建自身的思想,这种强韧的原创性足以让我们瞠目。”[⑨]由此,在近代新的社会文化环境中,鲁迅一面认识世界;一面建构自身立场的主体形象得以鲜明呈现。

人物传记的主体是个人的生活,然而丸尾常喜意识到,鲁迅及其文学同时提供了中国近代经验的“内容”和把握这一经验的“形式”。譬如,“《朝花夕拾》是一本回忆文集,是步入中年的鲁迅对自己从幼年至青年的体验所做的回顾,但该书通过一个人从幼年时期的家庭生活到辛亥革命前后的体验,生动地呈现出中国近代历史的巨大变化。我们能够在个体的历史中清晰地品读出民族历史的缩影”[⑩]。他还指出,“书中所描绘的往事是鲁迅在写作时整理和读取的体验,所以我们或许不能原封不动地接受鲁迅的说法”,提醒注意叙述者的姿态,也提示了不仅要以“历史的”方式,而且应以“文学的”方式来阅读和把握鲁迅。两种方式交织于整部传记，勾连起对于鲁迅生活和文学的互读及分析。

正是在这个意义上，丸尾常喜努力在传记中进行“私事”的历史化理解和文学性阐释，或者说为“行动”提供一种思想式的把握，即从中把握“看似完全个人的私事是如何与鲁迅思想上的根本问题密切相关的”[11]。他重视以“耻辱”意识来勾连、凸显鲁迅早年经历、留学体验、“国民性”思考、《新青年》写作等当中对于民族陋习的批判，对于“真的人”的呼唤，对于自我“中间物”存在的把握，并由此串联起对“幻灯片事件”作为鲁迅“文学根源的原初场景”的认识，对“民族的自我批评”作为鲁迅文学特色的理解，对《狂人日记》等经典作品的解读，以及对“婚姻”“爱情”作为鲁迅生存方式和精神过程的集中呈现。在丸尾的叙述中，正是经由早年直至 1920 年代中期的各种公私事情，鲁迅不断挣扎调整着自我，从“将生命完全寄托在自己的过渡性之上”，经历“与其内心难以抑制的‘生命的一次性’剧烈摩擦”的“彷徨”，继而“从过去的魔咒中解脱”，终于“踏入一个新的战场”，可以“同时实现生命的一次性与过渡性”。由此，“鲁迅的思想到广州时期已经基本成型”，这也代表发展了竹内好思路的木山英雄、丸尾常喜等研究者的共识：“鲁迅的思想进程，说到《写在〈坟〉后面》就可以了，1930 年代的鲁迅已经在这里逻辑里能够说明了。……他之所以能够走到 1930 年代，是 1926、1927 年已经准备好了的。”[12]他从“封闭的青春”走出，心情和精神逻辑已然化解了以往的矛盾与困惑，走向 1930 年代的生活与战斗。

如果说战后日本鲁迅研究往往带着借由鲁迅来理解“革命中国”的期许，甚至包含批判日本“近代”的内在张力，那么随着时代变迁，这种“以鲁迅为方法”的状况也在发生改变。一方面是对竹内好这一强大研究传统的拓展和突破，走向更为多元的视野和关注；另一方面也面临对鲁迅之于日本、日本人意义的重新思考。不过，不管时代如何变化，对鲁迅及其国的关心贯穿始终。就像增田涉自述，写《鲁迅传》是“为了追寻鲁迅走过的脚印，介绍近代中国的成长”[13]，继承其研究精神的丸尾常喜则说，“我一直想通过鲁迅的文学来思索、理解中国的社会与文化，而且由此在对于人的观点与对于社会、历史的理解方式诸方面也多承教泽”[14]。在鲁迅诞辰140周年之际，相信认真生活着的人们，或许会因为与这本传记的相遇，继续展开对鲁迅、对中国的阅读和思考。

2021年9月9日

（上海人民出版社）

注释

① 丸尾常喜著，陈青庆译：《明暗之间：鲁迅传》，上海人民出版社2021年版，第2页。

② 参见丸尾常喜著，秦弓译：《“人”与“鬼”的纠葛——鲁迅小说论析》，“中译本序”，人民文学出版社2006年版。

③ 丸尾常喜：《“人”与“鬼”的纠葛——鲁迅小说论析》，“后记”，秦弓，第245页。

④ 增田涉著，钟敬文译：《鲁迅的印象》，湖南人民出版社1980年版，第8页。

⑤ 丸尾常喜著，陈青庆译：《明暗之间：鲁迅传》，上海人民出版社2021年版，第33页。

⑥ 丸尾常喜著，陈青庆译：《明暗之间：鲁迅传》，第53页。

⑦ 丸尾常喜著，陈青庆译：《明暗之间：鲁迅传》，第63页。

⑧ 丸尾常喜著，陈青庆译：《明暗之间：鲁迅传》，第83页。

⑨ 丸尾常喜著，陈青庆译：《明暗之间：鲁迅传》，第88—89页。

⑩ 有意思的是，增田涉最初问及鲁迅学习中国文学应该阅读什么书籍，鲁迅就是给了他一本《朝花夕拾》。增田涉认为，“《朝花夕拾》是回忆他幼年时代（以及留学日本的时期）和那周围情况的，其中特别回顾了中国的生活风习和生长于其间的人的幼年的梦。这对于从外国来的，而且要学习

中国事物的我,首先必须知道中国的生活风气及其气氛,——我想他大约是从这样的用意出发的。”增田涉:《鲁迅的印象》,钟敬文译,第7—8页。

⑪ 丸尾常喜著,陈青庆译:《明暗之间:鲁迅传》,上海人民出版社2021年版,第233页。

⑫ 尾崎文昭:《战后日本鲁迅研究——尾崎文昭教授访谈录》,《现代中文学刊》2011年第3期。

⑬ 增田涉著,钟敬文译:《鲁迅的印象》,第15页。

⑭ 丸尾常喜:《“人”与“鬼”的纠葛——鲁迅小说论析》,“中译本序”,秦弓译,第1页。

杜米埃与鲁迅创作手法相似性初探

——读《鲁迅与西方表现主义美术》有感

贾川琳

如果没有看过崔云伟教授的《鲁迅与西方表现主义美术》,我不会想到鲁迅与表现主义关系的研究不仅脱离了空白荒芜的状态,并且已经形成了较全面的理论体系。这本书让我们从另一个易被忽略的视角观看处于中西文化双峰交汇制高点上 20 世纪活的文学“标本”——鲁迅的真实面貌。全书共分为两编:上编论述鲁迅与西方现代表现主义绘画的密切精神联系,下编从实际出发,分别引入表现主义版画、油画、漫画的形式语言,与鲁迅作品的相同之处进行对比。本书第六章所论述的“鲁迅作品中的表现主义漫画感”最能引起笔者情感上的共鸣,作者用“写实”“夸张”和“比喻”来解释漫画的特征,分析了鲁迅文本中的漫画表现。在本文中,笔者将主要以第六章中论述的鲁迅和杜米埃的创作手法为基础来继续探讨二人的精神碰撞。

鲁迅对于杜米埃艺术的喜爱程度有多深,也许可以从《鲁迅日记》中找到答案。据《鲁迅日记》记载:1930 年 10 月 28 日托商务印书馆从德国购得 *Maler Daumier*(*Nachtrag*)一册,同年 11 月 20 日又购得 *Der Maler Daumier* 一本。这两本德文大型画传译为中文均是《画家杜米埃》,由德国富克斯(E.Fuchs)编,1930 年慕尼黑阿尔伯特·朗根出版社出版。前者收作品 140 幅,插图 108 幅,附录 6 则。值得注意的是,这两本画传在当时价格高达 85 元 5 角,不仅如此，鲁迅还于1931年3月11日特地购买了题为《杜米埃与政治》(*Daumier und die ploitik*)的德文画册，观赏和研究其政治讽刺之作。此外，同年6月23日和7月6日又购得德文《杜米埃画帖》(*Daumier Mappe*)两册。

鲁迅对待学问一向是十分严谨且克制的，始终在自己可把握的尺度内去谈论绘画和艺术，他对于漫画的评述不多，对于漫画家更是少之又少，但在《且介亭杂文二集》中《漫谈"漫画"》这篇杂文里，却这样评价两位漫画家："漫画虽然是暴露，讥刺，甚而至于是攻击的，但因为读者多是上等的雅人，所以漫画家的笔锋的所向，往往只在那些无拳无勇的无告者，用他们的可笑，衬出雅人们的完全和高尚来，以分得一支雪茄的生意。像西班牙的戈雅和法国的陀密埃那样的漫画家，到底还是不可多得的。"[①]这是一种很高的评价，鲁迅以当时漫画家们的丑陋，衬托了两位艺术家的伟大。

一、创作手法之讽刺性

杜米埃(陀密埃)在历史上被视作法国19世纪最重要的漫画家，还是一位雕塑家和水彩画家。漫画占据了杜米埃作品中的绝大部分，他创作了近4 000幅石版画和1 000幅木版画。崔云伟在书中描述杜米埃的绘画特点为"具备了明显的写实性、战斗性和政治讽刺性"，因为他"主要讽刺了君主立宪的'七月王朝'(国王及其大臣)"。杜米埃是一位共和党人，他的工匠身份可能促使他既与中产阶级接触，又与中产阶级分离，从而使他成为一位客观的法国社会各个阶级的观察员。杜米埃早期的漫画大多是政治性的，直到1835年9月，当新闻审查制度禁止他继续表现政治主题时，他转向描绘社会题材，开始批评资产阶级及其相关职业(比如律师等)。1848年随着法国君主制的垮台，杜米埃回到了政治漫画的创作中。[②]本书作者选取了几个具有代表性的作品，来呈现画家的政治讽刺性，如《高康大》（又译《卡冈都亚》，1831，石版画），画面主体来自文艺复兴时期法国杰出的人文主义作家和教育家拉伯雷的小说《巨人传》，这里用来影射"七月王朝"国王路易·菲利普——一个有着肥硕的面颊、油腻的身材的人，整个人占据了多半画面，与其他人物形象在比例上形成极大的对比。高康大身着贵族服饰，肚子浑圆，两腿细长，头部呈梨形，他张开大嘴，嘴巴与地面之间连接着一个长梯，而长梯的下端和长梯上是一群与高康大同样膘肥体壮的小官员，他们正在把平民们聚集起金钱的袋子送入高康大的口中，在高康大的背后，则聚拢了另一群肥壮的人们，他们正忙着捡奖品和荣誉，丑态毕露，讽刺了当时统治阶级的贪得无厌、搜刮民脂民膏的丑恶行为。

图1　高康大

其实，在很多历史文献中，杜米埃都被直接定义为讽刺漫画家，可见讽刺性在他的作品里占有很重要的地位。作为一个直接和锋利的武器，讽刺漫画总是鲜明地树立起自己政治立场的旗帜，这一点与鲁迅不谋而合。鲁迅曾在《什么是"讽刺"?——答文学社问》中对"讽刺"下过明确的定义:"一个作者,用了精练的,或者简直有些夸张的笔墨——但自然也必须是艺术的——写出或一群人的或一面的真实来,这被写的一群人,就称这作品为'讽刺'"。[③]崔教授在书中列举了很多鲁迅讽刺性的写作方式(方法),例如《野草》《故事新编》中所采用的各种物象的拟人化、现实与梦幻的交织、人与神对话共存等。笔者认为,除了散文、小说、杂文等外,他的诗文也同样具有浓郁的讽刺意味。鲁迅共创作了 61 首古体诗,其中讽刺诗占了 19 首,是后人读懂鲁迅的另外一把钥匙。这些诗普遍短小,且通俗易懂,余味悠长。

赠邬其山

廿年居上海,每日见中华:
有病不求药,无聊才读书。
一阔脸就变,所砍头渐多。
忽而又下野,南无阿弥陀。

这是一首鲁迅写给好友内山完造的五言律诗。诗的首句平铺直叙,直言总括:要写这 20 年来中国国情的状况。后三句又用口语化的语言,嘲讽了国民政府军阀、政客们的种种伎俩。"有病不求药,无聊才读书"凸显出当时反动统治者的昏庸无耻、腐败虚伪;"一阔脸就变,所砍头渐多",则直斥军阀与政客们手段的凶残,点明了他们视生命如草芥的丑恶行为;用"南无阿弥陀"这一佛教术语做结尾,既写了军阀政客下台失势后,以皈依佛门的形式逃避现实的可笑把戏,又表达出民众对他们下台后轻松满意的心情,一语双关,幽默风趣,同时表现出自己的蔑视和冷嘲。鲁迅这首诗具有高度的艺术概括力,讽刺了国民政府统治者的怪相,寄寓了作者对他们的愤恨与鄙弃,笔锋犀利泼辣,痛快淋漓。类似的有

1934年和1935年的两首七律《秋夜有感》《亥年残秋偶作》，前者辛辣地讽刺了政府当局倡导拜佛念经的愚民手段，后者则讽刺了众多的官员纷纷南逃，将华北的大好江山拱手让给侵略者的软弱做法。除了诗作之外，鲁迅进一步自觉地将这种讽刺手法贯穿于他的各类文学创作中，从而使他的文学作品产生了丰富的表现性和漫画性。

关于讽刺的题材，鲁迅还有过许多其他描写，例如在《今春的两种感想》中写道："中国的政客，也是今天谈财政，明日谈照像，后天谈交通，最后又忽然念起佛来了"[④]……

二、创作手法之写实性

在本书的第六章第一节当中，作者着力介绍了鲁迅作品呈现出丰富表现性的一个重要原因，即运用"写实与点睛"的艺术手法。尽管鲁迅的艺术创造手法是多种多样的，但作为一名无情地撕下假面和勇猛无畏地看取人生的闯将，鲁迅在他的文学创作中始终自觉地坚持了写实主义的艺术手法。[⑤]笔者在此所举例的篇目，是《呐喊》中排在末尾处的一篇小说《兔和猫》，主要讲述一个家庭主妇三太太在夏天给孩子们买的一对小白兔，小说围绕着兔子的出现与消失展开了曲折的故事情节。在鲁迅研究中，这一作品常常被冷落和忽略，然而笔者认为它不但同样秉承了鲁迅惯有的思想主张，而且是用最直接的语言描写日常的平凡生活，是写实主义的一个极好例证。试举文中几段如下：

> 这小院子里有一株野桑树，桑子落地，他们最爱吃，便连喂他们的波菜也不吃了。乌鸦喜鹊想要下来时，他们便躬着身子用后脚在地上使劲的一弹，砉的一声直跳上来，像飞起了一团雪，鸦鹊吓得赶紧走，这样的几回，再也不敢近来了。……可恶的是一匹大黑猫，常在矮墙上恶狠狠地看……

……

伊有一回走进窗后的小院子去，忽然在墙角上发现了一个别的洞，再看旧洞口，却依稀的还见有许多爪痕。这爪痕倘说是大兔的，爪该不会有这样大，伊又疑心到那常在墙上的大黑猫去了，伊于是也就不能不定下发掘的决心了。伊终于出来取了锄子，一路掘下去，虽然疑心，却也希望着意外的见了小白兔的，但是待到底，却只见一堆烂草夹些兔毛，怕还是临蓐时候所铺的罢，此外是冷清清的，全没有什么雪白的小兔的踪迹，以及他那只一探头未出洞外的弟弟了。

气愤和失望和凄凉，使伊不能不再掘那墙角上的新洞了。一动手，那大的两匹便先窜出洞外面。伊以为他们搬了家了，很高兴，然而仍然掘，待见底，那里面也铺着草叶和兔毛，而上面却睡着七个很小的兔，遍身肉红色，细看时，眼睛全都没有开。

这是一个开始和结束都很平常的故事，和平常的生活没有两样。这样短小、简练的篇幅，看似随意为之，但实际上采取“静观远望”的态度，以小见大，表现黑暗的现实、弱者受到欺凌的命运、慈悲与怜悯的人性等，从生活里的琐事引发深层次的思考，整篇文章都用温情且坚定的文字表达了最为平实的内容。崔教授认为，鲁迅作品的“写实”大多是通过不动声色的具体细节描写表现出来的，虽然细节描写并不独为写实法所有，但在写实法中有着更为突出的表现，正如《兔与猫》，没有过多的辞藻修饰，不过分渲染情绪，但我们反而可以在故事的背后发现一双深情的眼睛，客观、真实地流露出对“小兔子”所隐喻的“弱者”的深切关注与关怀。

对于漫画的写实法来说，是指“漫画家在日常见闻中，选取有意义的现象，把它如实描写，使看者能在小中见大，个中见全”⑥。作为一个讽刺漫画家，杜米埃的画同时也是现实主义的，他生活的

图2　三等车厢

时代,法国经历了复杂而又剧烈的政治斗争:1830年人民奋起推倒了波旁王朝,1848年推翻了路易·菲利普,1852年拿破仑三世登基,1871年爆发了人民粉碎旧政权的革命,建立了巴黎公社。在所有这些斗争中,杜米埃都冲锋在前,捍卫着人民的利益,因此他的作品充斥着写实主义的光辉。19世纪工业的迅猛发展,以及被剥削的广大劳苦大众都是杜米埃所关注的焦点,他用写实的态度,表现了居住在城市里的小人物,他们往往地位低微,生活窘迫,正如作品《三等车厢》所绘。

这是一幅布面油画,创作于1862年,描绘的是坐在三等车厢里社会底层劳动人民的状态,主要人物是画面前景中坐在左侧怀抱婴儿的年轻妇女和中间那位贫穷的老妇人。画面用线条勾勒出人物的大轮廓,在暗部略施薄彩,颇有版画的特点,在明暗的处理上极为单纯,窗外照射进来的光线把焦点聚集在前排和靠近车窗的人物,与大面积的黑暗形成了对比,整个油画反映了劳动人民的生活状况和画家对底层劳动人民命运的关心,别具深意。

说到现实主义,人们首先联想到的是库尔贝和米勒,虽然我们称米勒是19世纪法国写实主义的旗手,但他对写实主义的方向曾经有过动摇,而杜米埃不同,他一生都执着于写实主义,始终是穷人的发声者,和鲁迅一样,以画为枪勇敢地进行战斗,同样值得一提的是,米勒笔下的穷人总是默默忍受着苦难的生活,最多不过是发出一声深深的叹息,而杜米埃笔下的穷人却懂得勇敢地拿起武器,对统治阶级进行不屈的斗争。当时,铁路的发明给人们的生活带来了巨大的影响,它以一种人们从未想象到的速度将不同地点连接起来,尽管它未能改变社会的阶级划分,但工业发展带来的变革得以让更多的下层人民有机会找到谋生的工作。虽然有人称,《三等车厢》里的人物面目模糊、表情冷漠,脸上显示出的是穷苦生活带给他们的麻木感,但笔者却认为,他们表情平静,意境静谧,正在为自己的生活谋求新的出路而思考。

鲁迅与杜米埃的写实性,均把现实生活作为艺术创作的源泉,重客观,反对主观臆造,反对粉饰事实,力图如实地描绘事物,不论他们美丑。

另外,杜米埃既反对古典主义因袭保守和理想化,也反对浪漫主义的虚构和脱离生活,提出了"艺术为民众"的进步思想。法国艺术历史学家让·莱马里曾评价杜米埃"对道德的崇尚和对生活在苦难中众生世界的神奇再现与米开朗基罗十分相似",法国小说家巴尔扎克更直接称其为"人民的米开朗基罗"。他不但擅长表现冲突内涵的素材和讽刺控诉当时法国政府的腐败和贪婪,还经常温和、友爱地勾勒出当时人民的日常生活,他所创作的"父亲们""生命中的美好日子""老师与学生""婚后生活画"等系列作品,栩栩如生地呈现出市井小民的日常生活趣味。在这一点上,杜米埃同样与鲁迅有着相似之处。

虽然杜米埃与鲁迅所生活的时代不同,国度有别,但其各自的爱国主义和民主主义的伟大精神，以及疾恶如仇、长于讽刺的性格和创作才能却是相通的，因此，当鲁迅同帝国主义展开战斗和力倡无产阶级文艺运动的时候，杜米埃的艺术，便非常自然地受到了推崇。

注释

①《鲁迅全集》第六卷，人民文学出版社2005年版，第242—243页。

② 罗洁萱：《从反观自身到审视他者——杜米埃中国题材系列漫画研究（1843—1860）》，中央美术学院硕士学位论文，2021年，第1页。

③《鲁迅全集》第六卷，人民文学出版社2005年版，第340页。

④《鲁迅全集》第七卷，人民文学出版社2005年版，第407页。

⑤ 崔云伟：《鲁迅与西方表现主义美术》，人民文学出版社2020年版，第182页。

⑥ 丰子恺：《漫画的描法》，《丰子恺》，学林出版社1996年版，第257页。

澳洲鲁迅研究管窥

——评张钊贻《鲁迅：中国“温和”的尼采》

祁志远

关于鲁迅与尼采的比较研究，自20世纪30年代以来，已有众多学者涉足，其中不乏卓有成效的研究成果，尤其是进入新时期后，鲁迅和尼采的研究经历了几次热潮，国内学者唐达晖、陆耀东、钱碧湘和李育中等人极大地拓展了相关研究，而德国的苏珊·魏格琳、澳大利亚的戴凯利、日本的伊藤虎丸等海外研究学者也有卓著贡献。可以说，鲁迅与尼采的研究在海内外学人的共同推动下，从早期的意识形态层面的解读朝着学理化的方向发展，无论选题还是论述方法都越来越倾向于学术性、尖端化，这实是一个可喜的变化。

澳大利亚学者张钊贻的这本《鲁迅：中国“温和”的尼采》（中文增订版）正是上述学术背景下的产物。该书的雏形是张钊贻在悉尼大学时的博士论文及在德国出版的英文修订版，之后其在陈平原教授的支持下被整理修订为中文版，收入北京大学出版社的“文学史研究丛书”。书中从尼采社会思想的再阐释、鲁迅对尼采思想的接受、鲁迅与尼采思想和文学上的一致性等方面对两者进行比较研究，其中部分史料考证之深刻、论述逻辑之严谨都体现了较强的学理性和学术性。作为澳洲鲁迅研究集大成的一部著作，该书出版已整整10年，10年后再来回顾，该书无疑是鲁迅比较研究的典范之作，对于今天的鲁迅研究仍有很强的借鉴意义。

一

大部分的读者在刚接触到《鲁迅:中国"温和"的尼采》一书的标题时,大概都会产生这样的疑问:常常被认为是深刻、犀利甚至有一些刻薄的鲁迅,为什么会是温和的?当然,作者这里的"温和"并非指某种情感态度,而是指那些"对当时社会、宗教、道德、文化等持批判态度"的尼采追随者所采取的立场,[①]根据克兰·布林顿的概括,"二战"结束前的尼采主义者可以分为"温和"和"强硬"两派,而后者作为对立的一方,常常指那些倾向于暴力和强权政治的人们,他们中大多数都是种族主义者。张钊贻借助于布林顿的分类,将尼采思想重新阐发和界定,并把受到尼采影响的鲁迅归入"温和"一派,显然是富有新意的做法,一方面,他很好地通过"温和"这一通道将鲁迅改造国民性的社会思想与尼采"超人"理论进行有效的对接;另一方面,"温和"一词的使用本身就代表了作者对尼采文化批判思想的认同,那些打着尼采旗号的法西斯分子其实是歪曲了尼采的原意,也只有彻底清算错误使用尼采思想的流毒,鲁迅与尼采的比较研究才能步入正轨。

不过,作者使用"温和"一词显然还是要对"强横派"作出某种回应,但尼采已被"平反"多年,"强横派"也几乎销声匿迹,那么和"强横派"的对话是否还有意义?这一标题是否只是因袭了作者10余年前的写作思路,或者只是为寻求鲁迅与尼采对话的可能而采取的一种引人关注的策略?造成一种极具反差效果的假象?这是很值得玩味的。无论如何,作者都寻找到了一种联系鲁迅与尼采的方式,这是本书在框架上设置的第一重背景。此外,张著也试图利用马泰·卡林内斯库关于"两种现代性"的理论去探讨鲁迅的"反现代性",这也构成本书第二重理论背景,这一背景甚至奠定了本书的整体框架。

作者在阐释马泰·卡林内斯库的理论时认为,和"实用现代性”相对立的“美学现代性”适用范围过窄,不妨将“美学”上的现代性含义扩大至文化层面,由此而来,便是“实用现代性”与“文化现代性”两种“现代性”的对抗,以此为基础,作者论述了鲁迅是如何立足于后者的立场,而对前者进行批判,由此得出“鲁迅和‘文化现代性’都并不是反对现代技术与经济的进步,他们只是批评‘实用现代性’的社会文化后果”的结论。[②]作者紧紧围绕“国民性批判”,将鲁迅与尼采的观点对照分析,论证相当扎实,不过论证的前提是它的理论来源是否站得住脚。我们不妨参看《现代性的五副面孔》的原文:

“相反,另一种现代性,将导致先锋派产生的现代性,自其浪漫派的开端即倾向于激进的反资产阶级态度。它厌恶中产阶级的价值标准,并通过极其多样的手段来表达这种厌恶,从反叛、无政府、天启主义直到自我流放。”[③]

毫无疑问,张著是有意识地误读了卡林内斯库的“两种现代性”理论,但这种误读是否需要被限制在一定的程度上或范围内呢?如果真将这种“反资产阶级态度”扩而广之,变作“反对一切社会成规定见”的主张,那么“现代性”本身的界限应作何种处置呢?“现代性”是否会落入“后现代性”的“陷阱”中去呢?这一点很值得思考。卡林内斯库之所以将另一种现代性归到“美学”上而非“文化”上,恰恰是因为所有理论都有其可有效识别的特殊性,如果忽略这种特殊性,就会如韦勒克所说:“越是普遍就越抽象,也就越显得大而无当、空空如也。”[④]

此外,美国的文艺理论家诺埃尔·卡罗尔在反思“大理论”(被张改造后的马泰·卡林内斯库的理论显然也属此列)时,也认为“大理论”对于真正的理论化是一种障碍,因为在它的旗帜下,学者总是试图把现象和问题归到他所认定的法则中去。[⑤]不得不说,作者为解决鲁迅“反现代性”思想难题,继而引入“两种现代性”对抗理论的意图是明晰的,但说到底,鲁迅反对的是作者所说的“实用现代性”，其实质与中国自古以来所探讨的功利问题并无二致，况且鲁迅所探讨的“国民性”并不是仅仅发生在近现代，这种思想上的弊病深植于中国的传统文化之中，用“现代性”理论并不能完全解决一切“国民性”问题。

二

除上述两种理论背景外，作者仍不可避免地要解决一些普遍性的问题，即鲁迅与尼采的研究作为比较研究的一种，两者之间究竟有没有可比性？该采取怎样的比较方法？又该如何进行比较？作者在导论中回答了这些问题，第一个问题自不必说，至于比较方法，作者则试图通过影响研究来探寻尼采在鲁迅思想中留下的痕迹，这种方法可以更加有效地追寻影响的轨迹、方式以及效果，不过作者也坦承影响研究具有一定的局限性，研究者也受限于自身的学术素养和学术经历，尤其包括影响者、影响过程、中介及接受者在内的各因素之间同样也存在着错综复杂的关系，所以影响研究并不容易，即使材料再翔实，在理解上也不可避免地具有主观不确定性，故作者并不是要追求鲁迅和尼采全方位的影响研究，而是仍将研究的落脚点放在鲁迅身上，这同样也是该书研究的出发点。

作者主要从3个方面完成尼采对鲁迅的影响研究，首先是重新整理尼采的社会思想，剖析了尼采思想为“强横”派歪曲利用的深层次原因，一方面法西斯分子通过尼采的只言片语就将他认定为一个反犹太主义者，另一方面尼采的妹妹弗尔斯特通过篡改尼采的《权力意志》及其他著作，将尼采推向法西斯的思想领袖的高度。作者通过还原歪曲尼采思想的过程以及强调尼采在著作中的本意，从而为尼采平反，并据此详细分析了尼采“反政治”和“贵族激进主义”思想。作者用全书近1/5的篇幅单独阐述尼采的社会思想，不可不谓极富胆识，毕竟该书是一本比较研究的著作，而不是关于某一哲学家或思想家的研究专著。耗费大量笔墨来论述尼采,正是为了纠正以往研究者对于尼采和鲁迅思想在意识形态层面的误解,这是一个前提性的工作。此外,作者凭借其丰富的海外学术背景以及对多种语言的掌握,涉猎了尼采研究的大量资料,从引文便可见一斑。而作者对德语的掌握,也便于他直接阅读尼采的德文原著,引文也更加严谨、准确,这些都值得国内研究者学习与借鉴。

对于尼采影响鲁迅过程的考证是作者所做的第二个方面的努力,这一部分篇幅虽然不长,但却是本书最为重要的贡献。自 20 世纪 30 年代以来,学界对鲁迅与尼采的影响研究往往聚焦于接受者,即从鲁迅行文的字里行间或风格气质中溯源尼采影响,但常常陷入误读尼采或牵强关联的谬误之中。张钊贻一改前人的研究模式,借鉴法国比较文学学派的实证主义研究方法,从尼采思想的东渐过程以及鲁迅对于尼采思想的接受过程两方面进行考证,显然更能把握影响研究的实质。作者聚焦于鲁迅在日本接受尼采的起点,追溯尼采在日本的传播,可以说是行之有效的办法。日本知识界的高山樗牛和登张竹风关于“美的生活”的论战,扩大了尼采在日本的影响,而鲁迅于不久后抵达日本留学,自然有可能受到这场论战的影响。作者从勃兰兑斯对尼采的绍介与传播,到明治维新时期尼采思想的引入,再到鲁迅是通过哪些途径接触尼采思想的可能性,整个过程中的资料搜集与考证都十分细致与谨严,确实难得,这一部分是全书的精华。

著作的后三章为作者所要论述的第三个重点,即阐释鲁迅与尼采在社会思想和文学创作方面的契合点,影响研究的实证方法显然不再适用,作者不得不借助比较文学的平行研究方法来填补“空隙”,其中的“空隙”自然指的是影响研究并不能完全应对传播过程中的种种复杂现象。尼采和鲁迅对奴隶价值的重估以及批判国民性方面的相似性,就很能说明“平行研究”的重要性,而非是简单的“填补”,汪晖也说该书“最重要的特点便是对尼采的‘视界'与鲁迅的'视界'进行了独立的研究,并在鲁迅思想的发展进程中,在理解者的'视界'与文本的'视界'的融合过程中研究两者的关系"[6]。在重估奴隶价值的过程中,鲁迅似乎和尼采站到了一起,张钊贻试图用一种普遍的人类心理机制去推导二者批判思想的一致性,异族对于中国民众的奴化和压迫、中国人"内曜"精神的缺失、儒家的"逆动"都影响着鲁迅寻找一种解决国民性弱点的方法和途径,作者正是基于以上原因得出了"鲁迅于是找到了尼采"的结论,其中显然存在一定的问题,关于这一点笔者同意学者张芬对于张著的判断,[7]但前者似乎又有将问题复杂化之嫌,实际上作者并没有忽略鲁迅与中国传统文化之间的关系,反而着了大量的笔墨来叙写,但其所作论证确也夸大了尼采对于鲁迅的影响,即便鲁迅"且置古事不道,别求新声于异邦"[8],但异邦敢于发出"新声"的"精神界之战士"并非只有尼采一人,作者的结论也未免有些随意。

三

无论是尼采《查拉图斯特拉如是说》和《欢乐之学》里的狂人,还是鲁迅在《狂人日记》和《长明灯》里塑造的狂人,两对狂人身上都有为世人所不能理解的疯狂之举,张钊贻将此视为"觉醒者"与"未受启蒙的大众"之间的对立,自有其恰当的理由,笔者也无意于此有过多的论证,只想另举出一件"趣事"。

狂人并非只出现于鲁迅的小说里,也曾出现在鲁迅的生活中。在《记"杨树达"君的袭来》一文中,鲁迅记述了一位自称杨树达的学生到自己家中发狂的遭遇,鲁迅着实被惊吓了一场,认为这狂人是青年伪装的,是敌人用以来吓唬和恶心自己的,[9]后来他的学生李遇安在《语丝》上发文证明该"狂人"是一名叫杨鄂生的学生,并非敌人派来的,只是因患精神分裂症而发狂,鲁迅为此写了篇《辩证》加以澄清。这件事对于鲁迅性格研究的意义极大,但目前学界对此关注较少。张钊贻虽多次通读《鲁迅全集》,却也未注意此文此事的重要性,否则他在另一篇文章中为鲁迅的“偏狭”鸣不平的同时,[10]恐怕还要加上“猜疑”等字样。鲁迅遇到了真正的狂人尚且要怀疑和痛斥一番,可见狂人常常为社会所不容,这是颇值得玩味的。

针对著作外的《“折射”成黑色的“超人”——鲁迅作品中的尼采“超人”形象》一文,笔者也须作适当的补充。张钊贻在文中将鲁迅笔下的“超人”喻为“黑色的”,这很有意思,但为什么是“黑色的”,作者并没有进一步解释。钱理群认为鲁迅很喜欢夜,[11]而夜晚自然联系到黑色,这或许是鲁迅笔下人物被渲染成黑色的一个重要原因;此外,也有学者认为鲁迅的小说受到其酷爱的版画影响,[12]所以许多小说充斥着“黑色的”背景与意象。无论如何,这样的论证应当是水到渠成的,而作者对于这个关键而精彩的地方一笔带过,不失为一种遗憾。

在《鲁迅:中国“温和”的尼采》英文版出版之后,澳大利亚新南威尔士大学的寇志明教授发表了《〈鲁迅:中国“温和”的尼采〉感言》,表达了对书中一些问题的看法,其中也不乏一些批评意见,张钊贻在中文增订版的注释中也给予了回应,两者的互动似乎意味着澳大利亚的汉学学者正在有意识地扩大澳大利亚汉学界的影响力。澳大利亚汉学起步时间较晚,1950 年代起才有学者开始关注中国文学,现代文学则更晚,至于鲁迅研究,也仅限于悉尼大学和澳洲国立大学,前者主要有陈顺妍及其学生,而后者虽无专门研究鲁迅的人才,但李克曼等人也间接推动了鲁迅研究的发展。1981 年,为庆祝鲁迅诞辰 100 周年,澳洲国立大学举办了关于鲁迅的研讨会,会上产生的一系列鲁迅研究论文及成果真正扩大了澳洲鲁迅研究的影响力。

澳大利亚在文化上属英语国家,但在地理位置上却更靠近亚洲,同亚洲各国的经济、政治和文化上的交往也尤为频繁,这使得澳洲的汉学学者拥有更为丰富的求学经历与学术背景,从张钊贻身上便可见一斑,张钊贻出生于香港,本科就读于国内的暨南大学,后求学于悉尼大学,师从陈顺妍,毕业后在澳任教10余年,又曾去新加坡教书,时常往来于中澳,如此复杂的经历一方面使他能够及时了解中国国内的研究动向;另一方面又能接触英语世界的文献资料,优势自不必说。除此之外,这样的经历似乎也极大地影响了张钊贻的学术视野,他并不如大多数的欧美汉学家完全浸润在西方价值的范式之下,而是颇有持中国左翼批评家立场的意思,在价值观念上与国内研究鲁迅的学者相当接近,也不排除其受鲁迅影响之深的缘故。

澳洲汉学界虽无大量的人才和资金支持,但历经数十年的发展,凭借自身独具的优势,已取得不少显著的成果,渐有在欧美日韩汉学鲁研圈中的突围之势,陈顺妍、李克曼、张钊贻、寇致铭等人研究范围虽不甚广泛,却也有在鲁迅研究方面专而深的努力,张钊贻的这部关于鲁迅与尼采的研究著作正是明证,同他在结语中对新文化方向"不安定"的感慨有些类似,此后澳洲的鲁迅研究将向何处去,也有待时间告诉我们答案。

(湖南大学文学院研究生)

注释

① 张钊贻:《鲁迅:中国"温和"的尼采》,北京大学出版社2011年版,第21页。

② 张钊贻:《鲁迅:中国"温和"的尼采》,第255页。

③ 马泰·卡林内斯库著,顾爱彬、李瑞华译:《现代性的五副面孔》,商务印书馆2002年版,第48页。

④ 雷·韦勒克、奥·沃伦著,刘象愚等译:《文学理论》,生活·读书·新知三联书店出版社1984年版,第5页。

⑤ 诺埃尔·卡罗尔:《电影理论的前景:个人的蠡测》,见大卫·鲍德韦尔、诺

埃尔·卡罗尔主编,麦永雄、柏敬雄等译:《后理论:重建电影研究》,中国社会科学出版社 2000 年版,第 58—59 页。

⑥ 汪晖:《鲁迅与尼采“视界融合”的过程——张钊贻著〈尼采与鲁迅思想发展〉读后随想》,《鲁迅研究动态》1987 年第 10 期。

⑦ 张芬认为张钊贻过分强调尼采对于鲁迅的影响,反而忽略了鲁迅同样从中国传统文化中汲取养分。张芬:《他者的相似性——再评张钊贻〈鲁迅:温和的尼采〉》,《汉语言文学研究》2015 年第 3 期。

⑧《摩罗诗力说》,《鲁迅全集·坟》第 1 卷,人民文学出版社 2005 年版,第 68 页。

⑨ 参见鲁迅《记“杨树达”君的袭来》《关于杨君袭来事件的辩正》,李遇安《读了〈记“杨树达”君的袭来〉》《再斟一杯酸酒》,《语丝》1924 年第 2、3、6 期。

⑩ 张钊贻:《“偏狭”的鲁迅两件“反常”的事》,见《从〈非攻〉到〈墨攻〉:鲁迅史实文本辩正及其现实意义探微》,广西师范大学出版社 2017 年版,第 34—38 页。

⑪ 钱理群:《与鲁迅相遇:北大演讲录》,生活·读书·新知三联书店 2003 年版,第 275 页。

⑫ 参见顾晓梅:《仿佛是木刻似的——鲁迅小说艺术形象的造型特色及其成因》,《山东师大学报》(社会科学版)1999 年第 4 期;夏晓静《“有力之美”——鲁迅对珂勒惠支版画的审美选择》,《鲁迅研究月刊》2005 年第 8 期;王洪章《鲁迅与木刻版画艺术》,《文艺争鸣》2018 年第 6 期。

《鲁迅背景小考》前言

陈占彪

人文研究似乎可以分为两种类型:一种偏重客观的考据;一种偏重主观的创造。因为它是"人文'研究'",所以他得依托材料,有一份材料,说一分话,显得客观、确定,"有一说一",强调"实打实"。又因为它是"'人文'研究",所以它又不能脱离直觉和感受,显得主观、灵活,"天马行空",可以"空对空"。这两种类型的研究,各有特色,亦各有价值。

针对台湾人文学界偏重于考据的学风,林毓生先生呼吁并倡导一种"不以考据为中心目的"的人文研究。在他看来,人文研究"主要是研究人的学问以及人与社会之关系的学问。这种研究要了解:(一)人是什么?(二)人活着干什么?(三)人与社会的关系是什么?而人文研究的中心目的是寻找人的意义(in search of the meaning of man)。凡是离开这个中心目的越远的越是边缘性的东西,越不是人文研究的主题"。他说,"人文学者对人生、社会与时代的发言必须建立在自己特有的创见之上",而考据只是"发现",不是"创见",因此,"它只是边缘性的东西"。[①]基于此,不光是以"情"见长的文学、以"思"见长的哲学,即便是"实"见长的历史,也不应当以考据为中心、为重点。

的确,按林先生的这种说法,很多人文研究,都偏离了或不符合他所说的"寻找和丰富人的意义"这一人文研究的目的和任务。

人文研究的目的是"求真实",还是"求意义",人文研究的对象是问题的"本身",还是问题的"外延",对于此一问题,恐怕仁者见仁,智者见智。

如果对于这一问题仁者见仁,智者见智,那么,人文研究究竟是贵"客观呈现",还是贵"主观表现",也就是说人文研究重考据,还是重创造,似乎也就不能定于一尊。显然,每一种类型的研究,都自有其不可替代的价值和意义,恐怕不能厚此薄彼。

其实,一项研究是注重考据,还是注重创造,恐怕与研究问题的性质和特征,研究者的个性和特长相关。有的研究者严谨笃实,有的研究者任意随性,有的题目注重于事实的呈现,有的题目注重于意义的阐发,这都决定了研究的不同侧重和不同特色。

这就好比东方人习惯使用筷子吃饭,你不能责怪他为什么不用叉子吃饭,西方人习惯使用叉子吃饭,你不能责怪他为什么不用筷子吃饭。有的饭适合用筷子吃,如面条,你不能强求他用叉子吃;有的饭适合用叉子吃,如牛排,你不能强求他用筷子吃。你不能因为他使用了不同的工具,吃了不同的食物,就说他这个饭没吃饱、没吃好,甚至认为吃的不是饭。

更何况,事实上,没有只考据而不创造的研究者,如果有,那无异于"傻子";也没有只创造而不考据的研究者,如果有,那无异于"疯子"。

唯考据则"过死",只创造又"太活"。过死则无创见,太活则多空谈。"蚂蚁搬食"搬的都是别人的东西,"蜘蛛结网"吐的都是自己的东西,而"蜜蜂酿蜜"是采得百花始成蜜。正常的、理想的人文研究应当是一种"蜜蜂酿蜜"式的工作,是考据基础上的创造。至于其中考据与创造的比重,当与研究对象的性质和特征、研究者的个性和特长相关。

这本小书所收录的是近年来笔者所写与"鲁迅的背景"相关的几篇"考证性"文章。因此,准确地说,这几篇文章所讨论的不是“鲁迅”,而是“鲁迅的背景”。

鲁迅的一生虽不长,但其成长、学习、生活、工作、写作的“背景”,即鲁迅及其作品中所涉及的时代、社会、政治、文化、人物、事件、风俗等可谓包罗万象,不胜枚举。

“鲁迅背景”的形成,归功于鲁迅在中国思想文化上的崇高地位及其巨大的能量和辐射力。“鲁迅先生原是一个普照一切的太阳。”②因为他是“太阳”,他所普照的范围就远而且大。

本来,如果没有鲁迅,很多人和事多不入时人“法眼”,亦不必入时人“法眼”。然而,有了鲁迅,无论是荦荦大端,还是竹头木屑,无论大人物,还是“小伙计”,无论是“大历史”,还是小风俗,被鲁迅的“太阳”这么一照,顿时金光闪闪,让人另眼相看。

叶兆言在写王金发时说,“历史上一些重要人物,由于他们在坐标上特别亮眼,于是就成为发现另一些人的参照系数。这另一些人物并不亮眼,他们已经沉淀在历史的泥沙中,只有通过比较和对照,才能像文物一样出土。”③没有鲁迅,自然有王金发,只是王金发固然有其传奇般的历史,但终不免“沉淀在历史的泥沙”中,正因为有了鲁迅,人们更容易知道王金发,进而关注王金发。

事实上,无论是鲁迅生前,还是死后,只要能与他沾上边,都能引起人们的兴趣和关注。这可谓是“一人得道,鸡犬升天”。

于是,“鲁迅的背景”就显得格外的广大、庞杂。一个鲁迅,几乎涉及近现代中国政治、社会、文化的方方面面,一个鲁迅,几乎能带出绝大多数的近现代历史人物。如果说其他人有如一个地摊、杂货铺、小商店的话,鲁迅则是一个百货商店、综合商场、购物中心。而像他那样堆满了琳琅满目的思想文化商品的大商场,在中国“多乎哉,不多也”。

这就是“鲁迅背景”的形成和存在。于是,对“鲁迅研究”来说,除了“鲁迅的本体研究”而外,自然还有“鲁迅的背景研究”。

鲁迅背景的客观而巨大的存在是鲁迅背景研究的基础,而对鲁迅本体研究的过度关注，以至于研究“山穷水尽”，带来一定程度的审美疲劳，这时，鲁迅背景研究显得“柳暗花明”，新人耳目，是为鲁迅背景研究的动力。

这就有如看戏，自然我们这些看戏的应当关注的是谁在唱，唱什么，唱得如何，但问题在于鲁迅的大戏天天唱，月月唱，年年唱，我们看戏的人多多少少都觉得有些腻味。“阿毛被狼吃”的惨剧固然能博得鲁镇的人们的同情，并供他们咀嚼鉴赏，但祥林嫂日复一日地唠叨，时间久了，“大家也都听得纯熟了，……后来全镇的人们几乎都能背诵她的话，一听到就烦厌得头痛。”因此，当我们看鲁迅的大戏时候，就不由自主地心有旁骛，东张西望，尽看那美轮美奂的舞台，咿咿哑哑的乐池，五光十色的灯光，还有那台上无足轻重的配角，甚至无关紧要的龙套等。而这后者，就是鲁迅的背景研究。

况且，主角固然重要，但没有背景的衬托甚至支撑，主角就会黯然失色，或无法理解。1942 年，毛泽东在讲到如何研究中共党史的时候，提出一种“古今中外法”：“就是弄清楚所研究的问题发生的一定的时间和一定的空间，把问题当作一定历史条件下的历史过程去研究。所谓‘古今’就是历史的发展，所谓‘中外’就是中国和外国，就是已方和彼方。”④可见，看不到或者轻视事物的时空背景，就无法对事件的本身进行客观的、准确的把握和研究。

而当前脱离史料、脱离背景、玄虚的鲁迅研究越来越多。孙郁曾慨叹说：“国内的鲁迅研究有种越来越脱离史料的迹象，缺乏对于 20 世纪上半叶那个时代具体语境的了解，玄虚的地方有点多。当时，我身边的几位前辈都有扎实的根底，不尚虚言，很少空话。这种治学精神一直在启示我、滋养我。”⑤这也是我们还不能轻视鲁迅背景研究的原因。

这本小书的几篇文章正是“看戏”时“走神”的产物，它讨论的不是鲁迅本身，而是鲁迅的背景。然而，如上所述，鲁迅背景的

“弱水三千”,何等广大,本书只能取“一瓢饮之”。

这本小书所讨论的是鲁迅少年时期祖父周福清的贿考案,青年时期在南京求学的江南水师学堂、江南陆师学堂及其附设的矿路学堂,以及他的终生挚友许寿裳命殒台岛一案等数个话题。

1893年的周福清科场舞弊案是一个“老话题”,也是鲁迅家族从“小康”陷入“困顿”的转折性事件,同时也是影响和左右鲁迅人生的一个关键性事件。对于此一事件,以往我们通过对“官方文献”的挖掘和研究,“基本上”厘清了周福清贿考案的来龙去脉。

由于此案件在当时是件“哄动了一时”的“钦案”,当时报刊,特别是《申报》,对此案进行了相对密集的跟踪报道,并就此案发表了一些评论,这部分文献鲜见被人提及和使用。从当时报刊上对此案的报道和反应,我们可以了解周案发生之背景(其时科场的普遍舞弊情形,以及当年发生的包括周案在内的“上达宸聪”的三大科场弊案,周最终受到重罚正是在此一背景下发生的),补充周案之过程(案发后的缉拿及入监后的审讯),还原周案的细节(讯问时周福清“理曲气壮”“恣意逞刁”的表现),辨析官府的应对(崧骏奏折的曲护和用心),特别是知晓当时社会的舆情。

1898年到1992年,青年鲁迅先后在南京的江南水师学堂、江南陆师学堂附设的矿路学堂求学5年,在这里,他从“周樟寿时期”进入到“周树人时期”。

对这两所曾经打开其文化视野、刷新其知识结构的新式军事学堂,后来鲁迅、周作人及鲁迅的同窗对他们当年的学习、生活都有所回忆,这些材料都是今天人们认识和讨论这两个学堂的重要文献。只是这些材料偏重个人记忆,多是印象式的描述,相对个性、感性。显然,仅仅依据这些材料来了解这两所学堂是不够的。除此之外,我们还能从当时的官方档案、报刊中找到与这两所军事学校相关的材料,有了这些文献,我们就大致可以弄清这两所学堂的设立缘起、建造经过、招考章程、课程设置、考核方式、规章制度、办学情况、学生的学习生活、学校风潮等，从中可以一窥当年鲁迅学习生活之环境。

众所周知，许寿裳是鲁迅的终生挚友，他们是同乡、同学、同事、同志。1948年2月18日，许寿裳在台北寓所不幸为歹人所杀害，是谋杀？还是仇杀？一时众说纷纭，该案现场惨烈，案情离奇，曾轰动一时，然而今人对此一旧案了解又殊为有限，通过当年破案警方对该案的分析检讨，以及当时报刊对此案的相关报道等材料，我们大致可以了解许氏惨案的案发现场、案情分析、侦破经过、缉拿凶犯、案犯伏法、各界悼怀诸情形。

要之，这本小书系鄙人最近数年陆续所写，依托一点“新鲜材料”，对几个“鲁迅背景”进行“史实考证”的文章。

这几篇文章曾分别发表于《鲁迅研究月刊》《新文学史料》《上海鲁迅研究》《文汇报》等报刊上。

2021年，值鲁迅诞辰140周年，笔者不揣浅陋，将此数篇拙作凑成一册小书，复承商务印书馆之谬爱，得以印行，以为鲁迅先生诞辰之纪念，并就正于方家。

注释

① 林毓生：《不以考据为中心目的之人文研究》，《思想与人物》，台北联经出版事业公司1983年版，第164—167页。

② 巴金：《忆鲁迅先生》，《巴金全集》第十四卷，人民文学出版社1990年版，第7页。

③ 叶兆言：《王金发考》，人民文学出版社2015年版，第263—264页。

④ 毛泽东：《如何研究中共党史》1942年3月30日，中共中央文献研究室编：《毛泽东文集》第二卷，人民出版社2009年版，第400页。

⑤ 夏斌：《文学让我们从俗谛中惊醒——专访中国人民大学教授孙郁》，《解放日报》2020年12月18日。

鲁海漫谈

爱罗先珂在上海时住在哪里

吴念圣

1921 年 6 月 4 日，俄国盲诗人、世界语者爱罗先珂（1890—1952，以下多以爱氏称之）被日本政府以具有过激思想、妨碍国家公安的罪名驱逐出境之后，尝试从海参崴经西伯利亚铁路回国，却因当时远东政局复杂，未能如愿。同年 8 月下旬，他转道来我国，先后在哈尔滨、上海和北京逗留。其中，在京时间最长。在京期间，他曾去赫尔辛基参会和回国省亲，并利用寒假南下旅游，实际在京时间合计 8 个多月。爱氏在京时一直寄居八道湾周家。他在哈尔滨停留了一个月，大半住在中根弘那里①。那么，他在上海时住哪里呢？

爱氏到过上海两次，第一次四个半月，住长田实家；第二次只有数周，住饭森正芳家。详情见下。

爱罗先珂第一次在上海

1921 年 10 月 7 日，爱氏只身来到上海，无人相迎。

上海的世界语同志知道他要来，但不知具体时间。其实，就是他本人在哈尔滨出发时也不知何时抵沪。他是 10 月 1 日晚上离开哈尔滨的，也就是说，路上走了 6 天。路上花了这么多天，不仅因为他是盲人，行动迟缓，更可能是因为他本人并不着急赶路，而且还有极强的自立意识。他 4 岁双目失明,9 岁就读莫斯科第一盲人学校,20 岁留学英国伦敦皇家盲人师范学校,25 岁远离家乡到日本,27 岁又漂流到暹罗(今泰国)、缅甸、印度,30 岁再到日本,走南闯北,无所畏惧。一个多月前他到哈尔滨时,就是自己找旅馆住下的,直至邂逅中根弘。

据俄罗斯作家哈烈可夫斯基描述:爱氏出了上海北站,坐在台阶上休息时,有个警察注意到了这个外国人,便把他领到欧美人居住区,在那里他住进了一家简易旅馆。②

这个旅馆应该就在上海北站近旁的公共租界。据日本世界语者川上喜光回忆,那是一家美国海员的宿舍,他是在爱氏抵沪数日后,在那里找到爱氏的。原来川上接到日本世界语协会的电报,嘱咐他照顾到上海的爱氏。③

川上喜光(1895—1977),日本冲绳县人,当时供职于日本制棉株式会社(社址:京都府伏见町向岛),正出差在上海。1921 年春,上海世界语学校因斯托帕尼(Stopany)自杀一时中断,经川上与陆式楷、王克绥等人的尽力得以复兴。据日本官方文档,该校还秘密制作宣传赤化的传单、小册子。为此,日本政府将川上喜光视作在上海要注意的自国国民。④

10 月 13 日《民国日报》发了一条新闻,报道俄国盲诗人爱罗先珂 10 月 7 日抵沪。这条新闻还介绍了上一天即 10 月 12 日,爱氏在上海世界语学校作了演讲,演讲是由川上安排的。此后一段时间,爱氏成为媒体的一位瞩目人物。

据上述的川上回忆,爱氏见到他以后,便搬到一个日本医生那里去住了。

这个日本医生是长田实。长田实(1876—1946),日本石川县人,毕业于东京医学专门学校济生学舍。1901 年在东京开业。1911 年 12 月应孙中山之邀到上海行医,1912 年 6 月契约期满后留在上海开了一家医院⑤。日方文档中有记载,说这家医院叫上海实费治疗院,位于共同租界的有恒路(今余杭路)37号。

日方文档又说,经调查,介绍爱氏去找长田的是一个叫岩田文雄的日本人。岩田是爱氏在哈尔滨认识的。岩田是一个新闻记者,信奉社会主义。岩田与长田是在东京结识的老朋友。

就这样,爱氏是拿着岩田的介绍信由川上领到长田家的。爱氏在长田家一直住到下一年的2月22日去北京。

爱氏是被日本政府驱逐出境的,他到中国以后也受到日方官警的监视。不过,有关他抵沪的信息,日方似乎并未及时获悉。日本驻上海总领事馆关于爱罗先珂的最早的上报文件是此年10月14日发的机密133号。上面说,爱氏是10月7、8日抵达上海的。不过,自那以后,日方官警加强了对爱氏的监控,屡屡将有关信息用机密文件上报外务省和内务省。

过了不几天,川上喜光便因在沪出差任务结束要回日本。10月16日,上海的世界语者为他开了盛大的欢送会并摄影留念。据日方文档说,川上回国前介绍爱氏接替他到世界语学校教课。

戈宝权曾署文说:"我请教过胡愈之同志,据他说他最初在虹口一家日本人开办的按摩医院里见到爱罗先珂,发现他讲着一口纯粹而又优美的世界语。由于爱罗先珂当时的生活很困难,胡愈之同志曾把他口述的诗文译成中文在报刊上发表,并请他在上海世界语学会创办的世界语学校教课。"⑥

胡愈之本人回忆说:"一九二一年俄国盲诗人、世界语者爱罗先珂在日本被驱逐后,准备回苏联(笔者按:当时苏联还未成立,当为苏维埃俄国)。但到海参崴(笔者按:当为伊曼和赤塔)时被拒绝入境,便转道来上海,经日本朋友帮助给他在一个按摩院(笔者按:即长田实的实费治疗院)安排工作,解决生活问题。日本的世界语者来信告诉我(当时我是上海世界语协会负责人,与国外有通信往来)有这么一个人,要我们照顾一下,我就同他熟了。"⑦

毋庸置疑,爱氏抵沪以后结识的世界语同志当中,与胡愈之

(1896—1986)关系最为密切。他在上海用世界语写的作品几乎都交给胡愈之译成中文发表,如《雪干妮的预言》(载1921年10月19日《民国日报》副刊《妇女评论》)、《我的学校生活的一断片》(载1921年11月15日《民国日报》副刊《觉悟》)、《世界平和日》(载1922年1月1日刊《妇女杂志》第8卷第1号)、《为跌下而造的塔》(载1922年1月10日《东方杂志》第19卷第1期)、《枯叶杂记——上海生活的寓言小品》(载1922年3月10日和25日《东方杂志》第19卷第5期和第6期)。1923年上海东方世界语传播社出版的爱罗先珂世界语作品集《一个孤独灵魂的呻吟》(*La Ĝemo de unu soleca animo*)也是由胡愈之编辑的,胡还为它写了序。

所以,世界语学校的教员胡愈之介绍爱氏去教课是很自然的,而日方官警的监视目光侧重自国国民也是不足为奇的。

或许是因为爱氏与胡的这种亲密关系,有人演绎出"爱罗先珂来沪是受胡愈之的邀请"的故事,说爱氏在哈尔滨时从国际世界语协会名册上查得该协会中国代表胡愈之的上海住址,便给胡写信,随即收到胡回信,欢迎他去上海。[8]

1922年2月22日,爱氏离沪赴京,到北京大学任教。

爱罗先珂第二次在上海

1923年北京大学寒假期间,爱氏再访上海。此次,媒体予以及时报道,日本官方文档更有详细记载。1月31日下午3时,爱氏从北京抵达上海北站,饭森正芳、春枝夫妇[9]出迎,随即带着爱氏去他们家下榻。饭森家在法租界的霞飞路(今淮海中路)宝康里61号。2月6日至17日,爱氏在饭森夫妇等人的陪同下去了杭州旅游。

饭森正芳(1880—1951),日本石川县人,出身武士之家,是个颇具传奇式的人物。他1899年毕业于海军技术学校,从军14年,曾任多艘军舰的轮机长,衔至中佐。但他在托尔斯泰主义、安那其主义以及神智学、大本教等新宗教的影响下，痛恨战争，厌恶作为战争工具的军队，主动辞去军职，交往进步人士，投身于种种社会革新运动。为此，上了日本内务省的黑名单。他到上海的一个原因就是为了摆脱警察的无休止的跟踪。

饭森与爱氏相识于日本。据大竹一灯子的回忆，1920年冬，她和妹妹慈雨子，从父亲高田集藏(1879—1960)那里搬到已与父亲分居的母亲九津见房子(1890—1980)那里住，那时九津正寄居在饭森正芳家。高田、九津都是饭森好友。她们住在饭森家的那段时间里，爱氏也在这里住过。其他还有很多进步人士经常进出饭森家，如革新团体晓民会的负责人高津正道(1893—1947)。[10]

爱氏是晓民会早期成员。1921年4月16日爱氏在晓民会的集会上作演说《灾祸之杯》(馥泉译，载1922年5月26日《觉悟》)，宣传革命思想。这也是他被驱逐出境的一条理由。

饭森1921年6月28日在上海写过一篇文章[11]。由此可知，那时饭森已在上海。爱氏到了上海以后，很快与饭森取得联系，且交往频繁。

那么，为什么爱氏"见到"旧友饭森以后，没搬到饭森那里去住呢？笔者推测：虽然与长田相比，爱氏与饭森在政治志向上相近，有更多的共同语言，但长田为人仗义好客，易于相处，而那时饭森已年过不惑，单身在沪，再要照顾一个盲人确有困难。

1922年春饭森一度回日本，7月末再来上海，此次是带着春枝来的。有了"贤内助"，接待客人就容易了。

与饭森正芳多有交往的吴朗西[12]也有过一点相关的回忆，他说："1923年2月初的一个星期天，我们(笔者按：指吴朗西和吴克刚[13])在饭森先生家里看到了俄国盲诗人爱罗先珂。他从北京来到上海，就住在他们家里。春枝女史喜欢和爱罗先珂君开玩笑。她用手指捏他的鼻子，逗引得我们大笑起来。我发现爱罗先珂穿的一件背心上面有五六个口袋，很奇怪，一问，才知道爱罗先珂把纸币按十元、五元、一元以及银角子、铜元分别装在每只口袋里面，这样，用起来就很方便。”他在此文中还写道：“那时候我和同学吴克刚在向胡愈之先生学习世界语，是胡愈之先生把我们介绍给饭森先生的”，“他们（笔者按：指饭森和他爱人）住在当时法租界打浦桥附近的一个里弄里——一家中国居民的二楼上”。⑭

这里说的饭森的住址与日本官方文档中的不同。后者说的霞飞路宝康里，虽说是一个大弄堂，门牌在弄堂北边的霞飞路，而弄堂东至贝勒路（今黄陂南路），西至白莱尼蒙马浪路（今马当路），南及望志路（今兴业路），但离打浦桥还是有一段距离的。要是相信后者的话，那就是吴朗西记错了。还有一种可能，饭森正芳在沪期间也在打浦桥附近住过。

1923 年 2 月 26 日，爱罗先珂在饭森正芳、春枝等友人的送别下，离沪返京，继续到北大任教。

余谈：爱罗先珂还有一次路过上海

爱氏在上述的两次在上海逗留之前，还有一次路过上海的经历。爱氏 1914 年春到日本，1916 年夏从日本去暹罗、缅甸、印度。1919 年夏，爱氏被印度的英国殖民当局作为布尔什维克抓捕，驱逐出境，而后途经上海再到日本。

关于这段经历，俄作家哈烈可夫斯基描述说：爱氏被押送上一艘英国军舰离开印度，军舰在新加坡停泊时，有几个新闻记者上舰，瞒过舰长的眼睛把苦力穿的衣服交给他，舰抵上海后，他换上苦力服，扛起麻袋，混在其他苦力之间离开了这艘军舰。后来，他是在上海偷偷地乘上一艘货船到日本的。⑮

注释

① 中根弘，日本人，俄罗斯音乐研究者，曾师从日本著名的作曲家、指挥者山田耕作。在《哈尔滨日日新闻》供职时，负责音乐评论版面，住在位于地段

街的该报社事务所的楼上。

② 据哈烈可夫斯基(A.Харьковский)著,山本直人译『盲目の詩人エロシェンコ』(盲诗人爱罗先珂),恒文社1983年版,第199—200页。

③ 参阅川上喜光:『上海のエロシェンコ』(上海的爱罗先珂),载 *La Movado* 1967年10月号pp.8—9。

④ 本文中所说的日本官方文档指以下两种:一种是日本驻上海总领事呈外务大臣的机密文件,有1921年10月14日第133号、10月21日第142号,1923年2月4日第29号、2月26日第50号等;另一种是日本内务省警保局编《外事警察报》,有1921年8月第5号、12月第8号,1922年4月第12号等。为了避免繁琐,以下文中凡称日本官方文档或日方文档的,均指这两种,不再一一加注。

⑤ 据长田实自著《略历书》,1944年。参见藤井省三:『エロシェンコの都市物語』,みすず書房1989年版,第61页。

⑥ 戈宝权:《鲁迅和爱罗先珂》,《北京师范大学学报》(社会科学版)1982年第6期。

⑦ 胡愈之·冯雪峰:《谈有关鲁迅的一些事情》之十"鲁迅与爱罗先珂的关系",载《鲁迅研究资料》第1辑,文物出版社1976年版,第90页。

⑧ 见高杉一郎:『エロシェンコ全集』(爱罗先珂全集),みすず書房1959年版,第184页。对此种说法,于万和《爱罗先珂在中国》(《鲁迅研究资料》第1辑,文物出版社1976年版,第170页。)持否定意见。

⑨ 从1920年开始一直在饭森正芳身边的女性春枝(1899—1952)起先并不是他的合法之妻。等到饭森之妻久子死后,春枝才入籍,时1951年7月5日。一个月后的8月17日,饭森正芳去世。一年后的1952年11月5日,春枝去世。

⑩ 据大竹一灯子著:『母と私 九津見房子との日々』,築地書館1984年版,第106—107页。笔者在既刊的《上海鲁迅研究》第90辑(上海社会科学院出版社2021年7月)上发表的《爱罗先珂的上海朋友圈(下)——从读解日本官方档案谈起》里说"饭森与爱氏相识于上海,中介者可能是饭森的同乡长田实",是错误的,缘由调查不足,今以此文予以纠正。

⑪ 据日本警方1922年3月14日《中第1073号》文件。

⑫ 吴朗西(1904—1992),重庆人。出版家、编辑、翻译家。毕业于中国公学中学部,留学日本上智大学德文系,文化生活出版社创办人。

⑬ 吴克刚(1903—1999),安徽寿州人。毕业于中国公学中学部。1922 年 2 月至 6 月任爱罗先珂助手,随爱氏同居鲁迅家。游学法国。曾任福建泉州的黎明高中校长、河南百泉乡村师范学校校长。编译《战时经济丛书》(文化生活出版社)。抗战胜利后去台湾,曾任台湾省图书馆馆长、台湾大学教授、中兴大学合作经济系主任。

⑭ 见吴朗西《忆饭森正芳先生及其他》p.99,上海编辑学会《编辑学刊》1986 年第 2 期,学林出版社。如若对饭森正芳此人以及饭森与吴朗西的交谊有兴趣,还可参阅吴念圣:『"思想遍歴屋"飯森正芳——ある明治知識人の弛まざる追求』(早稻田大学法学会《人文论集》第 47 号 pp.43—65,2009 年 2 月),吴念圣:《吴朗西和饭森正芳——近代中日知识分子交流一例》(《人物往来与东亚交流》,光明日报出版社 2010 年版,第 44—57 页。《东亚坐标中的跨国人物》,中国书籍出版社 2013 年版,第 321—334 页。)。

⑮ 据注②所示『盲目の詩人エロシェンコ』pp.137—138。

鲁迅为何少看国产电影

刘　平

据统计,鲁迅在世时观看过170多部电影,但根据鲁迅作品记载,在他观看过的所有电影中,国产电影只有几部,如《一朵蔷薇》《新人之家庭》《水火鸳鸯》等,并且这些国产电影是鲁迅去上海定居前观看的。在学界以往的鲁迅与电影的相关研究中,大都介绍鲁迅一生所观看电影的情况,笼统地讨论鲁迅对电影的褒贬,较少比较鲁迅对国产电影和外国电影的不同看法,以及分析其中的原因。王学振在《鲁迅与国产电影》中主要考证了鲁迅生前看过哪些国产电影,却没有指出鲁迅少看或不喜欢看国产电影的原因。纵观鲁迅一生,观看外国电影的数量不仅远远多于国产电影,而且总体来看,他对外国电影的评价比国产电影高。不论是进口电影,还是国产电影,鲁迅都有过褒贬,但他对外国电影的赞扬多于国产电影,对国产电影的批评程度更深。研究鲁迅对国产电影的态度,可以探寻鲁迅的电影观,回溯国产电影在民国时期的发展概况。

一、鲁迅在世时的国产影片

尽管对于民国时期的中国而言,电影可以算是一种新兴事物,国产电影也刚起步。但是,据统计,国产电影在1920年代的生产数量呈上升趋势,“1923年国产长故事片仅有5部,到1924年增至16部,1925年上升为51部,1926年则高达101部”[①]。短短几年,国产电影发展迅速。但此时身居北京的鲁迅,并没有因为国产电影数量的逐年增加，而经常去电影院观看国产电影，相反，他减少了观看国产电影的次数，对电影评价也不甚好。鲁迅在《略论中国人的脸》中谈到，国产电影中的人物与光绪年间在上海发行的吴友如的《画报》里面的人物差不多，这些人物仍是过去的人物，而不是新式人物。由此观之，国产影片中的人物多是前朝国人形象的折射。鲁迅一向批判国民性，而这些国产电影中的人物多带有国民的劣根性，大都具有旧式国人的思想观念，这些观念既不是进步的，也不是启蒙的。

民国初，国产电影多改编自中国戏曲，中国人于1905年在国内拍摄并制作的第一部电影——《定军山》，就是改编自作为京剧谭派创始人——谭鑫培演绎的京剧《定军山》。一部分国产电影虽然在形式上不同于中国戏曲，但在内容上却深受中国戏曲的影响，这种改头换面的改编，为鲁迅所不喜。就文化属性而言，1930年代之前，新文学或新文化仍不是国产电影的生力军，也就是说，国产电影的制作和生产领域仍被以通俗文学或旧小说为代表的旧文艺所把持，这是鲁迅所难以接受的。

在定居上海之前，鲁迅曾在北京、广州看过国产电影。鲁迅观看国产电影这一行为，不仅仅是他的个人活动，还是一项具有特定价值和意义的活动；鲁迅这一行为有时不只是惬意的日常生活娱乐，也是特定时空中的一个文化符号。他不是走马观花式地观看电影，而是在观看前后发表相关评论，以此来表达他的艺术审美与思想观念。鲁迅曾在日记中记录观看国产电影的经历。他于1925年2月19日晚记载："午后衣萍来，同往中天剧场观电影。"② 当时该剧场放映的正是国产电影《水火鸳鸯》。一年多后，鲁迅于日记载："夜略看电影，为《新人之家庭》，劣极。"③ 月余后，鲁迅还于日记载："夜同伏园观电影《一朵蔷薇》。"④《水火鸳鸯》讲述的是穷画家李自新与富家女王慧珍有情人终成眷属的故事，李自新英雄救美，王慧珍因恩生情，却遭到王父的反对，后来李自新参加比赛得奖,王父才同意嫁女儿。这部电影的故事情节和《西厢记》相似,穷苦书生救落难的千金小姐,剧情烂俗;《新人之家庭》是一部由明星影片公司在1924年拍摄的故事片,讲述的是一对恩爱夫妻如何从如胶似漆到心生嫌隙,再从关系破裂到重修旧好的故事,电影的结局是中国式大团圆,和中国大多数古典小说的结局雷同。

1930年代的上海,发生过一系列与电影相关的运动,如"国产电影运动""国片复兴运动""新兴电影运动"。在此期间,明星公司、天一公司、联华公司等电影制片公司拍摄了许多在当时红极一时的电影,并积极引进国外先进的电影技术。1934年,处于危机中的国产电影出现转折,但新市民电影中依旧出现了郑正秋编导的《姊妹花》,尽管它公映后出现了空前的盛况,票房可观,在同一家影院连续上映60多天。不过,鲁迅不认同《姊妹花》所宣扬的思想观念,影片中穷人被富人逼得走投无路,铤而走险却惹来杀身之祸,最后穷人不得不央求富人救命,借穷人之口道出"命由天定"的传统思想观念。鲁迅并不认为穷人就应该认命、安贫、逆来顺受,他对这类于中国古已有之的东西是持怀疑态度的,他也不认为从来如此便都对。此外,鲁迅曾在《〈现代电影与有产阶级〉译者附记》中指出,上海的电影广告为了吸引眼球总是夸大其词,所以即便登在杂志上的国产电影海报宣传得如何精彩,鲁迅也不肯花钱去电影院观看。

二、鲁迅期待的国产电影

电影之于鲁迅是有解闷的功效的。鲁迅曾在《我要骗人》[⑤]中描述过这一功效。鲁迅在书房中先是看到"大家正在搬家",他便无心看书,也不想在路旁观看,不愿像《故乡》里的杨二嫂,他宁愿"走远一点,到电影院去散闷去"。由此可知,鲁迅在电影院看电影有一个目的——消除烦闷,消解郁闷。他来上海后不愿再看国产电影,有一个重要原因,即国产电影无法为鲁迅排解郁闷,冲散烦闷。也许一般观众看国产喜剧或滑稽剧能获得快乐，并乐此不疲。但是，对于鲁迅而言，他曾阅遍中国书，他在国产电影里面看到的是已经让他产生审美疲劳的情节，他便无法获得真正的快乐，也不能达到“散闷”的目的，因此不如不看。

鲁迅期待看到的国产电影是进步的、有深度的、增长见识的，而不是落后的、肤浅的、滥俗的。鲁迅给友人颜黎民的信中自陈：“看关于菲洲和南北极之类的片子，因为我想自己将来未必到菲洲或南极去，只好在影片上得到一点见识了。”[⑥]鲁迅看电影并不只是为了娱乐和消遣，看电影也是他增长知识的一条途径。也就是说，鲁迅观看电影后，可以了解他没经历过、听说过的生活，这在无形中也可以增长他的见闻。鲁迅很喜欢看国外的野兽片，是因为这类电影呈现的内容都没有在鲁迅的现实生活中出现过。因此，鲁迅期待国产电影的内容应该是在生活中罕见的，好奇是鲁迅观看这类电影的前提。但是，当时的国产电影不能如进口电影一般，带给鲁迅经历陌生的人生境遇所获得的愉悦感和新鲜感。纵观当时大多数国产片，他们拍摄的影片内容几乎没有让鲁迅眼前一亮的。大多数国产片聚焦于生活中的世态人情，较少有现实生活之外的题材。而鲁迅早已在现实人生中看过或经历过这些世态人情，他甚至有时会感到国产片里所呈现的社会人生不够真实，所输出的人生观不符合常理，如《姊妹花》。因此，同为“艳史”，鲁迅宁愿看美国影片《义史艳史》，也不愿看国产电影《猺山艳史》。

不能否认的是，对于一部电影来说，最重要的是电影呈现的故事内容、思想观念。1932 年之前，在民族危亡之际，没有一个左翼文化人进入电影领域。尽管国产电影市场也曾喧哗，但景随时移，一大批国产伦理片、爱情片、商业片、文艺片，早已不合时宜，国产电影急需输入新的血液。“最后明星公司的老板们抱着尝试的态度，于 1932 年 5 月聘请阿英、夏衍、郑伯奇担任明星公司的编剧。夏衍等人进入明星公司，是左翼文化人进入电影领域的开始。”[⑦]

这样,《春蚕》就由夏衍拍摄,这部电影还被鲁迅评为"进步"的国产电影。"《春蚕》(夏衍改编,程步高导演,根据茅盾同名小说改编)真实再现了中国农民和中国丝蚕业在帝国主义经济侵略下,一步步陷入'丰收成灾'的残酷现实,这也是'五四'以来的新文学作品,第一次被忠实地搬上了荧幕。"[8]可以说,新文学作家的作品介入国产电影,改变了由旧电影以旧式家庭婚姻和男女情感为主题,进而达到宣扬并维护传统伦理道德的目的,注入了现代性的、革命性的新思想,从而拯救了国产电影。

《春蚕》等左翼电影的兴盛,引起了国民党的注意,1933年11月,蓝衣社打着"上海电影界铲共同志会"的旗号,捣毁了当时左倾倾向明显的艺华公司。据资料记载,"艺华影片公司,一九三三年成立。老板严春堂。党领导的左翼电影力量进入该公司后,曾摄制出《民族生存》《肉搏》《中国海的怒潮》《烈焰》等进步影片,配合了当时抗日救亡运动潮流,社会影响较大,引起国民党反动派仇视,终至发生捣毁艺华影片公司的事件。"[9]鲁迅对此事颇为愤慨,并在《准风月谈·后记》议论此事,表达自己的不满,以示抗议。鲁迅在致友人的信中也多次提及电影公司被人捣毁一事,他并不希望刚起步不久的左翼电影被国民党扼杀在摇篮里,他担忧国产电影的命运,担心进步的国产电影从此一蹶不振。

三、国产电影与鲁迅的电影观

由鲁迅对国产电影《春蚕》的态度,可以看出鲁迅对国产电影是给予了希望的。他希望国产电影中有更多像这样进步的电影,而不是落后的电影。这里的"进步"不是指电影技术上的进步,而更多的是指思想内容上的进步。《春蚕》主要讲述了寡妇荷花嫁给老通宝的小儿子后,给他们家的养蚕带来好运的故事。影片打破了世俗对寡妇的偏见,这是鲁迅所赞许的。鲁迅曾作《祝福》,里面的祥林嫂也是寡妇,鲁迅在小说中对祥林嫂死亡命运的书写,看似是由传统伦理和礼教所致，其实，细读后会发现鲁迅不过是借伦理道德的壳来表现人心的毒。真正害人致死的不是传统的思想观念，而是一直持有甚至想利用这种思想观念的人。《春蚕》也展现出了这一点，所以鲁迅称其“进步”主要在于电影所呈现的思想观念上的进步，打破了世俗的成见。由此观之，鲁迅希望电影和文学一样，能具有启蒙的意义，发挥疗救的作用。

但是，在当时的上海，像《春蚕》这样的进步电影毕竟在少数。由于鲁迅对国产电影普遍感到失望，以至于后来王乔南、沈西冬等人欲改编《阿Q正传》为电影时，一开始便遭到鲁迅的反对。虽然鲁迅曾在《〈现代电影与有产阶级〉译者附记》中自谦：“我于电影一道是门外汉”[10]，但这并不代表鲁迅对电影没有自己的看法。在鲁迅看来，《阿Q正传》若成为一部国产电影，其思想的深刻会被削减，最终沦为观众付之一笑的滑稽剧。鲁迅不信任当时国产电影的制作水平，所以他不能放心地将自己的作品《阿Q正传》交给中国的导演、编剧和演员。对于小说改编成电影这一做法，鲁迅有所顾虑，他会担忧改编是否会曲解原著的原意或抛弃原作的精神。因此，他在收到王乔南想将《阿Q正传》改编成电影剧本的信件后，直言不讳地在回信里表达了自己的顾虑。鲁迅在写回信前，尚未看到王改编的剧本，所以在给王乔南的第一封回信中，他提出了自己对于小说改编成电影剧本的总体不信任意见。但在写第二封回信前，鲁迅收到了王乔南寄来的剧本原稿，他不可能不看，因为在给王乔南的第二封回信中，鲁迅的意见有了很大的改观，他认为这类改编“恰如目睹了好的电影一样”[11]。正是因为鲁迅在给王乔南第一封通信中表达了自己对电影改编的真实看法，王乔南明白鲁迅的顾虑，或许他曾按照鲁迅的意见修改剧本，直到符合鲁迅的要求，他才将剧本寄给鲁迅。否则，王乔南为什么不在第一次给鲁迅写信征求同意时寄上剧本？由此可知，只有符合鲁迅电影观的国产电影，才能获得鲁迅的认同。

尽管鲁迅经常批评或否定某部国产电影,但在鲁迅看来,他之所以批评某种事物,不仅因为他对那事物痛恨,更是因为他在乎,并希望此事物能在批评的声音中有所改观和进步。他的不愿观看不是一种对国产电影的放弃,而是表明自己对国产电影的不满态度,并潜在地希望国产片的相关制作导演和演员能注意到这点,以做出改变。尽管鲁迅定居上海后不去电影院看国产电影,但他还是时刻关注着国产电影的发展,比如当他听说《猺山艳史》《姊妹花》这类电影公映时,他毫无保留地去批评;当他知道艺华电影公司被国民政府捣毁时,他勇敢地表达他的愤怒,并在杂文中用"剪"和"抄录"的方式,将当时报刊对这一事件的报道收录于自己的文章中。这说明鲁迅时常关注国产电影的走向,关心中国电影事业的发展。

余　论

有学者认为:"鲁迅与20世纪中国电影的关系是一个值得深挖的研究课题。"[12]的确,鲁迅在观看国产电影时,拥有双重身份,他既是一名普通的观众,也是一名电影批评者。鲁迅不但看电影,还时常在作品和生活中发表他对电影的意见或看法,这一行为向读者透露出他的审美倾向与思想特征。虽然鲁迅对国产电影的评论大多都是即兴点评和个人式感想,鲜有对国产电影进行系统的论证,但鲁迅对国产电影的看法是独到的,并且这些评论虽散见于鲁迅不同文体的作品里面,但加起来的总量较多。观看电影不仅成为鲁迅认识社会的一条途径,也是他看待世界的一种方式,更使他在经历社会现实之外,积聚许多有关世界方面的经验,并充实他的日常生活。"同时电影也丰富了鲁迅的视界和知识视域"[13]。而少看国产电影不仅是或多或少与鲁迅的知识、思想与情感的拥有有关的,还敞露了鲁迅在思想上的价值立场以及在艺术上的兴趣偏好。电影是艺术的一种,国产电影是国产艺术的一类。鲁迅对国产电影的核心看法是和鲁迅对艺术的看法一致的。鲁迅曾在《随感录(四十三)》中认为美术不仅能让人“欢喜赏玩”,还要“发生感动,造成精神上的影响”⑭。同样的,在鲁迅看来,国产电影不仅要有娱乐的功能,还要给人心灵的启迪和灵魂的震撼。

鲁迅曾于1936年3月18日在给友人欧阳山、草明的信中坦言:“我的娱乐只有看电影。”⑮但“鲁迅一方面称赞左翼电影《春蚕》,另一方面却批判中国的娱乐大片”⑯。若是当年的国产电影的艺术性、教育性与娱乐性这三者被完美融合,那么有可能,鲁迅的观影将从一种纯粹娱乐的日常活动,转化成对社会的认知与反思的途径。

(西南大学文学院)

[本文系重庆市研究生科研创新项目(CYS20142)的阶段性成果。]

注释

① 陆弘石,舒晓鸣:《中国电影史》,文化艺术出版社1997年版,第14页。

②《鲁迅全集》第十五卷,人民文学出版社2005年版,第553页。

③《鲁迅全集》第十五卷,人民文学出版社2005年版,第648页。

④《鲁迅全集》第十六卷,人民文学出版社2005年版,第4页。

⑤《鲁迅全集》第六卷,人民文学出版社2005年版,第504页。

⑥《鲁迅全集》第十四卷,人民文学出版社2005年版,第77页。

⑦ 虞吉主编:《中国电影史》,重庆大学出版社2011年版,第37页。

⑧ 虞吉主编:《中国电影史》,重庆大学出版社2011年版,第38页。

⑨ 刘思平,邢祖文选编:《鲁迅与电影(资料汇编)》,中国电影出版社1981年版,第25页。

⑩《鲁迅全集》第四卷,人民文学出版社2005年版,第419页。

⑪《鲁迅全集》第十二卷,人民文学出版社2005年版,第246页。

⑫ 唐东堰:《鲁迅与20世纪中国传媒发展》,百花洲文艺出版社2018年版,第176页。

⑬ 刘素:《鲁迅与在沪放映的早期苏联电影》,《北京电影学院学报》2020年第2期。

⑭《鲁迅全集》第一卷,人民文学出版社2005年版,第346页。

⑮《鲁迅全集》第十四卷,人民文学出版社2005年版,第48页。

⑯ [日]藤井省三:《上海时期的鲁迅与电影》,2016年10月19日《文汇报》。

闻抄三则

北　海

福民医院

1927 年 9 月鲁迅到上海，最初租住于四川北路附近的景云里。尽管景云里距离当时日资医院福民医院不远，但鲁迅日记记载，鲁迅在福民医院的初诊时间是在 1928 年 5 月，其时鲁迅发热，且服用阿司匹林不退热，于是于 5 月 12 日前往福民医院就诊，后于 14、19、25、31 日 4 次复诊。6 月 6 日，鲁迅在给章廷谦的信中，谈到福民医院时说：

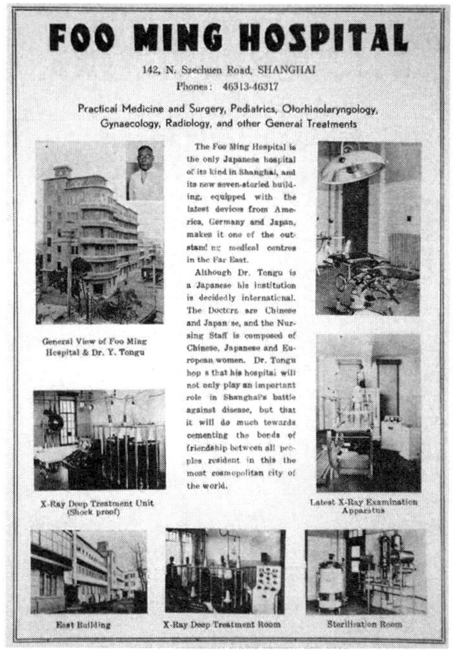

图 1　20 世纪 30 年代福民医院宣传页

上海的医生，我不大知道。欺人的是很不少似的。先前听说德人办的宝隆医院颇好,但现在不知如何。我所看的是离寓不远的"福民医院",日人办,也颇有名。看资初次三元,后每回一元,药价大约每日一元。住院是最少每日四元。

不过医院大规模的组织,有一个通病,是医生是轮流诊察的,今天来诊的是甲,明天也许是乙,认真的还好,否则容易模模胡胡。

我前几天的所谓"肺病",是从医生那里探出来的,他当时不肯详说,后来我用"医学家式"的话问他,才知道几乎要生"肺炎",但现在可以不要紧了。

之后,福民医院再次出现在鲁迅日记中是在1929年8月8日,此次推测是鲁迅陪许广平做产前预检。9月26日许广平住进福民医院待产,27日,周海婴出生。10月10日,许广平出院。鲁迅日记记为许广平住院前后支付费用两次,即9月30日付"百三十六元",10月10日付"入院泉七十,又女工泉廿,杂工泉十",或还有鲁迅未记者。从1929年11月起到1930年7月,鲁迅比较频繁地出入于福民医院,主要是为周海婴就诊,据鲁迅日记统计,其间共携周海婴就诊近30次。此后至1932年1月,记载去福民医院为周海婴就诊的记录大为减少,直至1933年7月,鲁迅请须藤五百三到家为周海婴诊治后,鲁迅日记中就不再有往福民医院为周海婴就诊的记载。

虽然鲁迅一度经常携周海婴往福民医院就诊,约在1932年初,鲁迅自己开始到日资筱崎医院(应为诊所)就诊,1933年7月起开始就诊于须藤五百三。

1934年年底,福民医院新楼建成,当时《晶报》(12月18日)有一文如下:

福民医院新屋谭　伊人

清季以来，欧美日本人士在我国开始建立医院者甚多。在北以美国煤油大王洛克斐乐氏所办之北平协和医院为巨擘，此国人所共知者。乃日本医学博士顿宫宽氏，于民九来沪，初承其邦人故佐佐木医师之业，主持是院，院址在沪北靶子路，即嗣为两路同人会者，院之规规狭隘。以顿宫博士手术精妙，故求治者日众，未半载，顿宫氏遂在北四川路横浜路之北，购故浙江督卢永祥别墅，创立福民医院。墅中原洋房一幢，小园数弓，遂增聘名医加列科目，声誉益张。依犹以顿宫氏之外科为海上诸西医之冠，人多就之。其医院固视为寻常耳。而十五载之经营，此院始于后方添筑病室。自去岁起更于园内建造七层大厦，状似浮屠，宏阔壮丽，为沪地所仅见。十六日逾午，顿宫氏柬请中外各界参观，以作落成纪念。有往瞻者云，自底层至三层，分列各科之室，科目则虽眼科齿科产科，亦皆骈罗，为他医院所少见。设备则应有尽有，尤以爱克司光线广占数室，其器具均新颖殊常，海涘所无者。自四层至六层皆病室，每层闻将设置百室，亦咸□备，且附浴室及散步平台，其七层则等于屋顶花园焉。总其全体观之，在沪之中外人所开医院中，堪称领袖，而属于个人之手创尤难能可贵，顿宫氏来华十五年，成绩已如是，国人能勿砥砺而兴起乎？

文中云每层设百病室似乎有误，其新置X光机应是当时的先进配置。1936年6月15日，时陷重病的鲁迅前往福民医院就诊并拍摄了X光片。但鲁迅并未由此转在福民医院就诊，而仍请须藤五百三诊疗。当时为何作如此决定值得进一步探讨。此X光片，后来成为确诊鲁迅去世病因的重要资料。

1933年7月，鲁迅同窗兼友人张邦华携子拜访鲁迅，请鲁迅介绍安排其子入住福民医院诊疗，鲁迅旋即请内山完造给予介绍，安排入院。张邦华之子入院后，鲁迅去医院探望时“假以零用泉五十”；其子出院之际，鲁迅又分两次支付住院、手术、治疗等费352.80元。后又专门宴请福民医院院长等诸人，感谢他们治愈张邦和之子。鲁迅此等举动并不见于许广平生子出院后，亦不见于周海婴就诊福民医院后。

书包布

鲁迅小说《白光》里有这样的描写：“然而他愤然了，蓦地从书包布底下抽出誊真的制艺和试帖来，拿着往外走……”书包布是怎样的物品，人民文学出版社2005年版《鲁迅全集》未作注释。查阅周遐寿的《鲁迅小说里的人物》，其中《旧日记中的鲁迅（七）》一节记有：“十二月廿五日：晨椒生叔祖自金陵回家，得豫亭兄十七日函，云要抄书格纸百，书包布一张，糖姜一瓶，‘词林妙品’一支……”。其中说到鲁迅要购买书包布一张。同时，周启明在《鲁迅的青年时代》中云，鲁迅为保护新书，练就了包书的本领：“在包书和订书的技术方面都有一点特长，为一般读书人所不及”。由此，书包布与包书纸是两种不同的物品。

图2　鲁迅用书包布（左为上海鲁迅纪念馆藏，右为北京鲁迅博物馆藏）

1950年5月4日，许广平在回复一位画家的信中言：鲁迅“出门及日常手中爱拿的是一根香烟，有时也爱拿黑底红线条的布包包书，尤其是大学讲授时手中经常拿这样一个书包。因为红色代表血，黑色代表铁，故他曾说过为什么爱用这样的布包包书。”询问北京鲁迅博物馆夏晓静老师，获知馆藏一块书包布，并提供了照片，布纹样是黑底黄线条的苏格兰纹。上海鲁迅纪念馆也藏有包布一块，云是“鲁迅外出或授课时用以包裹书记、讲义”的，它与北京鲁迅博物馆所藏的不同，一角有提花纹饰的褐色绸布。

书包布这个词在今天基本是指做书包的布。不过，晚至在清朝末年，书包布或者还是读书人的日常用品。1875年9月27日《申报》第2版的关于贡院的新闻《浙围琐闻》中云：“头场各士子于进场后，即将誊录所暗记三字照填卷上，旋将卷子压于书包布内，注水磨墨……”笔者电话咨询绍兴鲁迅纪念馆前馆长裘士雄先生，他说他读小学的时候，就是用一块布直接包着书去上学的，并且有一条布绳扎着，怕小孩在途中把书弄散了。后又咨询北京鲁迅博物馆叶淑穗老师，她说当年常瑞麟到鲁迅博物馆的时候就用一块布包着书的，但没有额外的布条。后又致电询问上海鲁迅纪念馆虞积华老师，他在1940年代到上海后很少见人用布包书的，只有很老派的大学老师才用布包书……。目前能找到的相关资料很少，毕竟比起各式书包来说，书包布很不便于使用，于今少见也属于正常的事。

《无双谱》

鲁迅在《晨凉漫记》中言：“儿时见过一本书，叫作《无双谱》，是清初人之作，取历史上极特别无二的人物，各画一像，一面题些诗，但坏人好像是没有的。”偶阅此书，发现其中《赵娥》图为赵娥怒目前视，左手举大刀过头，右手提仇者首级。左下说明文是引《后汉书·列女传》文而改之：“酒泉庞淯母姓赵，字娥。父安为同县人季寿所杀。娥兄弟三人俱病死。仇喜以为莫已报也。娥潜备刃,伺之积十余年。卒遇于都亭,刺杀之,乃刃其头而诣县自首。曰:'父仇报矣,请受戮。'县义之,欲与解罪,娥不肯。曰:'何敢苟生以枉公法!'自入于狱,后遇赦免。"之前作《电影、插图与写作之间——〈铸剑〉与电影〈莎乐美〉》时,未涉及《无双谱》之赵娥图,深以为憾。《无双谱》中的赵娥之图及故事,应也是《铸剑》资料来源之一。此外,《无双谱》之图是清朝民间日用瓷器的常用图案,制瓷工移植原图时,皆有所改动,他们在瓷器上所绘的赵娥形象,笔者所见者,赵娥右手所提之仇者首级似置于身后,所见右手仅握一束发而已。左手高举大刀,怒目依然。

浅谈博物馆展览叙事环境的建构

——以上海鲁迅纪念馆基本陈列为例

杨　琳

陈列展览既是连接博物馆与观众的桥梁，又是观众与博物馆对话的媒介[①]。近年来，随着让文物"活起来"成为博物馆服务公众的出发点和落脚点，博物馆开始重新审视"讲什么""向谁讲"和"怎么讲"等意义传达的核心问题，更加注重观众作为独立个体的个性需求，逐步改变陈列展览原有的同质化、程式化呈现方式。博物馆展览具有"文本"特征也具有叙事元素的倾向[②]。博物馆作为一种独特的文化空间，其"故事"和"话语"的结合方式不仅与展览"文本"的叙事时间和叙事结构有很强的关联性，而最终的叙事体验感和有效性在很大程度上有赖于还原真实历史时空的叙事环境。因此，在叙事转向背景下，博物馆如何用好"叙事"工具，将展览叙事文本嵌入完整的叙事环境，既讲出故事的"应有之意"，又展现故事的"时代价值"，成为当前博物馆研究的重点课题。文本将以上海鲁迅纪念馆基本陈列为例，基于空间叙事、具身认知等理论，分析叙事环境对于展览意义生成的重要性，阐述叙事环境的建构原则，对未来的陈列展览工作提出思考和建议。

一、问题的提出

叙事是一种话语模式，它将特定的事件序列依时间顺序纳入一个能为人理解和把握的语言解构，从而赋予其意义[③]，它不仅是人类文化的一个基本特征，还是人类与生俱来的一种本质冲动，因此它的历史几乎与人类历史一样久远。作为研究叙事的专门学科，建立在索绪尔结构语言学基础上的叙事学，由法国文艺理论家托多罗夫于1969年首先提出。20世纪90年代，继文学之后，历史学、政治学、社会学、心理学等科学领域把叙事的问题纳入自身的问题框架之中，叙事不再只是文学创作和文艺批评的手段和方法，转而进入了人们的社会经济生活。博物馆当然也不例外，拥抱"讲故事"，将叙事作为一种有效的传播策略引入展览的意义建构过程，发生了当代博物馆的叙事转向[④]。一方面，叙事作为一种认知工具，是"人类认识自我和外部世界的关键性过程"[⑤]，与博物馆价值十分契合，在很大程度上对建构强烈的博物馆体验起到重要作用；另一方面，博物馆作为一个独特的文化机构，其实物性、多维度的空间感以及时间层序展开的自由流动性，相较于文学、戏剧、电影等其他媒介，给予了叙事更多的可能性，因此也拥有更大的讲故事的潜力。

在我国，博物馆用展览讲故事不是什么新事物，历史类、艺术类，甚至科技类展览，都呈现一定的叙事性。从展览与叙事结合方式上看，主要有两种[⑥]：一种是展览中有叙事，用一件或多件展品来讲故事；另一种是利用叙事来建构展览，整个展览围绕一定的主题线，形成一个完整的故事。受结构主义叙事学和符号学的影响，众多叙事性展览过于注重文本化，过多地关注展览叙事结构、情节内容等时间维度上的文本化特征，忽视了博物馆叙事的"空间性"，出现"文本之外别无他物"[⑦]现象，展览在最终呈现上往往存在某种形式主义，即为了讲故事而讲故事。叙事是具体时空中的现象，任何叙事作品都必然涉及某一段具体的时间和某一个（或几个）具体的空间[8]。这种缺乏空间建构思维的展览，文字说明成为观众与实物之间主要的信息传递媒介，难免成为墙上的教科书，毫无叙事体验感。叙事对于博物馆展览来说，绝不仅仅是文本生成的方式，不管是从认知理论还是叙事学本身的角度出发，当博物馆被赋予教育功能时，叙事将是一个有效的意义建构工具。因此，博物馆叙事性展览如何体现空间性，如何对展览空间内所有叙事要素进行有机整合并加以强化，营造出能够帮助观众加深认知、进行自我意义建构的叙事环境，成为博物馆人思考的重要议题。

二、叙事环境及其作用

目前，关于展览的叙事环境尚未有一个专门明确的定义，但许多学者的研究已有所涉及。美国学者约翰·福尔克（John H. Falk）和林恩·迪尔金（Lynn D.Dierking）认为，观众的博物馆参观体验和认知受到3个相互作用情境因素的影响，即个人背景（personal context）、社交语境（social context）和物理语境（physical context），其中的物理语境则包括建筑结构以及对于建筑物的“感觉”，同时也包含实物展品[9]。唐纳·布拉登（Donna R.Braden）对博物馆展示和历史建筑的历史环境（historical environment）进行了系统研究，提出历史环境是一种能使观众感觉穿越到另一个时空的复杂系统，它通常涉及一定面积的物理空间，包含一系列被有目的陈列的实物，反映某一特定时期的历史背景，并通过多种媒介和诠释策略讲述故事[10]。翠西亚·奥斯汀（Tricia Austin）针对展览的叙事“空间”和“环境”两个概念做了区分，她认为“空间”往往有种可测量的距离感，而“环境”更有包容性，不仅包含展览建筑空间，也涵盖展览中所有相互依赖、相互作用的组成元素[11]。周婧景关注观众的“身体”与展览环境产生的互动，认为展览环境可藉由实物展品组合、辅助展品的情境再现、教具化模型、视屏与多媒体叙述、图表系统和互动装置等传播技术予以实现，其核心在于通过营造环境促成观众的身心体验[12]。朱海玄，刘赛和贾晓谕围绕历史性空间叙事环境进行了探讨，提出历史性空间的叙事环境的建构要“充分挖掘历史性空间中的叙事要素，并对其进行分析与再组织……营造具有故事情节的、可被人‘阅读’的空间场景”[13]。

这些研究都对我们厘清叙事环境的概念提供了很好的借鉴，本文尝试给其作个定义。展览的叙事环境是指，在展览的物理空间内，围绕展览叙事的文本内容和结构，经过精心设计，由包括建筑的结构和布局、实物展品、辅助展品、布展材料、场景、色彩、灯光、声音、气味、观众本身及其行为以及各类传播媒介在内的一系列相互关联、相互作用元素的组合。叙事环境是具身性的，也是意识性的。它不仅通过观众直接的身体感官刺激帮助观众建立叙事的时间性和空间性，同时也通过符号化媒介向观众的大脑传递隐喻性的展览故事时空观念。叙事文本是叙事活动的一个因素，但不是全部，在文本之外，有着活生生的人存在，即创作者和接受者[14]。完成成熟的叙事环境将文本之外的展览叙事的创作者和接受者，即策展人和观众，有机地连接了起来，使得展览叙事的生产、传达过程更为顺畅。它主要有3个方面作用。其一，有效衔接展线与故事线，构建出一个完整的故事世界。观众在观看展览时，通常有两条时空线同时展开，即基于展览展开的实际参观的路线和基于展览而产生的情感上的故事线[15]。完整的叙事环境能最大限度提高两条线的重合度。其二，从有意识进入叙事到无意识运转。叙事环境能帮助观众把握观展的节奏，使其成为展览叙事行为的参与者，逐渐沉浸于无意识的叙事建构中。其三，引发观众对知识的探求。随着过去近30年认知科学的“具身”转向，“多感官”的观念逐渐影响作为非正式教育主要场域的博物馆界[16]，参观博物馆不再被认为仅是“大脑”的事情。具身认知强调身体在认知活动中的重要性，认知是身体和环境连续相互作用的结果。因此，一个成功的叙事环境将促进观众的具身认知，观众通过身体多感官刺激，在身体和意识上都能对展览讲述的故事产生强烈共鸣。

三、叙事环境的建构原则
——对比 1999 年版与 2011 年版鲁迅生平陈列

上海鲁迅纪念馆建馆 70 年以来，基本陈列经历了 10 次改版，除了在内容方面展示了一段时期内鲁迅研究取得的新成果和鲁迅文物征集取得的重要收获外，更重要的是在陈列的叙事环境上都有了新的尝试和突破。无论是 1999 年版还是 2011 年版的鲁迅生平陈列都是汲取了当下博物馆发展的最新理念，组合博物馆的建筑、功能、陈列手段和辅助设施等相关联、相呼应的符号，构成一个完整的符号，把观众引入营造出的综合感受和整体氛围中，从而又加深了观众对陈列所要阐述内容和表达深意的认同感。

（一）“讲什么”——专题式叙事与主题式叙事的差异

上海鲁迅纪念馆这座黛瓦粉墙，拥有江南民居特点，超高空间、明亮环境的现代建筑。入口庭园、“百草园”第二庭园、二层建筑“口”字形围合中的第三庭园，组合成的建筑，孕育了一种纯朴的民风，体现了鲁迅的精神和人格力量。1 楼到 2 楼的主楼梯大台阶，用建筑的语言表现鲁迅跨越旧民主主义、新民主主义两个时期的战斗历程，逐步踏上台阶的过程使观众肃然起敬。建筑的空间流动创造了较长的连贯的陈列展线与合理尺度的展陈面积，还巧妙地留出了博物馆提供观众服务的公共场所。1999 年改扩建完成的这座建筑在设计指导和立意上都是傲居于人物类博物馆之首。

而 1999 年版的鲁迅生平陈列与 2011 年版“人之子——鲁迅生平陈列”都位于纪念馆的 2 楼。在一般人物类纪念馆陈列普遍都采用编年体叙事的情况下，我馆 1999 年版的鲁迅生平陈列大胆突破，用“新文学开山”“新人造就者”“文化播火人”“精神界战士”“华夏民族魂”等5个专题展区,比较集中地反映鲁迅在这几个方面的突出成就,综合起来又依然是完整的鲁迅,更有馆藏文物资料的支持。专题式相较编年体能更集中地展示核心内容,所有的展品都服务于说明这个专题,也正因为集中表现某个内容,所以更易生动。

而2011年版“人之子——鲁迅生平陈列”又一次实现了自我超越,是一种完全不同的叙事方式。随着学界对鲁迅从政治解读到历史解读,再到文化解读的转变,此版陈列突破了历史局限性,将“人之子”作为陈列的主题。鲁迅曾警醒地告诫人们:“东方发白,人类向各民族所要的是‘人’——自然也是‘人之子’。”将鲁迅从高高在上的“神”转变为可亲可敬的“伟人”,让观众更亲近他,接受他,理解他。在“人之子”的定位下,提炼出“立人”的总主题,分立出“生命的路”(人生道路)、“首在立人”(基本思想)、“画出国人的魂灵”(创作成就)、“保存者、开拓者、建设者”(文化贡献)、“精神界战士”(社会活动)、“人之子”(逝世及影响)等6个部分。这版陈列就是利用叙事来建构整个陈列,围绕一定的主题线,形成一个完整的故事。“立人”思想体现了鲁迅的高度和深度,是他的救国强民方略核心观念体现。在欧美博物馆界针对历史故居博物馆展览及其展示方法的研究中,有部分理念是值得借鉴的,即历史人物相关展览解读的任务在于,把历史人物从史书的概念中解脱出来,还原其成为一个人的形象。人物相关文物背后的故事、所涉及任务发展轨迹和整体营造出的氛围,使展览具有独特的诠释度。这版“人之子”陈列就是这样实践的。人物类纪念馆展陈传播目的中的最高层次就是人物意义传播层次,即总结和提出所展示的人物对当下社会有何意义和教育性。除了阐述属性的内容,陈列还应当有思辨性和分析性的成分,表达出所展示的人物对当下社会的现实意义和教育作用。这一传播层次是和博物馆社会角色密切联系在一起的,博物馆作为社会文化机构,要进一步明确学习人物的意义所在和人物精神对当前社会的价值所在，发挥好自身的公众教育职能。“人之子”基本陈列中突出的鲁迅的“立人”思想，对今天的观众而言，引导他们去思索人性、民族性和国民性问题，极富深远而现实的教育意义。

（二）“向谁讲”——目标观众群的区分

如今，博物馆越发重视与观众之间的双向互动和沟通，让观众调动感官去联想、移情或者产生共鸣，交织出与历史的对话。观众身份、道德、年龄、智力、情感、性别、民族、地域、文化等方面的不同，会产生对陈列展览的阅读能力和理解能力的不同。所以，设计者首先会考虑这版陈列的观众群是哪些，这也是陈列设计的灵魂和前提。不考虑观众群的陈列，即使参观人数众多，但实际参观效果未见得达到预期。人物类纪念馆陈列作为社会文化传播交流的平台，首先要能让观众对人物产生兴趣，这样才能更好地理解人物精神，了解人物事迹。在这两版陈列改建之前，设计者都对观众的心理和参观需求进行了调查和分析。

1999 年版的鲁迅生平陈列的设计者对观众群进行了重新定位，把原先的适用于所有人群改为中小学生、旅游者、爱好者等非专家型人员。这种重新定位是基于观众看展平均停留时间短、注意力不集中、对展览内容不理解的现象。想面面俱到，但观众缺乏接受度和消化力，没有太大的观展兴趣。其实，这个重新定位的观众群也是在特定的历史时期内对展陈设计理念的创新。之前不考虑观众接受度的教条化陈列，加之课本上鲁迅晦涩的文字，让1980 年代到 1990 年代有些人开始拒绝鲁迅，从而对鲁迅产生误解和误读。对观众群的定位改变，带来的是对整个设计理念的变革。正因为是非专业型观众，没有作长时间、深入的研究，尤其是学生，希望在参观的过程中感到丰富性、生动性和可看性，最重要的是留下更鲜明的印象。所以，有着如同“关键词”般专题式叙事方式，最能突出鲁迅的重大业绩和主要精神，给人留下深刻印象。

在经过设计者对鲁迅生平、事迹、思想的提炼和要点高度概括后，观众能根据清楚的线索更清晰地理解展示的意图。

2011年版“人之子——鲁迅生平陈列”的目标群则是在世博会后对陈列展示有着新要求、新期待的观众。据近些年的观众构成统计，在校学生仍是此版陈列的主要观众。参观的主要原因占比最高的仍是“对鲁迅先生非常敬重”，可见，鲁迅在当今社会的影响力仍是不容小觑。其次原因是“喜欢观赏文物、了解相关历史”。值得注意的是，“有参观博物馆的习惯”和“喜欢参与博物馆内的各类活动”作为主要参观原因也位列第三、第四，说明越来越多的人开始走进博物馆，观众已经渐渐被培养了观展的兴趣和习惯，看展不仅仅是被动的灌输知识和信息，而是能成为在繁忙的工作和课业之余，提升自我的一种方式，将看展获取的信息、知识、收获与原有的知识结构形成勾连，从而产生新的启发，拓宽认知。确实，这部分观众符合此版陈列改建之初设定的目标群。

关于“观众更容易接受的展览方式”的调查问题，几乎所有年龄段的观众都更倾向于“按鲁迅生平时间先后顺序”的陈列内容演绎方式[17]，这说明在观众固有思维中，编年体仍是人物类博物馆通行的叙事主要方式。而笔者认为，以人物生平时间为线索的编年体，从人物的出生、少年、青年、中年、壮年、老年直至去世的年代顺序能客观地使观众“认识”人物。但观众往往会出现“内容很丰富，但没记住多少”的情况。这些调查者参观的目的多是希望对鲁迅有个大概的了解，感受鲁迅精神世界的洗礼。同时，笔者也注意到，在校学生的调查者对于“按鲁迅在多个领域所取得的成就”（专题式叙事）和“结合时间先后，按其在多个领域取得的成就”（编年体框架的专题式叙事）的选择比例较高。有两种合理的猜想，一是对于中小学的学生，博物馆作为课堂教育的补充，相较于死记硬背的课文及难以言喻的阅读理解，尤其是鲁迅所处的时代离我们越来越远，这位文豪的文字又“难啃”，去鲁迅纪念馆也许是一个更好的选择,无论是专题式叙事陈列,抑或是编年体框架的专题式叙事陈列,都能为中低教育层次的观众提供对人物整体性的基本认知,并且比纯编年体叙事陈列更能抓住重点。二是对于高等教育的在校生,或许更希望看到立意更高,更能深度挖掘人物特点、凸显人物精神的陈列,那么上述的两种叙事陈列方式或许更符合这部分观众的需求。

(三)“怎么讲”——兼具适度性和适宜性的氛围营造

无论是1999年版还是2011年版“人之子”鲁迅生平陈列,都通过展区的色调色温、声音、造型、场景辅助文物展品来营造气氛感染观众。1999年版的陈列通过讲故事、配音乐、多媒体等手法,把文物的内涵发掘出来。用变光灯箱“铁屋里的人群”表现鲁迅的第一本小说集《呐喊》,将观众带入鲁迅身处的黑暗中国,通过视觉、听觉等感官刺激,观众仿佛感受到铁屋里的人们在生死之间无声挣扎,这样的具身认知让观众感到压抑彷徨无助,由此也引出了鲁迅创作《呐喊》的起因。又如用渐变灯箱表现《狂人日记》,将鲁迅最著名的话语一个字一个字跳出来,达到震撼人心的效果。这种“再现”展示方式更适合人物类纪念馆,因为鲁迅纪念馆需要让观众了解《狂人日记》的创作背景、内容、意义、价值等内涵性的东西,而不是仅仅一件文物。所以这种“再现”表现方式能让观众逐渐沉浸于无意识的叙事建构中,对陈列想要表达的内容产生强烈共鸣。

2011年版的陈列保留改进了《阿Q正传》模型场景及蜡像等,同时又创意了阴雕鲁迅像,鲁迅在北师大演讲时的一张照片,通过阴雕处理后的鲁迅像的眼神随着观众的脚步而移动,并始终审视对方。这样的展示方式非常能吸引观众的注意力,给人身临其境的感觉。在“首在立人”第二展区,鲁迅仿佛在审视着每一位观众,观众也从中感悟到鲁迅的眼光逼视着自己,拷问着自己“如何做一个堂堂正正的大写的人”。这样的设计能支持观众思考和构建知识,激发强化对鲁迅“立人”思想的认同,是实现陈列与观众在知识、信息、感觉和价值上的沟通。又如第五展区“精神界战士”,把整个环境改成了铁屋子的效果,锈迹斑斑钢板和大铆钉的组合让人感觉到这个铁屋子万难破毁。这个展区让观众通过想象进入一个由陈列重构的时间和空间,而想象是学习和探索的强力途径。虽然陈列需要传递给观众的信息、知识和思想是理性的,但其表现形式则运用感性的手段。在第三展区用沙画的形式表现主题“画出国人的魂灵”,鲁迅创作的出发点是要把中国人的精神面貌刻画出来,在鲁迅故居窗框内用新颖的沙画形式表现鲁迅笔下的人物,沙画创作的过程引人驻足,凝神观看,让人联想起鲁迅的作品。再往前走转身,又会发现一面高 4 米、长 15 米的圆弧形墙面上,布满了鲁迅笔下人物的美术作品,再一看,这些美术作品透出鲁迅的脸庞轮廓。这样的设计更准确、生动、完整地解读了展区主题。

而无论是哪一版陈列,文物都是主角,运用空间、色彩、灯光、形象、音乐等,吸引观众的视觉、听觉、触觉,来诠释鲁迅文物展品及其背后蕴含的知识、信息,表达深层次的鲁迅思想,帮助观众实现意义建构。[18]随着科学技术的发展,博物馆引入越来越多的多媒体设备,但笔者认为一个安静不受外部因素影响的环境,更有利于观众建构基于情感而产生的故事线,在故事线中添加具有感受性、教育性、认知性的元素,使情节具有延续性,展览具有整体性,从而使观众较好地理解展品内涵。讲故事是一门将观众领上情感旅程的艺术,情感的融入可以让观众产生难以忘怀的体验。[19]

“人之子——鲁迅生平陈列”距今已展出了 10 年,虽然有些理念仍走在人物类纪念馆的前列,但观众的审美和文化需求日益增长,我们期待新陈列与观众见面。笔者认为,在开启新陈列的设计之前,可以通过各种形式将 10 年来的“观众画像”勾勒得更加清晰,深入分析观众参观的心理准备、心理基础,以此为基础设计的陈列才能真正以人为本,凸显人物类博物馆在社会主义核心价值观宣传和教育方面不可替代的作用。

注释

① 杨瑾:《博物馆研究入门》,科学出版社2019年版,第34页。

② 刘佳莹、宋向光:《博物馆的媒介优势——结构主义叙事学视角的博物馆展览试析》,《博物馆研究》2009年第4期。

③ 彭刚:《叙事的转向:当代西方史学理论的考察》,北京大学出版社2017年版,第2页。

④ 张婉真:《当代博物馆展览的叙事转向》,台北远流出版社2014年版,第224页。

⑤ Suzanne MacLeod(Ed): *Museum Making: Narratives, Architectures, Exhibitions*, London: Routledge, p.107.

⑥ 许捷在博士论文《叙事展览的结构与建构研究》中认为:"谈及展览中的叙事,事实上有三种情况:第一种情况是用故事指代展览框架或内容;第二种情况是展览中的叙事,即用展品来讲故事;第三种是指将叙事作为展览的建构方式,即用故事来驱动展览。"本文认为第一种方式与第三种方式相比,出发点是相同的,只是在展览形式设计上造成在最终呈现上的差异。见许捷:《叙事展览的结构与建构研究》,浙江大学,2018年12月。

⑦ Suzanne MacLeod(Ed): *Museum Making: Narratives, Architectures, Exhibitions*, London: Routledge, p.193.

⑧ 尤迪勇:《空间叙事学》,生活·读书·新知三联书店2015年版,第4页。

⑨ John H.Falk and Lynn D.Dierking: *The Museum Experience*, London: Routledge, 2016, p.12.

⑩ Donna R.Braden: *Spaces that Tell Stories: Recreating Historical Environments*, Maryland: Rowman & Littlefield, 2019, p.24.

⑪ Suzanne MacLeod(Ed): Museum Making: Narratives, Architectures, Exhibitions, London: Routledge, p.109.

⑫ 周婧景:《具身认知理论:深化博物馆展览阐释的新探索——以美国9·11国家纪念博物馆为例》,《东南文化》2017年第2期。

⑬ 朱海玄,刘赛,贾晓谕:《历史性空间叙事环境建构研究——以哈尔滨中东铁路管理局地段为例》,《活力城乡美好人居——2019 中国城市规划年会论文集》,中国建筑工业出版社 2019 年版,第 400—409 页。

⑭ 陈然兴:《叙事与意识形态》,人民出版社 2013 年版,第 28 页。

⑮ Suzanne MacLeod(Ed): *Museum Making: Narratives, Architectures, Exhibitions*, London: Routledge, p.291.

⑯ 王思怡:《博物馆之脑:具身认知在多感官美学感知中的理论与应用》,《博物馆研究》2016 年第 4 期。

⑰ 朱辛颖:《上海鲁迅纪念馆观众问卷调查分析报告》,《上海鲁迅研究》2019 年第 4 期。

⑱ 秦文萍:《"观复"与建构主义——浅议建构主义在博物馆陈列设计中的应用》,《中国博物馆协会博物馆学专业委员会 2014 年"博物馆个性化研究"学术研讨会论文集》,中国书店出版社 2015 年版。

⑲ John, H.Falk, Lynn, D.Dierking. The Museum Experience[M]. Washington, D.C: Whalesback Books, 2007(1):102.

读上海鲁迅纪念馆早期宣传品

俞天然

博物馆宣传品通常是为某个重要事件或时间节点而制作发放,时效性强,做工精良的宣传品更能提高观众的美学素养,因此具有收藏价值。上海鲁迅纪念馆自 1951 年 1 月 7 日正式对外开放起已逾 70 年,初建馆于鲁迅故居大陆新村的情况,今日仍可通过当时的宣传品窥见一斑。

上海鲁迅纪念馆在 1956 年虹口公园内新建纪念馆前的主要简介资料有:上海青锋书店出版的《鲁迅纪念馆》画册、晨光出版公司编辑出版的《鲁迅纪念馆》画册、上海人民美术出版社出版的《鲁迅纪念馆》图片集和《鲁迅》图片集。70 年过去,这些宣传品已为数寥寥,值得介绍。

一、两种画册介绍

(一)《鲁迅纪念馆》(1951 年 12 月初版)

画册《鲁迅纪念馆》是最早介绍上海鲁迅纪念馆的出版物。由朱沫编,高孟焕装帧,顾廷康、李鹤龄绘图,上海青锋书店出版,连联书店发行,1951 年 12 月初版,印数 5 000 册,定价 2 000 元,平装,48 开,计 42 页。“当年开馆时,所能赠送(主要给外宾)的读物,据记载仅一种《鲁迅日记》精装影印本,还缺乏对纪念馆本部亦即鲁迅故居的宣传物。因此,开馆当年随即委托编写编绘《鲁迅纪念馆》画册并于年底出版发行。”[①]画册以绘画形式介绍了大陆新村鲁迅故居的内部陈设、鲁迅使用过的物品、当时的陈列室等内容。“每页上图下文，每图有标题，类似一组连环画。”[②]

（二）新中国画库《鲁迅纪念馆》（1952年5月初版）

据《四十纪程》，“1952年10月，本馆编辑的《鲁迅纪念馆》画册，由上海晨光出版公司出版”。画册于1952年5月25日初版，1952年10月5日已订正3版，印量从初版7 000册增至1.6万册。第3版印量为3 500册，印刷纸张由初版普通的书写纸改为较好的道林纸，封底印有“上海鲁迅纪念馆印赠”，由此推测第3版是由上海鲁迅纪念馆定制，用于赠送。平装，64开，计42页，作为向大众普及文化知识的画册，其大小和厚度方便读者翻阅和携带。

“晨光出版公司是一家小型民营书局，由赵家璧与老舍等于1946年创办于上海”[③]，出版过包括老舍、巴金、钱钟书等作家的文学刊物。上海解放以后，公司将出版重心移向画库与通俗文艺。据首页可知，《鲁迅纪念馆》是“新中国画库”系列的第32种。赵家璧曾与鲁迅有密切交往，画册是否是由南下指导筹备建馆的许广平从中牵线出版，需要进一步考证。

（三）两种画册比较

为何上海鲁迅纪念馆在半年内要委托出版两种同名画册？笔者试对两本画册的内容进行比较。（以下简称晨光出版公司出版的《鲁迅纪念馆》画册为“晨光”，上海青锋书店出版的《鲁迅纪念馆》画册为“青锋”）

1. 图片比较

“青锋”内页的35幅图片中，除2幅为照片，其余33幅均为手绘图，由当时沪上知名画家顾廷康教授所绘；“晨光”内页的42幅图片均为照片，由上海鲁迅纪念馆、绍兴鲁迅文化馆和北京新华通讯社供给。

“青锋”作为最早的而且是名家手绘的鲁迅纪念馆画册，其艺术价值和收藏价值高。在此后的上海鲁迅纪念馆宣传品中，笔者也未发现有名家手绘的关于鲁迅纪念馆的画册,因此非常珍贵;"晨光"中选取的有关各地鲁迅故居外景的照片、与鲁迅相关的文物照片至今仍被广泛使用,而且,这些照片可以作为第一手史料供研究者参考,相较手绘图,这些照片更具有真实性。可以说,这些照片为今后鲁迅纪念馆制作宣传材料奠定了基础。两者的价值不同。

2. 文字比较

"青锋"中选取解说的文物侧重于鲁迅的日用物件,文字解说平铺直叙,对文物本身的描写很细致,尤其着重于描写文物的样式、来源和用途;"晨光"中选取解说的文物侧重于鲁迅的作品和手稿,在描写文物时更注重引申文物所体现的意义,发扬鲁迅的精神。

即使针对同一事物的解说,两者的语言表述也有较大差异。例如同样描写鲁迅的衣帽:

"青锋"第 41 页:

衣帽等用物

呢帽、绒线围巾:这是先生常用的国产品呢帽和冬季御寒的围巾。

皮袍:这是先生冬季所穿的华达呢羊皮袍。

……

帆布橡皮底跑鞋、黑绒拖鞋:这是先生常穿的陈嘉庚橡胶厂出品的帆布黑跑鞋,和冬季所用的黑绒拖鞋。

"晨光"第 39 页:

这是陈列在纪念馆二楼的先生衣帽柜,内有国产品的草帽呢帽各一顶,围巾一条,……一双帆布橡胶底跑鞋和一双黑绒拖鞋。先生生前对衣服素不讲究,"他不喜穿新衣,他宁可穿得坏些,布制的更好"。

"青锋"中，呢帽是"国产品"，羊皮袍是"华达呢"，这些对文物细致的描写不仅会增进读者的阅读兴趣，而且，考虑到"青锋"的编写时间离鲁迅生活的年代不远，笔者推测编写时可能得到过与鲁迅同时代人的指正，对现在的文物研究也有帮助。

"晨光"中，"先生生前对衣服素不讲究"讲出了展出鲁迅衣帽的意义，即：通过展现先生生前对衣服的不讲究，体现出鲁迅艰苦朴素的可贵精神。而"他不喜穿新衣，他宁可穿得坏些，布制的更好"一句更是引用了许广平《欣慰的纪念》中的语句，加以佐证和强调鲁迅的这种精神。相较"青锋"，"晨光"的语句更有利于对读者的宣传教育。

相较"青锋"，笔者发现如今的讲解词在整体基调和语言风格上更像"晨光"。如同样谈到木刻陈列室时：

"青锋"第24页：

鲁迅先生的故居露台上，因为和隔壁十号的露台已经拆通，所以可通到隔壁的陈列室。十号三楼的前间，辟做第一陈列室，陈列着鲁迅先生藏的木刻画。

鲁迅先生提倡新兴木刻，他还把苏联、德国等木刻介绍到中国来，曾举办过木刻展览会和讲习班；他家中买存着许多空白镜框，是预备借给木刻展览会时买不起镜框的木刻家用的。

"晨光"第30页：

……两边两只木箱，放着很多空镜框，是先生准备借给任何木刻家开展览会用的。<u>先生对木刻运动，倡导甚力</u>，"木刻之在中国流行，不能不归功于先生的号召。"<u>从这些地方使我们缅怀先生对于革命先烈的维护和对于青年艺术工作者的鼓励。</u>

《上海鲁迅故居沿革》虞积华第9页（如今上海鲁迅故居的讲解词）

<u>鲁迅是中国现代木刻艺术的倡导者</u>，他不但<u>在艺术上、思</u>

想修养上给青年木刻工作者以指导,而且在经济上也给予很大帮助,这些镜框,也是他为青年木刻工作者举办展览会而准备的。

"青锋"着重讲鲁迅提倡新兴木刻所做出的实绩,例如"把苏联、德国等木刻介绍到中国来""举办木刻展览会和讲习班""家中买存着许多空白镜框,是预备借给木刻展览会时买不起镜框的木刻家用的"。

"晨光"着重讲鲁迅的精神,如"对于革命先烈的维护""对于青年艺术工作者的鼓励"。

如今的讲解词中,笔者发现其词语搭配、整体基调都与"晨光"更相近。例如,画线部分中,相较"青锋",两者都更突出鲁迅对中国木刻运动的贡献("倡导甚力"和"倡导者")和对青年木刻工作者的指导("对青年艺术工作者的鼓励"和"给青年木刻工作者以指导"),也更能突出鲁迅的精神。可以说,"晨光"对文物的解说奠定了如今上海鲁迅纪念馆的讲解范式。

综上所述,"青锋"注重文物、实物的细节介绍,语言平实;"晨光"注重引申文物所体现的意义,发扬鲁迅的精神,语言上更有利于对读者的宣传教育。两者的侧重点不同,有互补性。

二、两种图片集(明信片)介绍

(一)《鲁迅》(1955年2月第1次印刷)

《鲁迅》由鲁迅纪念馆编,上海人民美术出版社出版,新华书店上海发行所发行,1955年2月第1次印刷,1961年10月第6次印刷,印数44 500组,初版全套12张,第6版时增至16张,定价0.64元。图片尺寸为14厘米×9厘米。

封套整体为浅绿色,封套上的鲁迅像画作为当年上海人民美术出版社创作室主任古元于1954年所作。根据创作时间,笔者推测这幅鲁迅像可能专为本套明信片所作。

这是上海鲁迅纪念馆编的第一套关于鲁迅的图片集。图片正面为照片,反面印有中、俄、英三语的图片说明。在上海鲁迅纪念馆编的宣传品中,印有俄语说明的宣传品并不多见。据《四十纪程》中关于外宾来访的记载,仅1951年1月开馆至1955年4月,共有23个国家的外宾来访39次,说明鲁迅在世界各国具有广泛的影响力。其中,苏联外宾的来访次数最多,占6次,说明当时印制俄语宣传材料的必要性和迫切性。

封套内页印有目录:

1	绍兴三味书屋	7	鲁迅在北京师大广场上演讲
2	鲁迅在日本	8	鲁迅与海婴
3	鲁迅在杭州	9	鲁迅
4	北京鲁迅故居	10	鲁迅在五十寿辰会上
5	厦门大学	11	鲁迅在五一节日
6	鲁迅在上海	12	鲁迅之墓

根据封套目录可知,编者大致按照鲁迅生平的时间顺序编了这套图片集,这和之后所制的大多数《鲁迅》明信片的思路大致相同,可以说奠定了之后有关鲁迅人物的明信片基调。值得一提的是,在1957年1月第5次印刷的版本中,最后一张"鲁迅之墓"已由1955年2月第1次印刷时使用的万国公墓照片改成了1956年迁墓后在虹口公园的鲁迅墓照片。对图片的细微调整也说明上海鲁迅纪念馆制作的宣传品紧跟时代,具有时效性。

(二)《鲁迅纪念馆》(1955年4月第1版第1次印刷)

《鲁迅纪念馆》由鲁迅纪念馆编,上海人民美术出版社出版,新华书店上海发行所发行,1955年4月第1次印刷,1956年8月第2次印刷,1957年1月第3次印刷,印数2.7万组,全套12张,定价 0.60 元,图片尺寸为 14 厘米×9 厘米。

这是第一套记录鲁迅大陆新村故居初版陈列的彩色图片。封套整体为浅黄色,红字“鲁迅纪念馆”为周恩来题写,画作“鲁迅纪念馆门口”为上海人民美术出版社美术编辑丁浩所作,主图系版画,内容为“上海鲁迅故居弄口牌楼及透视形式的故居外观”④。比对建馆初期的老照片后可以说非常贴近真实情景。正面为照片,反面印有中、俄、英三语的图片说明。

封套内页印有目录:

通过与如今的大陆新村故居陈列进行比对,可以说大致保存了当时的陈设,但在摆件陈设和保护方式上有细微调整。例如对故居 2 楼鲁迅书桌及书桌物品的陈列与保护:

1. 书桌的保护

1955 年 4 月初版的《鲁迅纪念馆》图片集中,2 楼鲁迅书桌在拍摄时均无保护;如今⑤,这些桌子及桌上摆件已全部使用玻璃罩保护。

2. 书桌物品陈列的变化

《鲁迅所用的书桌》照片中,桌上摆放的鱼缸里有水、鱼和水草,桌上左侧叠放有白色和蓝色封面的硬壳书籍,右侧叠放有《译文》杂志和另一本书;书桌中央放有鲁迅的眼镜,龟形笔插中插有两支毛笔,还有一支毛笔搁在案头。桌上有 2 张文稿纸,桌上右侧有叠堆的资料,摆放较随意。桌左上侧放有绿色台灯,灯柱上未缠有电线。

图1　鲁迅所用的书桌

如今的故居陈列中,可以看到桌上摆放的是空鱼缸,前述书籍、鲁迅的眼镜都未陈列出来,龟形笔插中变成了3支笔,没有搁在案头的笔,桌上原两张文稿纸的地方变成了一沓整齐的文稿纸,原看似随意叠堆的资料也已收拾整齐,电线缠在绿色台灯的灯柱上。

与鲁迅去世时所拍摄的大陆新村故居2楼鲁迅书桌的照片比对后,笔者认为《鲁迅所用的书桌》照片更贴近鲁迅去世前的居住环境。初版的陈列是由许广平南下指导筹备所建的。据《四十纪程》1953年5月18日记载:“发现故居鲁迅书桌上高尔基木雕像遗失,经查系本月13日外宾及陪同人员参观时所发生。20日向市文化局报告,并向有关方面查询,未能追回。6月,据雕像照片进行复制。”由此,笔者推测将书桌上的部分物品收集起来是为了更好地保护文物。

《卧室兼工作室的一角》照片中鲁迅书桌上的陈设与《鲁迅所用的书桌》照片完全不同。在同一套图片集中，鲁迅书桌的陈列竟会不同，笔者推测这两张照片是不同时间点拍摄的，为更贴近鲁迅生前的书桌陈设，拍摄《鲁迅所用的书桌》照片时特意如此摆拍，在拍摄后为更好保护文物恢复了原陈设。

从鲁迅书桌的变化，我们可以体会到老一辈纪念馆工作者兼顾文物保护和文化宣传的不易，从而能体会到前辈们为最大程度做好向观众展示真实的鲁迅的良苦用心。

《纪念馆第一陈列室》照片中可看到当时老师带学生参观纪念馆的情景。在上海鲁迅纪念馆的宣传品中，将观众参观纪念馆的照片作为明信片并不多见。如今距建馆已过了 70 余年，这些照片也显得尤为珍贵。

图 2　纪念馆第一陈列室

(三) 两种图片集(明信片)比较

在 1955 年 2 月出版《鲁迅纪念馆》后的 2 个月，就出版了《鲁迅》。两者同为上海人民美术出版社出版,从封套设计、画片张数、画片纸张等方面看是相似的。两者的封套图片都采用了名家绘制的关于鲁迅或鲁迅纪念馆的作品,这在上海鲁迅纪念馆的宣传品中非常少见,具有艺术价值和收藏价值。《鲁迅纪念馆》注重上海鲁迅故居的陈设,更珍贵的是还保留了当年学生观众参观的照片。所有照片均为彩色,无论是封套还是内部的照片都调为明黄色系,显出纪念馆内部是亮堂的,新建不久的;《鲁迅》照片则对全国与鲁迅有关的纪念场所进行了统一介绍,所有照片的色系都调为了黑白色系,显示出历史的厚重感。而之后同时期的宣传品基本都由鲁迅纪念馆介绍和鲁迅生平介绍两部分组成,可以说奠定了之后宣传品的设计思路。

博物馆(纪念馆)不仅装载着人类文明的故事,它的存在本身就是故事。通过阅读上海鲁迅纪念馆早期的画册和图片集,初建馆于鲁迅故居大陆新村的情况已能窥见一斑。当时报纸、电台并不普及,人们得到信息的一大途径,就是各种画册和画片。这些具有时代烙印的语言描述和历史照片不仅向当时的大众普及了文化知识,解决了人们对文化的渴望,也让70年后像笔者一样的读者,在阅读完这些早期宣传品后,仿佛穿越时空,亲身走进了建馆初期的上海鲁迅纪念馆。

注释

①②《上海鲁迅研究》2021年第1期。

③ 林烈:《晨光出版公司及其“文学丛书”研究(1946—1949)》,浙江师范大学出版社2019年版,第1页。

④《上海鲁迅研究》2021年第1期。

⑤ 如今大陆新村故居的陈列可参考上海鲁迅故居语音导览,网址:http://preview.bluenion.com/luxun_home/Luxun_home.html。

简讯

上海鲁迅纪念馆举办新书首发

——《鲁迅图传》、《鲁迅文萃》(纪念珍藏版)两书出版

丁佳园

为纪念鲁迅先生140周年诞辰,更好地宣传鲁迅思想,弘扬鲁迅文化,展示上海鲁迅纪念馆的馆藏文物研究与学术成果,我馆在上海市文化和旅游局、上海市文物局的大力指导下,在上海文化出版社、上海辞书出版社的鼎力支持下,编著出版了《鲁迅图传》(上海文化出版社)与《鲁迅文萃》(纪念珍藏版)(上海辞书出版社),并于9月23日在馆内举行新书首发式。上海市文化和旅游局党组书记、局长方世忠,上海市文化和旅游局副局长褚晓波,上海文艺出版社党委书记、社长、总编辑毕胜,以及上海辞书出版社、上海文化出版社、沪上多家重要文博与图书场馆等相关负责同志,鲁迅研究专家等约40人出席。

首发式上,上海市文化和旅游局党组书记、局长方世忠对新书首发表示祝贺,向关心和支持上海文博事业发展的各界朋友表示衷心的感谢。方世忠指出,今年是建党100周年,也是鲁迅诞辰140周年。值此重要年份,上海鲁迅纪念馆会同世纪出版集团等单位,充分利用馆藏上海红色文化、海派文化、江南文化资源,以传承鲁迅遗产为抓手,编辑出版这两本图书,让更多市民感悟鲁迅作为革命者的坚定信念和坚韧意志,这是对庆祝建党百年重要的贡

献,也是对鲁迅先生最好的纪念。

《鲁迅图传》是上海鲁迅纪念馆在建馆70年以来的沉淀积累上,汇聚全馆业务骨干之力、经过近三年深耕厚植用心编撰的敬献之作,凝结了我馆近30年来在文物征集、学术研究等方面的心血与思考。全书约34万字,使用文物史料图片约360多张,其中不乏首次公开发布的珍贵文物史料,呈现了鲁迅从去异地、寻异路的少年,到弃医从文、归乡任教、经历辛亥革命的青年,再到成为新文化运动闯将、左翼文化运动旗手的中年,直至逝世后被推崇为"民族魂",全方位展现了鲁迅的一生。

《鲁迅图传》首次在鲁迅传记中放入大量图片,包括鲁迅手稿、著作、藏品、各时期肖像和环境照片、历史事件和交往人物相关照片等,读之颇有身临其境之感。

全书大量使用了上海鲁迅纪念馆的特色藏品,尤其是展现了近几年的文物征集成果,其中不少是首次公开发布。如《中国小说史略》《伪自由书》等书的纸型,鲁迅亲笔书写的版税收据、名片留言,《〈死魂灵〉一百图》设计手稿,以及亲历甲午海战的日本军官记录的《田所广海勤务日志》。

全书还突出展示了鲁迅与中国革命相关的图片资料。如1920年陈望道所译的《共产党宣言》初版;红军将领陈赓手绘鄂豫皖根据地红军反"围剿"形势图;鲁迅《悼丁君》诗手稿;鲁迅为纪念左联五烈士而参与编辑并题写刊名的《前哨》纪念战死者专号等。

上海鲁迅纪念馆馆长郑亚表示,《鲁迅图传》立足上海的鲁迅文物,较全面地展示了鲁迅的一生,尽力塑造出一个不懈战斗并具人性、有血肉的鲁迅形象。"五十六年,并不漫长,鲁迅却燃尽自己,成为引导民众前行的'灯火'。我们期待《鲁迅图传》能够以博物馆文物研究与图文解读出版相结合的专业传播方式,更好地弘扬鲁迅精神。"

《鲁迅文萃》(纪念珍藏版)是上海鲁迅纪念馆基于以往的鲁迅作品佚文整理、鲁迅作品研究、鲁迅作品版本研究以及初版、初刊编辑影印的最新成果,也是上海鲁迅纪念馆官方版鲁迅文集。全书按内容分为小说、散文、论文、杂文、书信等五大板块,为了满足广大的鲁迅作品爱好者的需求,该书以经典再造的方式将旧版4册合编为1册,以希望让读者可"一书读透鲁迅"。

新书首发式最后,市文化旅游局、世纪出版集团领导向复旦大学图书馆、沪上文博场馆赠书。首发式结束后,在场嘉宾与观众一同参观了上海鲁迅纪念馆年度特展"前哨——鲁迅居上海时期手稿展"。

“纪念鲁迅诞辰140周年·鲁迅暨中国现当代作家手稿学术研讨会”综述

施晓燕

作为20世纪中国最有代表性的伟大作家，鲁迅手稿的重要价值为世人所公认。新中国成立后，国家一直重视鲁迅手稿的保护、收藏与出版，在相关领域有颇多成果，亦有更多未开发的研究空间。今年是鲁迅先生诞辰140周年，为进一步弘扬鲁迅精神，推动鲁迅暨现代作家手稿的研究，开拓鲁迅及现代文学研究的新领域、新方向，2021年9月15日、16日，“纪念鲁迅诞辰140周年·鲁迅暨中国现当代作家手稿学术研讨会”在上海召开。本次会议由中国鲁迅研究会、复旦大学中文系、上海鲁迅纪念馆、《探索与争鸣》杂志社主办，北京鲁迅博物馆、《现代中文学刊》杂志社协办，复旦大学左翼文艺研究中心、上海鲁迅纪念馆研究室承办。来自复旦大学、上海交通大学、华东师范大学、上海外国语学院、上海师范大学、长沙理工大学、上海鲁迅纪念馆、北京鲁迅博物馆、巴金故居、上海图书馆的鲁迅及手稿研究专家出席研讨。

本次会议分两个块面，分别在上海鲁迅纪念馆和复旦大学举行。

9月16日上午，与会专家在上海鲁迅纪念馆参观“前哨——鲁迅居上海时期手稿展”并专业观摩馆藏手稿。“手稿展”展出鲁迅手稿展品共计110件（组），其中特别精选馆藏珍贵文物近60件（组），涵盖鲁迅诗稿、文稿、书信、版权收据等类型，包括《故事新编》《毁灭》的手稿等国家一级文物。

在观摩环节，上海鲁迅纪念馆展示了20余件鲁迅及其他现代作家手稿精品。这些手稿都颇具意义。现将较重要的介绍如下：

是1927年鲁迅、顾颉刚交恶之后，鲁迅的《辞顾颉刚教授令“候审”》手稿。该手稿为鲁迅对顾颉刚的回信，无题目，无日期落款，附有顾颉刚致鲁迅信两封，落款日期均为1927年7月24日。顾氏两封信内容一样，均是要起诉鲁迅，要求鲁迅留在广州候审，前一封信信封上抬头写“广州中山大学询投　周豫才先生鲁迅台启”，并注明双挂号。由于鲁迅当时已辞去中山大学教职，别居白云楼，顾又重抄一份，另写一信，该信信封抬头为“广州东堤白云楼廿四号鲁迅先生（即周树人先生）启”，注明双挂号。鲁迅在收信后写了复信，1932年9月出版《三闲集》时，将顾氏来信以及自己的复信加上题目“辞顾颉刚教授令‘候审’”发表。鲁迅该文随着《三闲集》的出版而为世人所知，但实物留存的细节则反映出更多内容，如两封信的双挂号引起大部分与会人士的注意，双挂号即收信人要签名或盖章在回执上，邮局再将签收的回执寄回给寄信人，以保证收信人绝对收到信件，由此可见顾颉刚当时对此事的重视。鲁迅的复信，写在“同春荣”的毛边纸上，有修改涂抹痕迹，也无落款，显然是回信的草稿，按《顾颉刚日记》记载，他在1927年8月6日收到鲁迅复信，但此信至今并未现世，所以上海鲁迅纪念馆藏的这封草稿成为鲁迅与顾颉刚正面交恶证据留存的唯一手稿，可见珍贵。从手稿研究来看，鲁迅复信草稿的涂抹处可以分析出更多内容，顾颉刚收到的那封正式复信，是否内容有所改动，到顾氏手中后又流落何方，都是值得探索的话题。

1936年鲁迅杂文《立此存照》文稿则说明了手稿出版时保持完整面貌的重要性。《“立此存照”（一）》，最初发表于1936年9月5日《中流》半月刊第1卷第1期，署名晓角。该文手稿2页，题为《“立此存照”（二）》，署名原为旅隼，后改为晓角。由此可知，手稿有多项改动，如改笔名，发表后题目为“立此存照”(一)。观摩手稿原件时，可以看到署名的“旅隼”上有铅笔圈起，并在旁边画打“×”符号，再写有“晓角”字样，此外，该铅笔还写了排版字号。人民文学出版社2014年出版的《鲁迅手稿丛编》，在该篇手稿上抹去了铅笔的改动痕迹，“晓角”、字号、圈叉都消失了，这就导致读者会以为文章的署名就是旅隼，从而对排印本的笔名“晓角”产生疑问。对于想要凭借此版本进行鲁迅手稿研究的学者来说，无疑会是一种误导，更加说明手稿出版需要原封不动，而不是为使版面整洁、美观而随意消除手稿改动痕迹。

鲁迅致陈濬的信的手稿。1928年，鲁迅留日时在东京的朋友、光复会成员陈濬请许寿裳为其谋求编译工作，12月30日，鲁迅写信给陈濬，转告他事殊难成。信中有“弟在广州之谈魏晋事，盖实有慨而言”的语句，即指鲁迅于1927年7月23日、26日所作题为《魏晋风度及文章与药及酒之关系》的讲演，因此该信常被研究者作为阐释魏晋一文写作背景的依据。鲁迅此后提到陈濬不多，但“一·二八”事变后，鲁迅离家避难，许寿裳不知他的情况，致电陈濬询问鲁迅安危，陈濬还特地登报找寻鲁迅。鲁迅定居上海后，与左翼人士及青年往来更多，研究者一般较少关注他的留日旧友，但从此信鲁迅坦露心迹，以及“一·二八”事变后许寿裳、陈濬关心鲁迅安危所作的努力来看，鲁迅晚年与留日旧友们的关系也颇值得研究。此信是现存鲁迅致陈濬的唯一书信，手稿共2页，1928年的道林纸至今保存非常完好，鲁迅的书法可圈可点，可见写信时很是用心，此信在鲁迅手稿研究、交游研究、魏晋文写作意图研究等方面都可有新的作用。

此次供观摩的还有1933年2月5日鲁迅致郑振铎的书信手稿。这封信的特殊之处是它展示了《北平笺谱》的编撰发起。鲁迅在信中说他1932年回北平探亲从琉璃厂买了一些信笺纸，觉得笺纸刻印的技法已经在日本木刻专家之上，如果搜集各派，各印数十到百幅，订成一书，不仅仅是文房清玩，“亦中国木刻史上之一大纪念耳”，至此鲁迅首次向郑振铎提议合编《北平笺谱》。从手稿看来，鲁迅这封信是精心准备的，2 页的信件用了两张不同的笺纸，都出自吴待秋之手，吴当时享誉国内外，与赵叔孺、吴湖帆、冯超然并誉为“海上四大家”。此信的一页是淳菁阁出品的桂花画笺，一页是荣宝斋出品的梅花画笺，非常精美，显然鲁迅为了劝说郑振铎合编笺谱，特地挑选了技艺高超、画面雅致的两幅笺纸来书写，后来编选时，这两幅画笺都收入了《北平笺谱》。

在其他现代作家手稿方面，上海鲁迅纪念馆也提供了诸多重量级藏品。

首先是周作人翻译、鲁迅修改的《神盖记》译稿。该译稿翻译自匈牙利作家密克札特的小说，通译名《圣彼得的伞》。1909 年《域外小说集》第二集出版，在末页刊登了第三集将出版篇目的预告，其中就有《神盖记》。因《域外小说集》一、二集销路惨淡，第三册未能出版，致使该译稿一直未面世。1956 年周作人找到这篇翻译底稿，后来将其捐赠，该手迹才为世人所知。《神盖记》译稿是薄薄一册，文言形式，用蝇头小楷写在“金清堂”15 行笺纸上，右起竖排，共 19 页，据上海鲁迅纪念馆工作人员整理统计，有 1.2 万多字。由于鲁迅及周作人在日记书信里都没有记载该译稿，更没有提及翻译所用的版本，所以这份手稿成为研究者们用来研究周氏兄弟《神盖记》的最基本依据。像王锡荣、冯铁、刘云等学者已经根据这篇手稿进行了鲁迅研究、周氏兄弟研究、神职人员译称研究，并考证出手稿封面“一九一〇年所译　鲁迅改本”字样与实际写作时间不符，更有可能在 1909 年翻译。手稿修改之处甚多，既有周作人的初译和改写，也有鲁迅的改动，密密麻麻，有的难以分辨是哪一位的手笔，所以这篇手稿对于周氏兄弟的翻译史和文学史都是非常重要的研究资料。

1928年2月10日《小说月报》第19卷第2号发表了女作家丁玲的《莎菲女士的日记》,此书的出版确立了丁玲的文学知名度,成为丁玲的代表作。上海鲁迅纪念馆馆藏有该书手稿,稿纸上有不同于正文字迹的红笔修改痕迹,还敲有蓝印"小说月报号用"以及"华字部公证图章",可见是送往《小说月报》编辑部并经过修改、已经确定发表的手稿。由此可以观察到这部小说公开发表前的原始状态,作者的构思、写作习惯可以借由手稿一一呈现,对于丁玲研究十分重要。编辑修改则提供了《小说月报》编辑的思路和学识水平,稿件上敲的印章向大众展示了出版业的内部流程,是关于《小说月报》编辑部的珍贵史料。

瞿秋白致鲁迅信件也是一大看点,瞿秋白是鲁迅的挚友,两人的通信很多关于学术讨论,如两人对于翻译的交流,被鲁迅以《论翻译》的题目发表于1932年6月《文学月报》第一卷第一号。上海鲁迅纪念馆藏的瞿秋白致鲁迅书信一封与此类似,该信日期为1932年10月6日,瞿秋白在信中谈论中国社会与文学史的整理问题,信件共6页,5 000多字,类似于学术论文。此信在1951年被纪念馆工作人员在许广平捐赠的资料中发现,并由冯雪峰命名,在八九十年代成为瞿、鲁两人切磋学术交流思想的重要热点资料,曾多次影印。但原件此次尚属首次公开观摩,非常珍贵。

观摩中有一件署名郭沫若的诗歌手稿引起了争议,该手稿日期标注为1930年4月1日,题目是《五月歌》。郭沫若有翻译歌德的《五月歌》,有小说曾名为《新的五月歌》,此诗不是以上两种,也未见于郭沫若已出版的著作。该诗风格与郭沫若诗歌类似,内容是配合五月的斗争高潮,都颇符合郭沫若当时的情况,争议之处在于该手稿的字迹与郭沫若不像,但此诗有草稿和发排稿,由谢澹如家属捐赠,以谢澹如的收藏眼光,该诗又应该不是赝品。此件手稿还待进一步研究中。

除此之外,观摩的手稿还有柔石1923年在浙江省立第一师范毕业前夕致同学陈昌标的信，胡也频描写大家族出身的青年革命工作者回到凋敝农村的小说《故乡》，茅盾 1934 年创作反映农村底层悲惨生活的小说《阿四和粽子的故事》，靳以 1953 年的《在朝鲜战场上的几点体会》等。限于时间关系，汪静之 1922 年的诗歌《晨游》、曹聚仁 30 年代写的《赣南近事杂记》、巴金 1935 年致王任之信、丁玲关于《在医院中》的创作自白、唐弢《四十年代中期的上海文学》、沈从文 80 年代致赵家璧信等手稿以 PPT 的形式展示。

此次手稿观摩得到了与会专家陈思和、陈子善、黄乔生、王锡荣等的肯定。专家们认为，对作家手稿的研究，现在已成为现代文学史研究的一个重头戏，看手稿实物与影印件或图片感觉大不一样，这是实物的重要性。上海鲁迅纪念馆收藏的这些珍贵手稿，是纪念馆成立 70 年来几代人努力和坚守的成果，具有丰富的研究价值，应当尽可能提供给社会分享和研究。鲁迅手稿承载着鲁迅的深刻思想和伟大精神，看鲁迅手稿可以更加真实地亲近鲁迅的手泽，感受鲁迅的写作状态，更加深刻地理解鲁迅。

上海鲁迅纪念馆近年来大力进行手稿研究整理出版，成果显著，出版有《上海鲁迅纪念馆藏中国现代作家手稿选》《上海鲁迅纪念馆馆藏鲁迅手稿选》《华痕碎影——上海鲁迅纪念馆藏鲁迅先生手迹、藏品撷珍》，为研究者提供了鲁迅及中国现代作家研究的第一手资料。本次手稿观摩会是纪念馆建馆以来第一次举行的馆藏文物专业观摩，是纪念馆将文物资源社会化的重要尝试，通过专家鉴赏，在进一步加深对馆藏文物的认识的同时，也向社会更深入地阐发了文化价值。

16 日下午，与会专家在复旦大学召开“纪念鲁迅诞辰 140 周年·鲁迅暨现代作家手稿学术研讨会”。开幕式上，复旦大学中文系主任朱刚讲述了中文世界里鲁迅的地位。陈思和认为手稿保留着时代留下的文化痕迹，一位作家的手稿就展示着他那个时期的社会信息、思想界和文艺界的信息，要重视收藏家对现代文学的贡献。上海鲁迅纪念馆党总支书记、馆长郑亚认为此次探讨会是对鲁迅手稿研究的多维学术视野的整合与归纳，也是对鲁迅研究、鲁迅文物研究、作家手稿研究的前景展望。社联党组成员陈麟辉提出我们依旧要以鲁迅精神来滋养现今社会。黄乔生对此次会议作出了高度赞赏，认为手稿展、研讨会、新编《鲁迅手稿全集》都开拓了鲁迅及现代文学研究的新领域、新方向，开风气之先。

在学术研讨阶段，数十位专家各自从文稿、书信、日记、笔记、收据等手稿载体出发在会上发表新的研究成果。

由于新编《鲁迅手稿全集》即将全面整理出版，与会专家对此都颇为关注，该书全套78册、共计3.2万余页手稿，分为《文稿编》《译稿编》《书信编》《日记编》《辑校古籍编》《辑校金石编》《杂编》七编，是鲁迅研究的最新重大成果，好几位专家对此进行了重点解读。黄乔生以“一字、一文、一诗”对新编《鲁迅手稿全集》的特色与新意做了详细的、以点带面的介绍。王锡荣认为，新编《鲁迅手稿全集》有3个优点，第一，第一次把所掌握的鲁迅手稿“一网打尽”，应收尽收，实际上是所有“手迹”都收而非仅“手稿”。第二，它是迄今卷册数量、篇幅第一的手稿集；第三，它是中国第一部按照手稿学理念编辑出版的手稿集，不仅有收藏、鉴赏功能，而且有研究的功能。

围绕鲁迅手稿，几位专家进行了具体分析。上海鲁迅纪念馆副馆长乐融回顾了征集鲁迅《二心集》版权费亲笔收据的经过。上海师范大学教授杨剑龙梳理了1936年鲁迅逝世后各报纸杂志哀悼他时所刊载的鲁迅手迹，认为手迹足见鲁迅的为人、为文和书法之道。中南大学教授易彬讲述了鲁迅译《小约翰》若干基本文献问题。上海外国语大学副教授刘云对鲁迅《自绘明器略图题识》与民俗学之间进行了联系。上海鲁迅纪念馆研究室主任李浩对鲁迅小说《铸剑》手稿进行了研究。上海鲁迅纪念馆研究馆员乔丽华着眼于鲁迅《帮忙文学与帮闲文学》讲演的记录与修改，认为修订版行文更紧凑严谨，但原记录稿更多地保留了现场的气氛，故也有其独立存在的价值。上海鲁迅纪念馆副研究馆员施晓燕则围绕《〈写于深夜里〉版本会校情况》，会校对比了《写于深夜里》手稿、初刊、初版、2005 人文社版，汇总出了手稿本身的改动，及手稿与各版本之间的不同。

在其他现当代作家手稿方面，专家们也有非常深入的见解。陈子善考察了朱自清 1929—1932 年的《中国新文学研究纲要》讲义，由于朱自清开设过 4 次“中国新文学研究”，其间多次修订讲义，每版都有不同。新发现的两种讲义绝大部分是手稿，都粘贴了大量浮签，别具欣赏、比较和研究价值。巴金故居常务副馆长周立民对巴金在“文革”期间学习鲁迅著作笔记进行了释读，该笔记的学习内容以鲁迅著作和马列著为主，从中能看出特殊时期巴金阅读的内容、关注点甚至透露出的一些心迹。复旦大学副教授杨新宇对袁牧之手稿《创作随记》进行了解读。

在对手稿的整体把控、宏观解读上，专家们各有侧重。上海图书馆研究馆员张伟讲述看手稿原件的重要性。比如鲁迅手稿《非攻》，看手稿时就发现原来的题目应该不叫《非攻》，“非”后面的字被作者涂掉以后再改成“攻”字，“非”字也是明显被加粗、加大的。如此这篇文章原来的题目就很值得研究。关于丁玲的成名作《莎菲女士的日记》，该手稿上有很多黑色墨迹改动的字样，也有红色墨迹改动的字样，甚至上面有责任编辑写的处理意见，当时丁玲还没出名，她有很多不规范的用字，责任编辑用红笔把这些错误帮她纠正。为丁玲改稿的责任编辑，很可能就是叶圣陶。上海鲁迅纪念馆原副馆长顾音海对手稿类文物提了几点建议，一是继续进行鲁迅墨宝的高清影印本；二是从文人书法的角度编辑鲁迅书法大字典；三是征集胡祖望家里胡适的信札、日记等；四是对上海鲁迅纪念馆馆藏的红军长征手稿《二万五千里》进行研究。东北师范大学教授徐强对数种手稿出版物的优缺点进行了点评。

会议最后由复旦大学教授郜元宝做学术总结，他点评了各位专家成果的意义与价值，肯定了新编《鲁迅手稿全集》的创新，归纳总结了当下手稿研究的趋势和道路，点明本次会议的召开，对于手稿研究将起良好的作用。

编　　后

2021年是纪念鲁迅先生诞辰140周年,中国作协于9月26日主办的“纪念鲁迅诞辰140周年座谈会”在京举行,中共中央政治局委员、中宣部部长黄坤明出席并讲话,强调要学习鲁迅先生的高尚品格,发扬他的精神风范,始终坚定文化自信,坚持社会主义先进文化前进方向,以昂扬的民族精神、活跃的文化创造激励亿万人民奋进新征程、奋斗新时代。9月28日,由上海市作家协会主办的“纪念鲁迅先生诞辰140周年座谈会”在文艺会堂举行,上海市委宣传部常务副部长胡劲军表示,鲁迅与上海有着不解之缘。在上海时期,鲁迅写作了大量作品,出版了《三闲集》《二心集》等一系列的杂文集,编辑了《奔流》《朝花周刊》《译文》等进步刊物,创作出《故事新编》等经典作品。“他已成为上海文化精神的一部分。”本辑之纪念专栏文章,多侧面地展示了鲁迅的业绩。

《上海鲁迅故居里的四张书桌》从馆藏文物入手,详细介绍了展示于上海鲁迅故居中的4张书桌,以为这正是鲁迅这位“伟大的文学家、思想家、革命家”的另一种写照。《鲁迅购书、译书中的马克思主义文艺》则从鲁迅留日开始的购书活动进行考查,梳理了其中有关马克思主义文艺书籍,并加以详解,从一个侧面丰富了鲁迅革命文艺的道路。1921年12月4日《阿Q正传》开始在北京《晨报副刊》上连载,《“大团圆”之细读——纪念〈阿Q正传〉发表100周年》从“大团圆”入手对该篇经典小说进行阐述,颇有个性。《童心来复梦中身——重读鲁迅〈故乡〉》,据启蒙、城乡时空等视角讨论了《故乡》所蕴含的作者的精神状态。3篇有关《野草》的文章,分别从词语分析、佛学影响、李贺诗文角度进行分析阐释,皆有所得。2篇关于《故事新编》的文章也有所新见。《简论鲁迅小说〈怀旧〉中的秃先生形象》之于其人物分析也可一观。《鲁迅〈长明灯〉校读补遗》之于文本校勘实属于难得。《〈罗曼罗兰的真勇主义〉手稿考略》由译文手稿进而探讨译文作为独立(创作)文本的属性,值得进一步展开。

《袁文薮与〈浙江潮〉再考——兼谈鲁迅译作〈北极探险记〉》侧重考查鲁迅留日时之同乡同学,兼及鲁迅的翻译活动,为前人所未涉及者。《依附及游离:社团生产与〈域外小说集〉的合法化》探索《域外小说集》之初版和再版之历史,发前人之未见处。《引发成立"未名社"的〈往星中〉与鲁迅的"赞助人"身份考察》与前文类,从新视角探讨习见之事。三文皆有开拓新视角、新领域之功,行文逻辑清晰、繁而不杂,颇有启迪意义。

《鲁迅1929年5月15日致许广平信诸版本比较》是从细微处着手者,很好地展现了鲁迅与许广平爱情生活的一面。《口述与笔谈(十四)》《鲁迅外婆家史口述史拾遗与考辨》属于乡土考据性的文章,是考查鲁迅文化构建的基础。《鲁迅、罗振玉与富晋书庄》于考查鲁迅在京时他对中国古代文化的涉猎有意义,可见鲁迅的独特性。

《以鲁迅结文缘——序裘士雄〈远方吹来鲁迅的风〉》系陈漱渝为老友裘士雄所编的书信集的序,真诚感人,为佳话也。《把握鲁迅及其中国——丸尾常喜的〈明暗之间:鲁迅传〉》作者为该书的策划编辑,实属难得之介绍文章。《杜米埃与鲁迅创作手法相似性初探——读〈鲁迅与西方表现主义美术〉有感》则有进一步探索的空间。《鲁迅:中国"温和"的尼采》是张钊贻该专题研究的一个总结,本辑所刊之介绍文,有助读者了解张钊贻的研究成果。《〈鲁迅背景小考〉前言》系作者自序,该书史料研究成果是值得期待的。

《爱罗先珂在上海时住在哪里》系前辑(本刊2020年第4辑、2021年第1辑连载)《爱罗先珂的上海朋友圈》之补充。关于鲁迅与国产电影事,是前人研究成果的新讨论,应该还有继续研究的空间。《闻抄三则》是关于鲁迅与福民医院以及他的书包布、《无双谱》之点滴，聊以记录。

《浅谈博物馆展览叙事环境的建构——以上海鲁迅纪念馆基本陈列为例》系作者于本刊2010年第4辑所刊《浅谈博物馆陈列中的符号表现——以上海鲁迅纪念馆为例》之继续，颇有开拓性，并具有学术探讨的价值。《读上海鲁迅纪念馆早期宣传品》是作者继本刊2021年第1辑之《上海鲁迅纪念馆历年宣传品概览》进一步细化介绍与探讨。

今年，上海鲁迅纪念馆为纪念鲁迅诞辰140周年，出版了《鲁迅图传》和《鲁迅文萃》（纪念珍藏版）两种书，上海市文旅局党组书记、局长方世忠和副局长褚晓波拨冗出席两书新书首发式，既是对鲁迅的纪念，也是对上海鲁迅纪念馆学术研究工作的肯定。同时，今年上海鲁迅纪念馆与复旦大学等单位合作举办了“鲁迅暨现当代作家手稿学术研讨会”，与会专家除了参观正在展出的“前哨——鲁迅居上海时期手稿展”外，还专业观摩了上海鲁迅纪念馆藏鲁迅、丁玲等手稿，是前所未有的创举，此举不仅是实现馆藏文物社会化转换的新举措，更使相应的学术探讨到达了一个新的高度，有了前所未有的新收获。

编　者

2021年12月

《上海鲁迅研究》编辑部

地址：上海市甜爱路200号　上海鲁迅纪念馆

邮编：200081

电话：021-65878211，021-65402288＊215

传真：021-56962093

电邮：shlxyj@ aliyun.com

《上海鲁迅研究》投稿须知

本刊热诚欢迎海内外作者投寄稿件。为保证学术研究成果的原创性和严谨性,倡导良好的学术风气,推进学术规范建设,请作者赐稿时务必遵照如下规定:

第一,所投稿件须系作者独立研究完成之作品,对他人知识产权有充分尊重,无任何违法和违反学术道德等内容。按学术研究规范,认真核对引文、注释和文中使用的其他资料,确保准确无误。如使用转引资料,应注明转引出处。本刊采用文末注方式,引文出处请遵照**"作者:《篇名》,《集名》第×卷,××出版社××××年版,第×页"**格式。人民文学出版社 2005 年版《鲁迅全集》(十八卷)是鲁迅引文的标准版本。

第二,凡向本刊投稿,须同时承诺该文未一稿两投或多投,包括局部改动后投寄其他报刊,并保证不会将该文主要观点或基本内容先于《上海鲁迅研究》在其他公开或内部出版物(包括期刊、报纸、专著、论文集、学术网站等)上发表。如未注明非专有许可,视为专有许可。

第三,所投稿件应遵守国家相关标准和出版物法规,如关于标点符号和数字使用的规范等。

第四,本刊整体版权属《上海鲁迅研究》所有,未经许可,不得以任何方式复制、选编。经我社许可需在其他出版物上发表或转载的,须特别注明"本文首发于《上海鲁迅研究》"字样。

第五,本刊实施专职编辑三级审稿与编委审稿相结合的审稿制度。作者投稿后,如需撤稿,请及时通知编辑部,编辑部将视编辑该稿情形后,答复作者。

第六,来稿论文要求格式规范,项目齐全。提供:**真实姓名,联系方式(含邮编),电子信箱,身份证号码、作者开户银行并支行名(支行名称请务必提供)及账号(支付稿酬所需)**。作者如对稿酬有疑问者,敬请致电出版社。

第七,本刊有权对来稿做文字修改。

第八,本刊已加入"中国知网"(光盘版)电子期刊出版系统,作者的著作权使用费与本刊稿费将一次性给付,如作者不同意编入该数据库,请提交论文时向本刊说明。凡在投稿时未作特别声明的，本刊将视同作者已认可其论文入编有关电子出版物。

第九，稿件一经采用，即付稿酬（限常住中国大陆地区作者）并寄样刊2册。

如违背上述规定，给《上海鲁迅研究》造成任何不良影响，由作者承担全部责任。

顾问名单 王晓明 王铁仙 王锡荣 邓牛顿 朱　正
孙玉石 陈子善 陈思和 陈福康 陈漱渝
张梦阳 严家炎 吴中杰 吴长华 吴欢章
杨剑龙 郑心伶 林　非 林贤治 哈九增
郜元宝 顾音海 黄乐琴 潘颂德

主　　编 郑　亚

编　　委（按姓氏笔画排序）
仇志琴 王　璐 王晓东 乐　融
包明吉 乔丽华 邹晏清 李　荣
李　浩 郑　亚 施晓燕 高方英

责任编委 李　浩 施晓燕

目录英译 施晓燕

封面设计 贾川琳

图书在版编目(CIP)数据

上海鲁迅研究. 总第92辑，纪念鲁迅先生诞辰140周年 / 上海鲁迅纪念馆编 .— 上海 ：上海社会科学院出版社，2022
ISBN 978-7-5520-3864-4

Ⅰ. ①上… Ⅱ. ①上… Ⅲ. ①鲁迅研究—文集 Ⅳ. ①K825.6-53

中国版本图书馆CIP数据核字(2022)第034114号

上海鲁迅研究·纪念鲁迅先生诞辰140周年(总第92辑)

上海鲁迅纪念馆 编
责任编辑：章斯睿
封面设计：贾川琳
出版发行：上海社会科学院出版社
上海顺昌路622号 邮编200025
电话总机021-63315947 销售热线021-53063735
http://www.sassp.cn E-mail:sassp@sassp.cn
照　　排：南京理工出版信息技术有限公司
印　　刷：上海新文印刷厂有限公司
开　　本：890毫米×1240毫米 1/32
印　　张：11.5
字　　数：296千
版　　次：2022年3月第1版 2022年3月第1次印刷

ISBN 978-7-5520-3864-4/K·650 定价:88.00元